KB124159

'제3의 눈'으로 땅속을 탐지하다!

風水秘記

하늘이 감추고
땅이 숨기다

天目 양상현 풍수학박사

말벗

머리말

사람들은 저마다 이기주의자이다. 묘지를 옮긴다든가 손을 댄다고 하면 가족들이 100% 동의하지 않는다. 누군가는 반드시 반대 의견을 내던진다.

아니면 주변 사람들이 자기 토지 인근으로 오는 것을 이런 저런 핑계와 이유를 대며 반대하는 것이 현실이다.

가족 중에 우환이 들어 건강을 잃고 패가망신의 위기에 놓였는데도 그동안 잘 먹고 잘산 가족들은 게거품을 물고 반대의 쌍 깃대를 든다.

형제간에 잘못되어 죽든 말든 상관없이 일단은 내게 해를 끼칠까 봐, 종교란 이유로, 아니면 비용부담 등 여러 가지 이유가 많다.

조상의 묘를 잘 모셔서 한 가족 모두가 출세와 부귀영화를 누리고 큰 소리 치며 출세의 맛을 보고 사는 사람도 있다.

그러나 한두 명만 출세와 권력을 지니고 부를 축적해서 잘 먹고 잘살고, 나머지 자손들은 빈곤에 시달려 못살며 건강을 잃어 병원비 탕진으로 가세가 기울고 사람마저 잃는다.

사람들은 이런 현상을 미신이라고 몰아붙인다. 선뜻 아니라고 반론을 제기하는 사람도 없다. 이유는 한쪽만 생각하는 것이 사람이기 때문이다. 좀 더 깊이 고민하지도 않는다.

인간이 만들어질 때 부모의 몸에서 태어난다는 사실을 까맣게 모르고 오직 친가 쪽 유전자만 생각한다. 그렇지 않다. 할머니 친정과 외갓집 유전자를 빼놓고 같은 어머니 뱃속에서 태어났는데 어느 자식은 괜찮게 떵떵거리며 잘살고, 또 다른 자식은 변변치 못해 궁지에서 빠져나오지 못한다. 다 공평

하지 못한 것이 세상의 이치다.

일반적인 사람들은 풍수가 명당이라고 떠들어놓으면 영원히 변치 않는 명당으로 인식하고 있다.

천재지변·지각변동·지진·풍화작용 등에 의해 지반구조가 갈라지고, 내려앉고, 뒤틀리고, 헝클어진 틈새로 물과 외부 공기가 유입되면 2차 지반구조 변형이 진행되어 허물어진다.

자연의 이치에 엄청난 변화가 유발된 것을 이해해야 하는 이유이다.

우리 조상들에 의해 계승된 정통 풍수학은 지구는 물론 천체의 자전과 공전에 따라 생산되어 순환하는 기운의 숫자까지 계산해 명당을 가린다.

따라서 우주의 순환법칙에 의해 인간을 비롯한 삼라만상의 생로병사가 결정된다는 전제로 해석한 풍수학은 인간이 자연의 일부라는 사실이 부정되지 않는 한 결코 미신일 수 없다.

생명을 탄생·성장시키는 생기(生氣)가 모이는 곳을 명당, 모든 생명을 죽이는 사기(死氣)가 모여 잡초도 살지 못하는 곳을 흉지[敗地]라고 한다. 명당은 기름진 밭이라면 흉지는 메마른 사막과 같다.

비결서[秘書]에는 다음과 같은 말이 나온다.

"집 앞[案山]에 붓과 같이 뾰족한 산봉우리[文筆峰]나 일자문성이 있으면 대대로 문관 또는 대학자[文士]가 나오고, 반달[半月] 같은 모양이 가까이 있으면 당대에 대귀한 여인이 출생한다. 집이나 묘터 앞에 일자문성, 문성귀인 같이 생긴 산봉우리가 마주 보고 있으면 천하를 호령하는 대인이 나온다. 찢어진 옷 같이 생

긴 산봉우리가 집 앞에 있으면 자녀가 걸식하고, 집 앞에 그 터를 숨어서 엿보는 봉우리[窺峰]가 있으면 청춘에 황천길[急死] 떠나는 자손이 끊이지 않는다."

과연 믿어도 될까. 의심하는 사람도 많다. 하지만 풍수학은 이미 완성된 대자연기수학(大自然氣數學)이라는 사실이다.

그러나 실제로 문필봉과 일자문성이 있는 마을에서는 문관, 반달 모양이 있는 곳에서는 귀부인, 일자문성과 문성귀인이 함께 있는 마을에서는 문무를 겸한 대인이 다수 배출된 사례를 고려하면 믿어도 된다.

사람들은 아주 먼 옛날부터 바람과 물에 대해 심오한 연구를 해왔다. 그들은 바람을 통해 우주와 인생을 관조했다. 자고로 하늘이 숨기고 땅이 감추어놓은 곳을 찾으려고 했다.

천장지비(天藏地秘)의 명당은 다음의 세 가지 조건을 갖추어야 품을 수 있다.

우선 망인(亡人)들이 3대에 걸쳐 적선(積善)을 많이 하고, 공덕(功德)을 쌓아야 한다. 더불어 자손들이 부모를 잘 모셔야 하며, 고수의 대풍수(지관·지사)를 잘 만나야 한다.

설령 명당을 찾아 제대로 안장했더라도 앞의 조건이 안 되면 발복(發福)이란 행운을 얻지 못한다.

나는 풍수와 관련된 고서들을 통해 풍수의 요체를 인지하는 데 젊음을 바쳤다. 하지만 정작 내 몸에 특별한 신비의 기술이 숨어 있는 사실은 훗날 우연히 알았다.

물론 그것은 나만의 힘에 의한 것이 아니다. 일반인의 눈으로 볼 수 없는 땅의 가장자리 지표면에서 연출되는 '빛의 조화현상'을 보는 특수 감각의 눈은 부모님이 주신 것이다.

더욱이 전생의 기운을 통해 눈으로 빛의 색채를 볼 수 있는 능력도 주었다. 특별한 눈은 하늘의 뜻을 품은 송과체(松果體) 일치라고 부른다. 이른바 '제3의 눈'이다.

현대과학으로 명당을 찾고, 고증된 관련 학술을 바탕으로 남다른 특수 감각과 잠재력을 활용한다. 또한 과학적으로 증명하기 어려운 천목·예지·감지·초능·염력, 영감과 교감한다.

나는 국내 최초로 「풍수사상에 입각한 명당의 지질 구조와 토질성분 분석」 이란 논문을 발표해 명당 터와 토질의 관계를 연구했다.

이는 현대과학을 능동적으로 풍수사상에 입각한 지질구조와 토질 성분에 관한 고찰로 풍수학계의 반응이 뜨거웠다.

나는 시료를 채취하는 굴착 과정에서 지반구조와 풍화작용의 진행 과정, 혈판의 양명함, 쾌적한 혈토의 맛과 특유의 향기, 기화현상 등을 육안으로 확인했다.

또한 직접탐사법에 의해 나문의 모습, 명당 터와 비명당의 차이를 풍수사상에 입각한 명당의 지질구조와 화학적인 성분 분석을 통해 연구했다.

지인인 김만희 선생은 땅과 나무가 호흡하는 기운을 손바닥의 특수감각으로 기(氣)의 흐름을 읽어 풍수에 접목한다.

실제로 감정 의뢰를 받고 묘지와 주변을 둘러보면 금방 느낄 수 있다. 조상의 유골을 땅의 기운이 쇠해져 가는 곳에 묻었다는 것을 통찰력으로 쉽게 알 수 있다.

이른바 땅의 기운에 힘이 없고 느릿하거나 윤기가 없고 양명하지 못한 곳은 냉기가 등골을 오싹하게 스치는 것을 느낄 수 있다.

형기풍수를 기초로 공부했던 필자도 산의 모습만 보고 터를 잡는 형기법의 약점인 정혈법(생기가 뭉친 곳)을 극복하기 위해 노력한다.

그래서 대각을 이룰 때 빛의 염력으로 지중(地中)에서 뭉친 생기의 기운이 지표면에 교감할 때 발생하는 조응(照應) 빛의 색깔을 눈으로 감지해 터를 잡는 천목풍수기법을 응용하고 있다.

이기적인 술법으로 폄하된 풍수의 본질부터 명당의 실체까지 풍수 초보자의 입장에서 솔직하게 보여주려고 이 책을 썼다.

그러기 위해 누구나 쉽게 풍수에 접근할 수 있도록 시도했다. 풍수를 배우려는 사람들, 혹은 풍수에 관심이 있는 사람들의 풍수 입문서를 지향했다.

오랫동안 여러 단계의 과정을 넘길 때마다 온몸이 으스러지는 고통과 고뇌의 쓴맛을 감내해야 했다. 앞으로도 경지를 넘어 대각이란 꿈의 현실에서 풍수학 공부는 계속될 것이다.

이 책의 제목 『하늘이 감추고 땅이 숨기다』는 천장지비(天藏地秘)를 풀어 쓴 말이다.

천장지비혈(天藏地秘穴)은 하늘이 감추고 땅이 숨겨놓은 그곳을 뜻한다. 천하제일의 으뜸가는 명당 중에 명당, 즉 풍수학에서 최고의 명당을 가리키는 말이다.

풍수(지관)들은 이곳을 찾아 평생을 공부한다. 과연 명당이 있을까?

의구심이 증폭되는 대목이다. 명당은 존재한다. 다만 못 찾을 뿐이다.

풍수 공부를 하는 분들의 타고난 소질과 그 그릇의 크기에 따라 그만큼 가치 있는 터를 품는 것뿐이다. 대개 천지가 그 자취를 소중하게 감춘 곳이며, 게다가 또 산신령이 보호하고 지킨다는 곳이다.

사람의 힘으로는 도모할 수가 없고, 반드시 덕을 쌓은 후에 얻을 수 있는 명당이다. 명당 터는 하늘이 감추고 땅이 비밀을 숨기는 곳으로 공덕(功德)을 쌓지 않은 사람은 구할 수 없다. 100년 넘은 산삼이 아무에게나 보이지 않는 이치와 똑같다.

천장지비(天藏地秘)의 명당은 누구나 쉽게 찾을 수 없다. 그래서 사람의 눈에 쉽게 띄지 않은 곳에 감추어져 있어 아무나 쉽게 찾아내지 못한다.

송과체(松果體)는 척추동물 중뇌의 제3뇌실에 있는 신경조직의 작은 덩어리로 교감신경의 지배를 받는다. 샘 구조를 형성하고 있는 고등 척추동물의 송과 기관은 멜라토닌을 합성한다.

성인의 경우 길이가 0.64cm로 분홍빛이 나는 회색이나 흰색을 띤다. 무게는 0.1g에 불과하다.

일설에 따르면 '제3의 눈'은 예지력, 투시력, 창조력, 텔레파시, 직감과 영감 같은 기능을 담당하고 있다. 결국 모든 초상현상과 초능력의 근원인 셈이다.

　흔히 '제3의 눈'이라 불리는 송과체는 사람이 영적세계를 인지하는 주파수를 감지하는 능력을 키워준다. 그렇게 '제3의 눈'이 열리면 그 사람은 모든 것을 보는 감각이 열린다. 또한 영과 같은 고취감을 느낀다.

　어떻게 하면 '제3의 눈'이 열리는가? 명상을 하거나 요가, 신비운동, 마법제식 등을 하면 열린다. '제3의 눈'이 열리면 그 사람은 다른 차원으로 여행할 수 있고, 투사로 원격 투시를 하는 능력이 생긴다.

　"반풍수가 집구석을 망하게 하고 패가망신(敗家亡身)을 시킨다."

　이처럼 풍수(지관)를 잘못 만나면 집구석을 망하게 한다는 말이 있다. 이것은 꼭 맞는 말이다.

　풍수사들이 터 잡는 실력이 어느 정도인지 알 수 없고, 검증되지 않아 실력을 믿지 못한다는 뜻이다.

　가령 믿었던 풍수를 모셔다 터를 봐달라고 했는데, 집안에 우환이 나면 터를 봐준 풍수가 그 원망을 고스란히 떠안고 소문만 고약하게 나돌아 반풍수로 내몰리기도 한다.

　이번에 펴낸 이 책 또한 그동안 잘못된 풍수학 용어와 표현 기법 등을 제대로 고쳐 쓴 것이 돋보인다.

　이 책을 내는 데 조언을 해주신 심재열 박사님과 풍수 지인들, 그리고 말벗출판사 임직원 여러분들에게 감사의 인사를 드린다.

2019년 1월

양상현 박사

Contents

차 례

Preface

| 제4장 | 풍수사상에 입각한 명당의 지질구조와 토질성분 |

PART 1

풍수 이야기

제1장 풍수 이야기

1. 나는 누구인가?

2018년 7월 7일 서울 출판문화회관에서 『풍수비기 – 하늘이 감추고 땅이 숨기다』 출판기념회 등을 통해 독자들에게 전달된 후 지인과 많은 분들이 좋은 의견을 주신 데 감사한 마음으로 새롭게 단장해 개정판을 출간하게 되었다.

많은 의견과 조언을 정리 집계한 내용은 첫째 저자가 풍수의 최고점에 도달하는 과정의 펼쳐진 세계관, 둘째 남다르게 명당터를 찾는 풍수비법, 셋째 원인 모를 병을 치유하는 비법, 넷째 관상·사주팔자·명리를 봐줄 때 생년월일과 출생 시간을 묻지 않는 것 등을 알고 싶어 했다.

필자는 1958년 경남 함양에서 태어났다. 소시(少時)적부터 풍수에 관심이 많았고, 1985년 서울신문사에 입사해서 정년퇴직 때까지 시간 있을 때마다 터를 봐주고 달콤한 복채를 받아 용돈으로 쓴 적도 많다.

터 봐주려 좋은 곳에 가면 신나고 즐겁고 그냥 흥겨워 춤을 추고 싶은 마음이 앞선다. 감사한 마음이 고개를 숙인다.

'하늘이 감추고 땅이 숨겨 놓은 터'를 풍수용어로 천장지비(天藏地秘)라고 하는데, 산 따라 물 따라 공기 좋은 곳 천하명당에 내 몸은 신나고 즐겁게 웃음꽃이 활짝 피어난다.

천상에서 하림(下臨)하는 기운과 땅속 깊은 곳에서 솟구쳐 올라오는 기운이 합해지고 어우러지면 아름답고 화려한 '살아 있는 컬러 빛의 색채조화'가 연출되는 장관을 눈으로 보는 탁월한 풍수도(道)란(?) 비법을 품고 있다.

하늘이 준 선물인가? 전생에서 못 다한 그 기운을 새롭게 펼쳐진 천명(天命)인가? 아니면 타고난 팔자가 아닌가 한다.

혹자들은 "요즘 명당이 남아 있는가, 그동안 수백 년 동안 찾아 사용해 없을 것"이라고 한다. 아니다. 명당은 많이 존재한다. 단지 찾지 못한 것뿐이라고 반론하고 싶다.

또한 현대의학이 감지하지 못한 일부 원인 모르게 시름시름한 분도 종종 필자의 손끝 감지력(感知力)과 예지력(叡智力)으로 불편함을 '힐링(healing; 몸이나 마음의 치유)' 치유한다.

이것은 염력으로 상대방에게 좋은 기운을 쏘아 돌아오는 빛의 색채를 분석함으로써 어디가 고장이 난 것인지 알아내는 빛 영감(靈感) 기법이다.

빛의 색채조화 분석 기법으로 사주를 봐주고 이름을 지어 준다. 관심을 갖고 지켜주는 모든 분들에게 감사의 말씀을 드린다.

저자는 그동안 수많은 고뇌의 과정을 겪어오면서 한 계단 한 계단 돈오점수(頓悟漸修)의 수련 과정을 수십년 동안 풍수공부를 하면서 풍수도(道)를 품게 되었다.

그동안 23번 경지의 과정 중 하늘이 준 선물 몇 가지만 이 책을 통해 펼친다.

1) 환영(幻影)을 봤다

잠을 자거나 명상(기도) 중에 나타나는 사물의 생긴 모양이나 상태, 마음과 감각에 의해 떠오르는 대상의 모습을 현실에 그대로 나타나는 형상을 불교용어로 환영(幻影)이라고 한다.

뭐 좀(터를) 봐달라는 의뢰를 받고 명상(공부) 속에 가상현장을 찾아 산과 들 그리고 평평하게 넓은 광야에서 화려한 색채조화를 이룬 빛이 솟구친 한가운데에 서서 어우러진 형상과 수면상태에서 '유체이탈'이 되어 예비현장 답사를 하는 것처럼 화려하고 아름다운 빛의 조화를 이룬 그곳에 필자가 서 있는 모습을 본다.

그 후 직접 명당을 찾으려 현장을 둘러보면 그 모습이 그대로 현장에서 연출되는데, 이것을 환영 현상이라고 한다. 전생의 기운이 예언을 한 영감(靈感)인지, 타고난 팔자인지, 도(道)를 품은 것인지, 하늘이 준 제3의 세계를 걷고 있는 것인지는 독자 상상에 맡긴다.

2) 화려한 다이아몬드 빛의 덩어리가 머리로 들어오다

2014년 5월 4일 오전 지인과 약속한 아파트 주차장에서 기다리다가 잠깐 졸았다.

천상(天上)에서 머리 정중앙을 향해 아름답고 찬란한 예쁜 다이아몬드 접시꽃 불빛이 머리 중앙에 서치라이트 같은 빛을 품었다.

이런 현상이 뭐를 암시하는 것인지 궁금해서 도사라는 분과 소문난 철학관 큰스님 등을 찾아가 상담했지만 뾰족한 답을 얻지 못했다.

이후 눈에는 땅 지표면에 혈관·힘줄처럼 여러 곳에서 용이 용틀임하는 것처럼 이리 구불 저리 구불 움직이며 한곳으로 모여, 화려한 빛의 조화를 이룬 곳이 눈에 훤하게 보이고, 명당 터에서 몸으로 느끼는 탁월한 전율은 더 업그레이드되어 눈으로 보고 몸으로 느끼는 환상적인 감각으로 명당 터를 잡을 수 있는 대오(大悟)를 품게 되었다.

3) 장엄하고 찬란한 빛이 담긴 거대한 싱크탱크가 머리로 들어오는 환희(歡喜)를 품었다

필자는 2014년 8월 26일 봉화 적광사의 백중 행사에 참석차 갔다.

다음날 새벽 지정스님(도사)과 대웅전에서 독대 중 '특별한 비책'을 주셨다. 비책이란 것이 별도의 문서로 기록된 것은 아니다. 스님이 순간적 영감을 수행(修行)중에 있는 경지(境地) 길에 딱 맞는 비책을 운 좋게 순간적으로 지엄하고 짤막한 천명의 말씀 한 마디의 비책(祕策)이 환희를 품게 되는 기회가 되었다. 지정 스님께서는 필자에게 정상에 도달할 수 있도록 길을 터주신 소중한 비책(祕策)을 주신 것이다.

며칠 후 비책이 현실처럼 와 닿았다. 그 몇 가닥의 빛줄기를 따라 특정한 장소에 도착한 곳에서 장엄하고 찬란한 빛이 담긴 거대한 '싱크탱크'가 머리로 들어오는 장관을 눈으로 지켜보고 있었다.

이후 집·아파트·건물빌딩 등 양택 모든 공작물까지 지표면에서 솟구치는 지맥과 천상에서 하림하는 생기기운이 컬러 색으로 용이 승천하면서 건물을 타고 용틀임하는 것처럼 각양각색의 색채조화의 빛이 군데군데 수놓는 모습을 눈으로 환희의 순간을 볼 수 있게 되었다. 이것을 연구분석함으로써 흥망성쇠(興亡盛衰)란 고차원적인 염력(念力)을 갖게 되었다.

4) '환희의 빛 백금상자'가 품에 안기다

2014년 11월 밤 세상에서 가장 편안한 잠자리에 '환희의 빛 백금상자'가 머리 정중앙으로 들어와 품에 안기는 순간 환희를 느꼈다.

밤새 오한과 몸살 기운이 감돌 듯 온몸이 쑤셔 소용돌이가 쳤고, 혓바닥은 갈라지고 터지면서 토혈까지 했다. 3일 동안 고뇌와 인내의 고통을 겪은 이후 새로운 풍수기법인 천목기법을 창출한 발상이 된 것이다.

집터나 묘지 터를 봐줄 때 멀리서 눈으로 식별이 가능한 거리까지 지표면에서 솟구치는 빛의 조화를 보고 터가 좋고 나쁨을 판단하는 능력과 땅속 심층(深層)에 묻혀 있는 혈판까지의 거리, 혈판의 모양, 혈심과 혈판의 크기와 두께를 염력으로 측정해 포클레인으로 땅을 파헤쳐진 현장을 확인하고 줄자를 이용해 측정해보면 예상한 거리와 모양은 크게 벗어나지 않았다. 혈심과 혈판의 모양은 아주 흡사하게 닮은 모습이 현실 그대로 눈앞에 나타났다.

또한 외형적으로 명당이 형성되기 위한 조건인 지표면이 볼록하게 솟구치고, 오목하게 움푹 들어가고, 평평한 곳에 크게 달무리처럼 돌기가 나타난 곳에서는 땅속 깊은 곳에서 솟구쳐 올라와 반드시 지맥기운이 화려하고 아름다운 빛을 내는 모습을 눈으로 확인하게 되었다.

이곳을 굴착했을 때 혈판 위에 그려진 각종 무늬를 확연히 다른 모습으로 딱딱한(凸) 부분과 푹신한(凹) 부분으로 요건을 갖추고 있는 것을 확인했다. 딱딱하고 견고한 부분은 구덩이 속 지반구조를 지탱해주는 대들보 같은 역할을 한다는 것을 창안했다. 푹신하고 움푹 들어간 곳의 부드러운 흙은 혈토란 것과 이곳을 통해 땅속 깊은 곳에서 솟구쳐 올라온 지기기운이 들어와 모이는 기로(氣路) 역할과 수분이 모자라면 밖에서 들어오게 하고, 수분이 넘치면 밖으로 내보내는 통로라는 것을 촛불과 물(소나기 빗물)을 이용해 실험했다. 즉 명당의 조건은 땅이 숨 쉬고 호흡하는 곳으로 명당을 증명하는 자료를 창출하게 되었다.

이 책 2~4장에 이를 증명한 사진과 논문자료가 기록되어 있으므로 참고하기 바란다. 더 높고 더 깊은 경지에 도달하는 형상과 영감(靈感)도 한층 더 높아졌다.

5) 천상의 오로라 빛이 온몸 혈관을 누비는 '플라스마 불빛'이 영감을 주다

2014년 초파일 부처님 오신 날, 적광사 지정스님의 법문 중에 스님이 스스로 경험한 도(道)의 경지를 넘어 대각(大覺)을 품는 순간을 들은 적이 있다.

영(靈)의 세계에서 본신(本身)의 기운을 타고 자신의 몸 전체 혈관을 구석구석 누비던 현실 같지 않은 현실 속에 일어나는 도(道)를 품는 그 순간을 40분에 걸쳐 신도들 속에서 경청했다.

세상에는 공짜가 없다고 했다. 도(道)를 품은 기운이 한쪽 눈의 시력을 빼앗아 가버려 실명했다는 것이다. 과연 그럴까 궁금했는데….

필자도 2018년 2월 22일 새벽 2시경 환하게 밝은 불빛(오로라)이 눈에 플라스마(번개 칠 때 일어나는 스파크 현상)가 머리부터 온몸을 덮쳐 말하고 싶어도 혀가 굳어 묵묵부답으로 순간 몸은 움직일 수 없었다.

감각을 잃은 무지 속 식물인간 상태에서 의식이 고정된 눈동자에 온몸으로 덮어 들어오는 밝은 색채 조화현상은 마치 용틀임하는 것 같았다. 이어 머리에서 발끝까지 순차적으로 바뀌어 가면서 온몸 구석구석 생기를 타고 걸어 여행하듯이 뇌에서 시작해 눈·코·입·목·심장·폐·간 등 온몸의 장기와 손·발가락까지 기맥(氣脈)을 타고 지나는 환상의 신세계를 경험했다.

또 다른 빛의 기운이 물 흐르듯이 순차적으로 순환한 다음 온몸 전체에 전파 파장처럼 머물다가 사라지고 또 다른 빛의 무리가 반복되었다. 그 후 마지막 정점은 아름답고 탄탄한 그 생기의 기운이 치아에서 머물다가 플라스마 현상을 끝으로 몸의 기능이 정상으로 돌아온 대오(大悟)를 맛보았다.

그날 아침밥을 입에 넣는 순간 어금니 쪽에 엄청난 통증이 동반되었다. 동네 치과병원을 찾아갔다. 엑스레이를 본 치과 의사는 전날 점검차 찍어 놓은 엑스레이와 비교하더니 고개를 갸우뚱거리며 머리를 흔들고 이런 일이 일어날 수 있는지 의아해 했다.

치과 의사는 "이빨이 손상되면 주로 돌출된 치아의 하얀 부분에 병이 나는데, 근육으로 덮인 뿌리 부분의 어금니 위아래 3개가 땅콩이 부서진 것처럼 매우 심하게 손상되었다"고 해서 수술했다.

과연 몇 시간 전에 일어난 이런 현실을 믿겠는가? 정말 불가사의(不可思議)의 현상이 벌어진 것이다.

그 후 풍수세계를 더 높고 깊은 고수의 길로 새롭게 높은 경지의 감지력(感知力)·예지력(叡智力)·초능력(超能力)·염력(念力)·통찰력(洞察力) 등으로 건물과 묘지 터를 찾아내고 길지(吉地)와 흉지(胸肢), 가정의 길흉화복(吉凶禍福) 가려내는 소질을 품게 되었다.

첫째, 감지력(感知力)으로 명당 터의 기류(氣流)가 왕성하여 상승곡선을 타고 있는지, 상승한 기운이 정점에 머무르고 있는지,

기운이 쇠해져 하향곡선을 타고 있는지 정확하게 감지(感知)한다.

출장 가서 터를 봐줄 때 항상 점검해야 하고 유념해 계산해야 할 빛의 색채 조화·크기, 생기의 유속, 천상에서 하림하는 생기의 모양과 빛 등을 종합해 지기가 상승기류인지, 정점에 머물고 있는지, 하강하는 기류인지 먼저 확인해야 한다.

만일 지맥기운이 하강하는 기류에 집을 짓거나 묘지를 쓰면 남은 기운 만큼 잠시 집안이 흥했다가 금방 망하는 속발속패(速發速敗)에 휘말려 패가망신할 것이다.

둘째, 예지력(叡智力)으로 땅의 왕성한 기운을 사람이 영위할 수 있는 기간을 예지한다.

터의 생기가 얼마나 남아 있는지 감지할 수 있는 예지력이 있어야 한다. 색채조화현상을 보면 검은 색과 퇴색된 빛을 파악하여 금방 알 수 있는 분석력이 있어야 한다.

터에 들어서면 단단하고 땡글땡글한 기운과 화려한 색채조화의 빛이 아름답고 양명함이 뚜렷하게 보이는 영감과 땅의 기운이 쇠해져가는 땅은 육감으로 허접한 영감을 분석하고 계산할 줄 알아야 한다.

만일 땅의 기운이 쇠한 터에 양택·음택 용도로 사용하면 건강에 치명적인 해를 끼쳐 재산이 소진되고 결국 사람마저 잃는 인패재패(人敗再敗)를 당할 것을 예지하고 미리 대책을 조언(助言)한다.

셋째, 초능력(超能力)으로 명당 터가 운이 트여 복이 들어오는 발복 시기와 누구누구가 은덕을 받는지 읽는다.

언제쯤 누가 터의 은덕을 입어 출세하고, 재산은 누가 많이 쌓을까를 읽어 적절한 묘책을 꾀할 능력이 필요하다.

넷째, 염력(念力)으로 터의 기운과 집에서 생활 거주자와 묘지 후손과의 궁합이 잘 맞는지 읽는다.

훌륭한 명당 터라 해도 터의 기운과 거주자와 묘지 후손들이 기운이 맞지 않는 터에 묘를 잘못 쓰거나 이사를 잘못 들어가면 가족의 화합이 무너지고, 형제간에 재산 싸움이 잦고, 부자지간 고부지간 시아버지와 며느리 등의 갈등으로 척을 지게 된다.

결국 가족 중에 이혼과 사회 분위기에 휘말려 태클이 들어와 경찰서나 법원에 출입할 일이 일어나는 터를 사전에 배제할 염력이 있어야 한다.

다섯째, 판별력으로 잡티(대기장력·유해파·지전류·수맥·전자파) 등을 읽는다.

훌륭한 터 주변에는 인체나 체백(유골)에 치명적인 해를 가하는 파장(진동)이 존재한다. 30cm 사이에 길흉(吉凶)이 엇갈린 것이 명당 터다.

잡티는 현대의학, 과학, 풍수학에서 암적인 존재로 취급할 만큼 무서운 존재다. 몹쓸 잡티를 분석해 실제 모양과 크기를 표시하고 피해 터를 잡거나 여의치 않을 경우 다른 터를 찾도록 하고, 다른 곳으로 이장과 이사를 권유한다.

여섯째, 통찰력으로 건강한 건물과 묘지, 탈이 난 건물과 묘지를 꿰뚫어보고 현장에서 정확한 감정평가와 대책을 논의한다.

그러나 현실은 냉정하다. 현재 정통적 풍수지리는 연역법적인 추리에 의한 학문으로 알려져 오고 있는 것이 사실이고, 미신이란 용어로 덧붙여진다. 이를 극복하기 위해 그동안 공부해 얻은 새롭게 창출한 천목풍수법을 현대과학에 접목해 '하늘이 감추고 땅이 숨겨놓은 곳(天藏地秘)' 명당 찾는 방법을 창출하게 되었다.

명당이라고 봐둔 전국 30여 곳 생지(生地)를 굴착, 시료를 채취한 것을 국가 연구원에 지질구조와 성분분석을 의뢰해 보내온 자료를 근거로 「풍수사상에 입각한 명당의 지질구조와 성분분석」의 박사학위 논문에 등재되었다.

정통풍수사상에 지질학과 화학 물리학을 접목시켜 현대과학으로 새로운 풍수기법을 창출하게 되었다. 이 내용은 4장에서 자세하게 증명하고 있다.

또한 천상(天上)의 기운을 상대방에게 보내 반사되어 돌아올 때 그 파장과 빛의 색채 조화를 분석해 건강한 몸과 병들어 가는 상태를 분석하는 판별력을 갖게 되었다.

현대과학과 현대의학이 그동안 많이 발전한 것은 틀림없다. 그러나 과학의술의 한계는 있는 법이다. 현대과학의술이 감당하지 못한 부분도 있다.

가령 첨단장비로 진단된 기술과 의학에 의한 진단이 병이 없다고 대학병원에서 진단 나온 경우가 허다하다. 그런데 시름시름 비실비실 사람 구실도 못하고 원인 모를 병에 몸져 누운 병자도 많을 것이다.

이런 분들을 가끔 열손가락 끝으로 감지해 천상의 기운을 넣어 그 파장이 되돌아올 때 느끼는 예리한 감지력에 의해 혈로(穴路)가 막혀 기(氣) 순환이 안 돼 인체의 탈이 난 곳을 찾아 기감으로 뚫어 정상생활을 하도록 도움을 준 적이 많다.

가끔 미팅 장소에서 여담처럼 이런 말을 하면 '생뚱맞은 정신이상자냐'라는 반응이 다수다. 과연 이 사실을 누가 믿겠는가? 하지만 필자가 환자에게 5회 정도 기(氣)와 교감(交感)을 소통하면 이를 체험한 사람들은 믿게 된다.

그들은 또 다시 도움을 요청한다. 도대체 왜 그럴까? 의문만 남는 것이 현실이다. 오래 전부터 사람을 치유하고, 건강을 되찾아 일상생활에 복귀시켰다.

기감 치유를 체험한 분들이 2018년 7월 7일 본서의 출판기념회에 다수 참석했다.

불치병은 현대의학이 공부해야 할 미지의 세계에서 원인 모를 병마가 사람을 괴롭히는 병이다. 일명 종합병원이라고 부른다.

보통 여자들이 생리가 끝나고 갱년기에 접어들면 몸에 많은 변화가 온다. 현대의학은 이를 일명 갱년기증후군이라고 표현한다.

이는 몸에 생기의 기능을 다한 탁한 기운을 밖으로 내보내지 못해 몸에 축적되거나 굳어버려 장애를 일으킨 것으로 손끝은 감지한다.

이럴 때 갱년기 이후 인체 변형 현상이 일어난 곳에 천상의 기운을 몸속에 넣어 축적(逐斥)된 탁한 기운과 뭉친 곳을 분쇄한 후 기를 넣어 회전시키는 기법이다. 대부분의 사람들은 이를 해괴망측한 궤변이라고 비방한다.

이 세상에는 현대의학이 접근하기 어려운 것도 있다. 물론 병원에서 반드시 치료하는 것이 원칙이다. 그러나 일부는 필자의 손끝에서 치유되어 정상적인 생활을 하고 있다. 사상의학에서는 치유방법을 인정하고 있다.

사상의학 또는 대체의학이라고 불리는 학문은 양방과 한방의사 분들이 같이 공동으로 해결책을 공부하는 곳으로 객원으로 참석한다.

6) MRI까지 찍다

필자와 조금 다르지만, 세미나 또는 풍수학회 등에서 땅의 생기를 흑백으로 볼 수 있는 분들을 아주 뜸하게 발견했다. 컬러색으로 땅의 빛을 읽는 분은 필자를 포함해 2명으로 확인되고 있다.

하지만 지맥이 생기 발아되어 지표면에 소응(昭應)된 빛, 색채 조화를 토론하고 의견을 나눌 분은 0.01% 미만이다.

생기 흐름을 읽지 못한 99.9%의 풍수 중에 일부 신안(神眼) 풍수는 귀신의 그림자 동선에 의존한다.

얼풍수, 반풍수, 작대기 풍수는 산일을 하면서 귀동냥으로 주워담은 그럴 듯한 풍수용어와 패철에 의존해 동네풍수 노릇을 하고 있다.

얼마나 위험한 일인가? 의사들이 환자 1명을 오진하면 당사자만 희생되지만, 지관이 오판하면 가족 전체에 미치는 파장은 패가망신으로 이어진다.

필자는 "귀신 들었다. 정신병자다. 먹고 살기 위해 발버둥 친다." 등 입에 담기 민망스러운 온갖 유언비어에 휘말리기도 한다.

대학원 선후배와 지인, 그리고 30년 몸담아 왔던 회사 임직원은 물론 학연·지연·혈연 분들까지 온갖 루머로 험담했다. 또한 미팅이나 모임 장소까지 험담을 하는 자도 있다. 다르게 보면 필자를 홍보하고, 입에서 입으로 알리는 기회였다.

대학병원에서 종합건강검진과 MRI로 뇌 촬영을 했다. 1주일 후 집으로 건강검진 결과표가 도착했다. 결과는 정상이라고 적혀 있었다.

박사 학위 취득 후 요즘은 도사 같이 생겼다고 하는 사람도 생겼다.

7) 현대과학과 풍수지리

현대과학과 의학이 많이 발전했다지만 성과를 이룬 것은 40% 미만이라고 관계 학자들은 말한다. 풍수학은 현대과학과 의학이 충당하지 못한 10~30% 미지의 세계를 가정한다.

좋은 터에 조상을 모시면 그 DNA가 발아(發芽)되어 같은 유전자를 가진 후손에게 동기감응을 일으킨다는 것이고, 좋은 터에 집을 짓거나 이사해 살면 땅의 좋은 생기가 인체에 전달되고 건강에 도움을 준다.

즉 가정의 화목, 화합, 평온, 건강 등 소원성취를 이뤄 운이 트여 복이 들어오고 부귀영화를 품게 하는 것이 풍수 기본원리이다. 이것을 풍수학에서는 발복(發福)을 이룬다고 한다.

사람들은 흔히 영혼은 뭣이며, 귀신은 뭐냐고 묻는다. 신령학은 말 그대로 생후의 영혼이라고 말한다. 생전에 어느 분야에 특출한 재능을 가진 초능력자가 생후에 다시 환생해 생전에 못다 이룬 공부를 이어가는 생전 영혼(靈魂)을 말한다.

눈에 보이지 않고 현대과학으로 증명하기 힘든 아주 특별한 초현대적 능력을 발휘하는 사람을 '영감(靈感) 받았다'고 한다.

좀 특별하다고 불리는 사람은 '조상의 은덕[神]을 받았다'고 하며, 그냥 출처가 불분명한 신(神)은 '잡신이 들었다'고 말한다.

단순한 표현으로 용과 이무기의 이념이다. 경지에 도달해 승천한 혼불(魂)을 선사(先士)로 일명 산신령(山神靈)이고, 그 아래 직급 선사는 산신(山神), 조상의 혼(魂)은 선세(先世)라고 분류한다.

영(靈)은 한자로 '산신령 영'자다. 영혼(靈魂)을 줄인 말로 이해하고 있다. 혼(魂)은 선천적 연계이다.

선사(先師; 도사들의 영혼) 분들이 다시 사람으로 환생해 전생에서 담고 있던 도력을 그대로 이어 다시 초능력을 발휘하는 것이라고 전해온다. 즉 부모님이 잉태할 순간 선사의 영혼 분들이 사람의 자궁에 착상돼 환생한다고 한다.

이때 사람들은 태몽이란 꿈에 현몽(現夢) 또는 선몽(先夢)했다고 한다. 그 수행 활동과 초·소·청·중·노년기를 거치면서 전생의 인자와 현생의 인자가 톱니바퀴처럼 맞물리는 순간 환생의 빛이 되어 천재·수재 등 개인의 재주가 세상에 알려진다. 이런 것이 영의 빛이 일치하는 순간이라고 한다.

진정한 풍수사도 전생에 얼마나 큰 그릇을 가진 도력(道力)이 새로운 생에 환생하여 그 지재(至材)를 새 인간의 몸과 호환을 잘 이뤄 화려한 빛을 내는가에 따라 '도사', '도인', '혜안이 되다'라고 부르기도 한다.

여기서 신과 영을 풍수에 대입하는 이유는 혜안과 영의 기운을 받은 인간만이 인체에 특별한 방법으로 빛·특수감지력·예지력 등을 통해 전달되고, 그 기운을 인용하기 때문이다.

귀신(鬼神)은 후천적이다. 사람의 몸에 붙어 지배하고 통제해 정신을 어지럽게 하거나 하인으로 부려먹거나 운전하려고 하는 행위를 한다고 한다.

영이 맑은 귀신은 흔하지 않고, 보편적으로 정체를 알 수 없는 잡신들이 대부분이다. 귀신이 사람의 몸을 지배하고 있는데, 사람은 여기에서 고민과 갈등을 한다. 먼저 품위 유지를 위해 성당·교회·사찰 등 종교적인 교리를 선택할 것인가?

아니면 팔자대로 귀신이 시키는 대로 굿당에서 놀아날 것인가 고민한다. 똑똑한 신을 만날 때 '영이 맑다'라고 부른다.

풍수지리의 핵심이론은 동기감응(同氣感應)이다. 같은 기(氣)끼리 서로 감응한다는 뜻이다.

조상의 기와 후손의 기가 서로 감응한다는 이론은 음택 풍수에서 적용되고 있다. 이것은 같은 형제간이라도 유전자(DNA)가 가장 가까운 후손부터 먼저 발복하고, 해를 끼칠 때도 유전자가 가장 가까운 후손부터 해를 입는다는 '인간의 씨'라는 이론을 유전자에 반영한 것이다.

또 좋은 땅 위에 솟구쳐 모인 생기기운과 천상에서 하림하는 천기기운이 융기(融氣)되면 새로운 생기기운이 건물 내부에 스며들어 생활하고 있는 사람의 인체에 영향을 주어 부귀영화를 품게 한다.

이는 양택(주택, 아파트, 건물, 빌딩, 상가, 마을, 도읍지) 풍수에 적용된다.

같은 주파수를 가진 전파는 상호 송수신이 가능한 것처럼 조상의 유골이 후손에게 파장을 보내 상호 전달된다는 과학적 근거가 있다.

그래서 유전자 감식 결과가 나온 이후 대학원에 풍수지리학과가 개설된 것이다. 바람과 물의 흐름과 지형(地形), 지세(地勢), 방위(方位)의 길흉(吉凶)을 판단해 죽은 사람을 매장(埋葬)한다.

명당(明堂)을 정하는 이론은 음양(陰陽) 오행(五行) 사상에 조상의 유해(遺骸)를 평안히 모시려는 효도 사상이 합쳐서 형성된 학문이 풍수지리설이다. 부모를 명당에 장사(葬事)하여 그 자손이 곧 부귀(富貴)를 누린다는 당대발복(當代發福) 사상이 그 근본이다.

모든 물체는 파장을 일으킨다. 유전자 파장이 작용해 후손에게 영향을 준다는 DNA의 파동이 보이지 않는 전파와 같은 유전자끼리 파동한다는 연구 결과가 있다.

범죄수사에 유전자 감식으로 범인을 찾아내는 것이 유전자 분석 덕분이다. 과학적으로 가능한 탓이다.

이제 풍수지리학이 비로소 풍수지리(風水地理)를 미신으로 냉대하던 음지에서 양지로 나온 것이다.

현 시대에 화장문화가 근접하더라도 중상위층은 알게 모르게 풍수사를 모셔다가 매장한다. 즉 조상을 잘 모셔 삶에 득을 봤다는 맥락이다.

조상의 묘소는 음택풍수를 보고 이장해야 한다. 조상의 묘는 당연히 명당이어야 하고, 길흉화복의 영향력이 있다. 죽은 자든 산 자든 기(氣)는 없어지지 않고 순환한다. 질량 불변의 법칙과 같은 것이다.

자연 속에서 산 사람의 자리도, 죽은 사람의 자리도 풍수를 보고 정한다. 이게 음택·양택 풍수(風水)이며 친환경 과학이다.

풍수의 기본원리는 천장지비(天藏地秘)이다. 풍수사(지관)들은 자기의 노하우를 감추거나 남에게 알리지 않으려고 물으면 대충 얼버무리고 자리를 피한다.

필자도 초창기 때 땅의 표면에 그림자가 움직이는 현상을 눈으로 관찰하고 이게 뭔가 고민한 적도 있다. 그래서 실력이 월등한 지관이나 도사라고 부르는 스님을 찾아가 물어보기도 했다.

분위기는 싸늘했다. 진짜로 가르쳐 주지 않으려는 것인지, 몰라서 답할 수 없는 처지인지 알 수 없어 속 터지는 시간을 허공에 날려 보냈다.

어느 날 혜광 스님의 초청으로 적광사(봉화군 소천면 분천리) 산신각 터를 봐주기 위해 갔다. 지정 스님(도사)을 뵙고 예의를 갖추었다.

당시 70대 후반 비구니 도사 스님과의 인연이다. 큰 스님(지정 스님)의 눈에서 예사롭지 않은 빛이 났다.

그동안 전국 사찰 감정을 많이 다녀봤지만 보통 분은 아니란 것을 직감했다. 큰스님께서 40여 분에 걸쳐 부처님 한 분 한 분과 18 나한님에 대해 상세하게 말씀해 주셨다.

그날 밤 저녁을 큰스님과 식당에서 같이 먹고 후식으로 차를 준비하는데, 큰스님이 냉장고 깊이 보관한 곡차를 내오셨다. 이상한 일이 또 생겼다. 곡차(막걸리)를 왜?

딱 한 컵씩 나눠 마신 후, 큰스님께 오늘의 일에 대해 궁금한 점을 질문했다. 그런데 생각지도 기대도 하지 않았던 답변이 나왔다.

이제까지 필자에 대한 성체(聖體), 즉 전생에 못다 이룬 꿈이 다시 환생해 그 일을 이루고 있다는 것이다. 경지를 넘어선 풍수에 능통한 도사스님이 내 전생의 그분이었고, 그가 다시 환생해 나에게 도움을 주시고 있다는 것이다.

그동안 주기적으로 몸이 아픈 것도 가야 할 길을 가지 못해 그분이 노해 벌을 내린 것이라고 필자의 존재를 알려주셨다.

땅 지표면에 띠가 뱀이 기어가는 것처럼 그림자가 보이는 것도 천목이 열려 땅의 지기기운이 움직이는 것을 빛으로 보여주는 것이라고 말씀하셨다.

멍했다. 이제는 내가 가야 할 길이 뭔지를 그제야 알았다.

8) 초능력자

과연 초현실적인 능력이 있을까. 풍수에도 초능력자가 존재한다.

초능력자(psychic)는 염력, 예지, 텔레파시, 투시 등 현대과학으로는 제대로 설명할 수 없는 초자연적인 능력을 가진 사람을 뜻한다.

초능력(超能力)은 초자연적인 현상을 일으킬 수 있다고 믿어지는 정신적인 힘을 말한다. 초감각적(超感覺的) 지각(知覺)이라고도 한다.

1970~80년대 겉으로 드러난 세 명의 지관은 형기론 장용덕, 기감론 손석우, 이기론 지창용 선생이다. 이들은 모두 정·재계와 사회적으로 연관되어 떠들썩했던 분들이다.

이들 중에 제자를 많이 발탁한 분은 하남 장용덕 선생이다. 전문 풍수학원에서 제자 육성에 기여했고 풍수가 무엇인가를 깨우치게 했다고 알려져 있다.

이 세 분들 모두 타고난 풍수 소질이 각기 달라 서로가 서로를 인정하지 않았다. 항상 본인의 풍수사상이 최고라고 했으며, 다른 풍수사상의 길은 참고마저 하지 않으려고 무시했다.

현대사회의 경쟁 관계는 무서운 적과의 동침이다. 필자도 풍수에 대한 재능이 남만큼 성장했다고 생각하기에 이 분들의 고집을 어느 정도 이해할 듯하다.

풍수의 세계를 열심히 공부하고 현장을 익히면 보편적인 사람은 풍수학이 60%(산의 형세)까지 도달할 수 있다고 본다.

그 다음 단계는 부모님으로부터 물려받은 소질을 스스로 깨우치기 위해 제3의 세계 기운의 영향이 어느 정도인가에 따라 소질은 확연히 달라질 것이다.

명장 풍수사가 되기까지 높고, 깊고, 먼 여정이 뒤따를 뿐이다. 다른 학문도 마찬가지겠지만 공부의 끝은 없다. 누가 최고의 지관이라고 단정한다는 것은 대단히 어려운 말이다.

명장풍수란 호칭은 피라미드 구조와 같아 어느 단계에서부터 호칭을 붙여야 할지 고민이다.

즉 풍수공부는 일반 학문과 달라 글로 표현하지 못할 제3의 세계가 존재한다. 그래서 아무리 유능한 선생님을 모시고 깨우쳐 배움을 더해 열심히 공부하더라도 한 계단 한 계단 너머 다음 단계의 세계는 스승과 다른 길을 걷는다.

분석하고, 깨우치고, 해석하는 단계는 점점 더 높고 깊어진다. 혹자는 자신의 깊이를 알지 못하면서 풍수란 지식을 조금 안다는 수준에서 주변으로부터 주워듣고 귀동냥한 것을 사실 확인도 하지 않은 채 현재 상태와 존재만 가지고 지면을 통해 공개적으로 비판하고 씹어댄다.

한번 명당은 영원한 명당이라고 고집만 앞세운다. 수박 겉핥기식으로 무덤 속 존재와 상태, 그리고 현실을 알려고 하지 않는다. 형기론은 산의 형세와 기운을 공부하는 것인데, 산의 형세만으로 터를 잡는 실수를 유발한다.

땅의 기운이 모이는 곳(정혈론)을 찾아, 산의 아름답고 수려한 형세에 기운이 모여 잉태(孕胎)되는 곳이 풍수학의 근본이다.

풍수학에서 가장 어려운 '정혈론(심혈론)' 분석력이 50%를 차지할 만큼 중요하다. 그리고 산의 형세 분석력이 20%이며 땅과 사람(유골)의 기운, 호환력 분석, 방해꾼 잡티(대기장력 · 유해파 · 지전류 · 수맥) 기타 등의 분석력이 30%를 차지한다.

더욱이 빛의 파장과 색채 조화, DNA 파장이 어느 후손에게 가장 많은 영향을 받는지(음택), 인체에 파장이 전달되는지 알아야 한다.

부귀영화와 발복의 기간을 분석하고 예측할 수 있는 감각력은 혜안의 염력에 따라 다르다. 세상에는 보이지 않지만 다른 제4의 세계가 분명히 있다.

이와 같은 기량은 가르쳐 줄 수도 없다. 설사 가르쳐 준다고 해도 특수 감각력의 파장을 읽을 수 있는 호환력이 부족해 인지할 수 없고, 제4의 세계와 접촉 고리인 파장(진동) 텔레파시 연결이 불가능하다.

정확한 분석력은 함부로 입 밖에 발설하지 않고 말을 아낀다. 즉 사람이 인지할 수 있는 초능력에 대해 이해하지 못하면 병원에 가서 정신감정을 받아보라고 한다.

여기서 잠깐 집고 넘어 가야 할 용어가 있다.

풍수사를 지관, 지사, 정시, 풍수, 일관 등 호칭이 여러 용어로 불린다.

지관은 현재 정부조직에 없지만 고종까지 영의정(국무총리)이 관할하는 관상감(觀象監)이라는 보직이 있었다.

공직자 신분으로 궁궐에 근무하는 풍수를 지관(地官)이라 하고, 지사(地師)는 공직자 신분이 아닌 궁궐 밖의 명장 최고급 풍수를 지칭한다.

일반 풍수에 대한 지식을 알고 있는 분을 '풍수', 제주도에서 풍수를 '정시'라 하고, 고을에서 명리나 철학을 하면서 풍수 일을 겸하는 사람을 '일관'이라고 부른다.

지관과 지사는 과거시험의 필수 과목인 풍수과제 시험에 합격한 분에게 붙여진 존칭이다.

2. 풍수의 시작

공자는 "택조(宅兆; 장사를 지내는 곳)를 잘 가려 편안히 장사를 치르라"고 말했다.

주자는 "자손으로서 조(祖)·부모(父母)의 유체를 장사 지내는 데 조심스럽고 정성된 마음으로 편안하고 튼튼히 모셔야 한다. 그러면 장구히 보전할 조·부모의 신령이 편안하고, 그럼으로써 자손이 대대로 번성해 제사를 받는 이가 끊어지지 않는다"며 "그러나 정밀하게 자리를 가리지 못해 땅이 불길하면 반드시 물이 고이거나 벌레들이 시신을 헤쳐 그 시신이 불안하고, 그 자손도 화근을 입어 사망하거나 대가 끊어지는 근심이 있으니 심히 두려운 일이다"고 전했다.

사람이 살아서 부귀영화를 누리고, 죽어 묻혀 후손들이 잘될 명당자리만 있다면 누구인들 마다하겠는가. 더욱이 금상첨화로 호의호식하며 무병장수하고, 자식들까지 출세해 승승장구한다면 온갖 재산을 다 내놓아도 아깝지 않을 것이다.

이 모든 꿈이 내가 사는 집, 죽어 누울 한 평의 땅에 의해 좌우된다면 그 명당을 찾기 위해 세상은 요동치고 말 것이다. 풍수는 이 같은 인간의 근원적 욕망에서 비롯된다.

사기나 미신 정도로 치부되던 풍수가 어느덧 풍수 열풍으로 세계적인 추세가 되어 버렸다. 풍수, 명당에 대한 우리나라 사람들의 관심 또한 어제오늘의 일이 아니다. 예로부터 왕릉 터를 잡는 풍수지관이 따로 있었다. 대기업은 물론 관공서 신축에도 명당을 가리고, 풍수 원리를 적용하고 있다.

미신으로 치부되던 정통 풍수에 현대 지질학과 화학물리학을 접목시켜 풍수의 현대화와 새로운 과학적 토대를 마련했고, 이 분야에서 새로운 독창적인 자리를 잡는다.

또한 복을 얻고자 하는 이기적인 속신(俗信)에 바탕을 둔 중국 풍수와 달리 우리나라 풍수는 고유의 방식으로 풍수 개념이 자리 잡았다는 천목풍수론(天目風水論)을 펼쳐 풍수를 우리 시대 인문학 실론으로 당당하게 제시한다.

필자는 지난 5여 년 동안 명당이라고 예측되는 30여 곳을 사전에 먼저 삽과 곡괭이로 땅을 파서 명당의 구조가 어떻게 되어 있는지 화학적인 성분이 어떤 것인지 실험하며, 현대에 적용할 수 있는 새롭고 합리적인 풍수에 관한 연구를 끊임없이 이어 왔다. 우리나라 구석구석 땅을 밟으며 풍수 지식과 경험을 축적했다.

배산임수, 로또 명당, 남향집 등 일상생활에서 누구나 쉽게 듣고 접할 수 있는 것이 풍수이다. 중세 이후 우리나라 역사는 풍수적 세계관을 떼어놓고 생각할 수 없다.

조선시대에 들어 유교의 효 사상과 결합한 음택(陰宅), 즉 묏자리 잡기 열풍을 비롯해 옛사람들의 역사·철학·과학·생활 등 그 어디에나 풍수적 사고와 문화가 녹아 있다.

당시는 풍수가 보편화되고 풍수를 배워야 엘리트 대접을 받던 시대였기 때문이다. 그러나 오늘날 정통 풍수의 모든 것을 현대에 그대로 적용할 수는 없다. 현대에 맞게 변용(變容)해야 한다.

풍수는 근본적으로 그 당시의 시대 상황에 맞는 인간과 자연의 관계에 대한 선인들의 지혜이다. 정통 풍수는 농촌을 대상으로 생긴 땅에 대한 경험 과학의 속성을 가지고 있는데, 문명의 발전과 도시 개발로 적용 가능한 풍수 이론의 근거 자체가 많이 사라졌다.

우리나라 도시화 비율이 80%가 넘어선 오늘날, 과연 '배산임수'를 골자로 하는 명당은 어디에 있는가?

심재열 박사(동국대 풍수학 교수)는 "풍수에서 말하는 완벽한 명당은 없다"고 말했다. 장풍(藏風)・득수(得水)・간룡(看龍)・좌향(坐向)・형국(形局) 등 정통 풍수에서 말하는 이상적인 조건을 얼마나 충족하는지 찾아야 하며, 부족한 땅은 보충하고 적극 개입하여 명당을 만들어 가야 한다고 주장했다.

풍수를 현대에 맞게 고쳐 적용해야 한다는 얘기다. 혹자들 중에 "명당은 찾는 게 아니라 마음속에 있다"고 궤변을 늘어놓는 자도 있다.

이기적인 술법으로만 왜곡되어 온 풍수의 본질부터 사람들이 흔히 발복을 받기 위해 찾는 명당의 실체까지, 풍수의 솔직한 모습을 보여 준다.

필자는 정통 풍수를 토대로 객관성을 갖춘 세계 최초의 과학적인 방법으로 명당을 증명했다. 과학적 객관성보다는 직관에 의지하고 주관적인 면이 많아 미신으로 치부되던 정통 풍수를 오늘날 현대인들에게 유용한 실용학문으로 진화할 수 있도록 정리하기 위해 노력해 왔다.

이러한 천목풍수는 발복(發福)이 목적인 중국 풍수와 달리 조화로운 삶을 중요시하는 양택(陽宅) 풍수로 자연과 더불어 살아가려는 '사람의 지리학'이기도 하다.

음택(陰宅)에 대해 부정적이고 풍수의 현대적 변용을 시도했던 그는 우리나라 풍수계에 커다란 논란을 불러일으키기도 했지만, 한국의 풍수가 완벽하게 하나의 학문적인 틀을 갖게 했다는 평가를 받고 있다.

풍수의 기본원리는 천장지비(天藏地秘)이다.

어떤 풍수사는 자신이 이 시대의 최고라며 1인자란 말을 함부로 쓰고 있다. 참으로 위험한 발상이다. 내가 그의 생각과 다르다며 잡술사, 신기(神技), 잡술인 등 온갖 흉흉한 비방 글을 자제하지 못하고 거침없이 지면이나 SNS 화면을 채운다. 풍수사들은 제각기 저마다 명당 터를 찾는 방법이 조금씩 다르다.

모든 것을 현재의 시점에서 평가한다. 대한민국은 한국전쟁을 치른 나라다. 한국전쟁 당시 항공기에 의한 폭격과 포탄 사격으로 산의 모습이 원시 상태보다 많이 변했다.

그리고 산업화 발전에 따른 농경지나 임야를 중장비 등으로 파헤쳐 원시의 지형 모습을 찾아보기 어렵다. 산언저리 한 모퉁이를 파헤치거나 메워 버리면 지형은 전혀 다른 모습으로 변한다. 이렇게 래용·과협·안산 등이 사라진 산의 모습을 보고 청룡 또는 백호가 배신했다며 흉지 터라고 평가한다. 풍수 사상은 물·바람·산의 형세로 명당을 판가름하는 것이 보통의 평가다.

명당 터의 첫 번째 조건은 외부적 하드웨어 조건인 주산·청룡·백호·안산, 주변의 사격과 바람·물이다. 인간에 비유한다면 미스코리아를 뽑는 외관적인 조건이다.

두 번째 명당의 조건은 터의 지층 구조, 토질과 혈토 등 내부적인 구성 요건을 갖추고 혈판이 존재해야 한다.

세 번째 조건은 주변에 수맥파, 지전류, 대기장력, 유해파, 고합전선, 전파기지국 등 인체에 치명적인 위해(危害) 여건들이 존재하지 않아야 한다.

여기서 대각(大覺)을 이루지 못한 풍수사들은 묘지·집터를 감정할 때 두세 번째 요건을 잊고 첫 번째 내용을 기준 삼아 수박 겉핥기식으로 남의 묘나 집터를 기운이 빠져나가는 현상만 보고 그냥 흉지 터라고 평가한다.

　반풍수들은 겉옷 입은 모습이 초라해 보인다고 병든 사람으로 취급하듯 진단한다. 겉모습도 명당 터의 중요한 요건이다.

　하지만 가장 중요한 조건은 생기가 모여 뭉친 곳, 즉 하늘이 감추고 땅이 숨겨놓은 땅인 천장지비(天藏地秘)를 찾는 일이다.

　요즘 풍수사들이 방송·신문·잡지·인터넷 등 매체에서 전직 대통령들의 감옥행을 들며 불운한 대통령이라고 씹어댄다.

　과연 그들 중 청와대에 직접 들어가 현지답사를 한 후 청와대 터가 좋고 나쁜 내용을 쓴 것인지, 아니면 그냥 추리소설을 썼는지 의심스럽다.

　필자가 조사해 본 결과 현재 청와대 신축에 관계했던 풍수사는 기감 풍수사 육관도사 손석우 선생, 형기풍수 하남 장용덕 선생과 심재열 동국대 교수(장용덕 선생의 수제자)로 확인됐다. 그중 생존자는 심재열 교수뿐이다.

　노태우 대통령의 부름을 받고 스승과 함께 청와대에 들어가 터를 잡고 설계 조언을 했던 유일한 생존자 심재열 박사의 내용을 종합해보면 그냥 추측해서 지면에 보도된 내용과 너무 다르다.

　당대 최고 관상쟁이 지창룡 선생이 터 잡은 국립현충원의 박정희 대통령 부부 묘는 당시 억울함을 호소하는 지창룡 선생과 기자와 인터뷰 노트를 인용해 보면 군부 시절 이곳 묘터를 잡는 분이 별도 존재하고, 중앙정보부 수사관에 의해 미리 준비해온 용지에 이름과 도장을 찍었다고 기록되어 있다.

　죽어서도 후배 풍수 공부를 하는 분들에게 반풍수 취급을 받고 있는 것이 현실이다.

　백호 측에서 봉분을 대각선 백호 방향으로 가로지르는 큰 띠 모습이 수맥과 대기장력에 걸쳐 흉지로 변한 모습이다.

　일부는 이병철 삼성 창업주 묘지 앞의 안산을 파헤쳐 에버랜드 주차장으로 바꿔 흉지로 변했다고 형기론적으로 추정해 평가한다. 이에 대한 사실은 묘지 가까이 접근할 수 있다면 더 정확한 원인을 알 수 있다.

이 두 사안은 지창룡이 터를 잡은 데 대한 선입감으로 평가한 것이 아닌가 싶다. 이보다 더 다급한 사안은 삼성의 발복 근원지인 의령의 증조 묏자리이다.

이미 10여 년 전부터 혈판이 균열과 지각변동으로 파장의 빛깔이 곱지 않아 흉지로 변한 것으로 느껴진다. 이에 대해 대각을 이룬 풍수사들의 입에서 우려의 목소리가 흘러나온 지 오래됐다.

산의 모습만으로 터를 잡는 형기풍수 기법은 땅속의 생기 기운이 뭉친 곳을 찾는 데 어려움이 있다. 이기법(理氣法)은 사주명리를 틀에 박힌 수학공식처럼 풍수에 대입시킨 기법으로 생기가 엉긴 곳을 어림잡아 추정해 불안하기 그지없다. 이 밖에 여러 가지 기법이 난무하고 있지만 이들 역시 생기가 뭉친 곳을 찾는 데 역부족이다.

기감풍수(氣感風水)는 형기법(形氣法)을 기반으로 지중에서 생기의 파장이 조응(照應)되어 지표면에 닿을 때 빛의 색채 조화가 아름답게 응기하는 곳에 터를 잡는 기법이다.

지창룡 선생은 관상학과 명리학을 풍수에 접목시켜 터를 잡는 풍수사로 제자들로부터 이 기법을 수없이 들어 왔다.

육관도사 손석우 선생은 하늘에서 내려오는 그림자를 기준으로 터를 잡는 일명 기감풍수의 일부분이다.

형기풍수(形氣風水)를 기준으로 공부한 이들은 다른 기법이 잡술인·신기로 행술을 한다며 잡술인이라 사정없이 폄하했다.

형기풍수를 기초로 공부했던 필자도 산의 모습만 보고 터를 잡는 형기법의 부족한 정혈법(생기가 뭉친 곳)을 극복하기 위해 노력한다.

그래서 대각을 이룰 때 빛의 염력으로 지중(地中)에서 뭉친 생기의 기운이 지표면에 교감할 때 발생한 조응(照應) 빛의 색깔을 눈으로 감지해서 터를 잡는 기감풍수 기법을 접목하고 있다.

3. 역사를 바꾼 이야기

육관도사 손석우가 터를 잡아준 김재규의 모친 묘에 얽힌 에피소드는 소름이 끼치도록 놀랍다.

손석우는 지창룡과 같은 역술가로 정통 풍수사(지관)가 아니다. 역술인이 '신끼'로 행술을 하면 '잡술인'이 된다.

이에 대해 심재열 교수는 "잡술인이 풍수를 왜곡하여 김재규의 모친 묏자리를 잘못 잡아준 일이 결국 대한민국의 국운을 확 바꾸는 데 일조했으니 실로 통탄할 일이다."고 말했다.

그런데 김재규 모친의 산소에 얽힌 비화를 이해하려면 먼저 박정희·박근혜 부녀 대통령을 탄생시킨 구미시 상모리의 박대통령 조모 산소에 대한 이야기가 선행돼야 한다.

박 대통령의 부친 박성빈은 경북 칠곡군 양목이라는 곳에서 가난하게 살다가 부친이 죽자 그곳에 장사 지낸 후 처가인 수원 백씨(부인 백남의)의 재실과 묘지를 관리해 주고 위토(位土)에 농사를 짓기 위해 구미시 상모리로 이주했다.

현재 생가 터의 사무실 자리는 수원백씨의 재실이 있던 곳으로 그 아래 초가집이 박정희 대통령의 생가이다. 박성빈은 근면하고 사리에 밝아 평판이 좋았다.

당시 금오산 자락의 산주(山主)인 창랑 장택상 부친은 산판하면서 벌목과 목재를 운반하는 인부들을 감독할 사람을 찾았다. 그때 체구는 작았으나 대차고 통솔력이 있던 박성빈이 인부들의 감독관으로 추천돼 성실히 임무를 다했다.

덕분에 무사히 벌목 공사를 마친 산주는 금일봉을 주며 노고를 치하했으나 사양하며 "연로하신 어머님을 모실 묏자리를 달라. 부디 적선하는 셈 치고 산 좀 달라"고 사정했다.

이에 산주는 그의 효성에 감동하면서도 혹시나 싶어 지관에게 박성빈이 원하는 산자락에 쓸 만한 묏자리가 없겠냐고 물었다. 하지만 산주는 지관이 "금오산의 정기가 지나가는 과산(過山)이어서 묘로 쓸 자리가 없으니 줘도 괜찮겠다"고 말하자 그 산을 넘겨주었다. 박성빈은 모친이 돌아가자 묘를 썼으며, 후일 양목에 있는 부친 묘도 모친의 왼쪽으로 이장했다.

그런데 박 대통령 조모의 산소는 욱일승천하는 형세의 금오산 주맥이 오태마을 장택상의 생가 쪽으로 가다가 박 대통령 선산 위쪽 능선 약 30~40m 지점에서 맥로를 차단하는 바위를 만나 맥[生氣]이 진행하던 방향으로 가지 못하고 박성빈의 모친 묏자리에 가서 멈춘다.

이곳은 풍수의 4대 요소인 용혈사수(龍・穴・沙・水)가 일품이고, 멀리 천생산이 잘 개면한 토형(土形)의 조산이다. 또한 광활한 국세는 군왕지지라 할 만한 명당인데 기이하게도 산소 앞에 1m가 조금 넘는 바위가 솟아 있다.

어떤 지관들은 산소 앞의 바위가 산소 쪽으로 개면하고 뿌리가 깊으면 역성혁명을 하더라도 성공한다고 본다. 박정희가 대통령이 된 이후 이 바위 때문에 혁명에 성공했다고 회자되어 온 것은 사실이다.

당시 대권을 꿈꾸던 김재규도 이곳의 명당과 바위를 보았을 것이다. 그 역시 자신의 모친이 들어갈 자리 앞에도 바위가 있어 같은 '제왕지지'로 판단하고 상당히 고무되었던 것이 아닐까?

김재규는 박 대통령 정권에서 건설부장관을 하던 무렵 모친을 잃었다. 김재규는 당시 전국건설협회 회장인 모씨를 통해 당대 최고의 지관이라는 하남 장용득 선생을 경북 선산초등학교 뒷산의 선영에 초대해 한 곳을 가리키며 묏자리로 어떠한지 물었다.

하남은 그 자리 앞에 박힌 바위가 배역하고 있어 후손이 역성혁명을 하다가 패망하는 패역지(敗逆地)로 보았다.

하지만 바른 대로 말할 수 없어 "예, 그 자리에 모친을 모시면 높은 자리에 오르긴 해도 귀양 갈 자리입니다"라고 말한 후 산을 내려오려는데, 육관 손석우가 올라와서 하는 말이 "이 자리는 왕이 날 자리입니다"고 말하자 김재규의 찌푸렸던 얼굴이 활짝 펴졌다고 한다.

손석우는 묘 터를 제대로 감정할 능력도 없이 금일봉을 많이 받을 욕심으로 상대방이 기분 좋게 말한 것이다.

그 후 김재규는 중앙정보부장으로 영전했으나 하남 선생이 모친 산소에서 한 말이 찜찜했던지 건설협회장에서 건설부차관이 된 모씨를 통해 남산(중정)으로 하남을 불렀다.

당시 차관은 하남에게 "무조건 엎드려서 당시 모친 묏자리를 잘못 봤다고 빌라"고 말했다.

하남은 시키는 대로 김재규에게 납작 엎드려 "제가 나이를 먹어 망령이 들었는지 실수했다. 이제 행술을 관두고 절에 들어가 죽을 때까지 밖에 나오지 않겠다"고 맹세했지만 차관에게 귓속말로 "3년 안에 묘지를 이장하지 않으면 큰 일이 일어난다"고 말한 후 절에 들어가 숨었다.

하남은 박대통령 시해사건 이후 서울로 돌아와 건설부 차관이던 모 씨의 귀싸대기를 날린 후 "내가 3년 내로 김재규 모친의 묘를 이장하라고 했는데 왜 안 옮겼냐"고 혼쭐을 냈다.

역사에는 가정이 없다지만 만약 당시 손석우가 김재규에게 "왕이 날 자리"라고 부추기지 않았다면 박 대통령을 시해하지 못했을 것이다. 그러면 우리나라가 북한보다 먼저 핵개발을 하고, 전두환·노태우 등의 부정축재와 5.18 광주 학살사건 등으로 온 나라가 혼돈 속으로 빠지지 않았을는지도 모른다.

사실 손석우가 점혈한 용인의 김대중 부모의 묘는 명당이 아니며, 신안군 하의도에 있는 증조부모 묘가 명당으로 알려져 있다.

4. 왕대밭에 왕대 난다

"왕대밭에 왕대 난다."

이 말을 풍수사상에 입각해 보면 꼭 맞는 말이다.

조상을 잘 모셔야 부귀영화를 누릴 수 있다는 얘기다. 집안의 부와 권력의 상징이고, 외부에 알리기 위한 과시(果是)의 표시이기도 하다.

부와 권력을 가진 집안에서 명석한 두뇌를 가진 자손과 부자가 난다는 뜻이다. 권력을 가진 부잣집 대가는 훌륭한 풍수(지관)을 모셔다 놓고 수년간 묘지 터가 좋은 땅을 찾는 데 많은 돈을 투자한다.

명당이 발견되면 권력을 앞세워 돈이란 힘으로 무조건 매입하고 이 터에 조상을 모시고 집안의 발복을 기원해 왔다.

명당에 놓인 묘지나 집터는 싱크탱크와 같이 좋은 생기 기운을 공급하는 에너지 탱크 역할을 한 것으로 본다. 조선시대부터 현재까지 명문가의 족보를 놓고 들여다보면 크게 벗어나지 않는다.

혹여 개천에서 용 나는 일도 가끔씩 있다. 좋은 집안과 명문가에서 권력과 재벌이 난다는 것이 풍수사상이다.

역대 대통령, 국무총리, 재벌들의 뿌리를 살펴보면 풍수사상과 영향이 깊고 많은 연관성이 있다. 오래 전부터 수많은 언론과 매스컴으로 알려진 것은 틀림없다.

하루하루 먹고살기 어려운 형편의 가난한 집안에서 좋은 땅과 명당을 찾는 것은 어려운 현실이다. 요즘도 마찬가지다. 80%가 넘는 화장의 문화로 변했다.

즉, 묘지로 사용할 땅이 없거나 벌초가 대부분 포함된 것으로 생각된다. 지금은 핵가족 시대로 변함으로써 대략 1년에 한번 한 집안 벌초란 것이 사회적인 고민거리가 아닌가 싶다.

그러나 정계와 재계는 그렇지 않다. 왕대밭에 왕대의 은덕을 기원하고 매장하는 것을 원칙으로 하고 있다. 그러나 외부에 노출되는 것을 꺼린다.

그 이유는 이런저런 연유로 언론에 감시당할 것을 우려한 것이 아닌가 한다. 이 책을 집필하면서 필자가 터를 봐준 몇몇 재벌과 정계에 관련이 있는 분들께 동의를 구하지 못해 책에 펼치지 못한 점이 아쉽기만 하다. 이것이 현실인 이상 현실에 따를 뿐이다.

요즘 산 공부 때문에 이 산 저 산을 살펴보면 오랫동안 벌초하지 못해 팔뚝만한 나무가 묵은 묘지 봉분에 자라는 모습을 흔히 볼 수 있다. 가족들의 관심에서 사라진 것인지 아니면 어떤 이유가 있을 것으로 본다.

벌초란 것이 가족들 사이에서 뜨거운 감자로 골머리를 앓는다. 30년 전만 해도 조상을 잘 모셔야 된다는 숭배사상으로 벌초를 안 하면 큰일이 난 것처럼 수치스러운 고민의 대상이었다.

즉 집안이 망했거나 손이 끊어졌다는 등으로 주위로부터 곱지 않은 시선, 그 일가의 자존심과 집안의 치부에 대한 입방아를 피하려고 해왔다.

세상이 급속하게 변하면서 풍수의 물결도 변화하고 있다. 벌초란 문제로 명당에 모신 조상의 무덤을 파서 국립묘지로 이장하거나 화장해서 없애 버린다.

그러나 요즘은 현역 전사자는 매장을 하고 봉분을 파서 화장해 국립묘지로 뼛가루를 가져온 유골은 납골당에 봉안한다.

자칫 가볍게 생각하고 행동했다가 온가족이 우환이란 풍파를 겪는 경우를 흔하게 볼 수 있는 것이 현실이다. 어디든지 터란 곳에 생기가 모인 명당은 그 지역에 그리 흔하지 않는 것인데, 국립묘지도 예외가 아니다. 몇 군데를 빼고는 흉지에 가깝다는 현실을 묻어 버린다.

운이 트여 복이 닥친 현상으로 대를 이어 부귀영화를 누리는 것을 '발복(發福)'이라고 한다. 그런데, 조상이 물려준 땅이나 본인이 구입한 땅은 땅값 상승으로 부모님 묘지를 꺼린다. 묘지가 존재하면 땅값이 떨어진다는 이유다. 참으로 안타까운 현실이다.

덕장과 파묘에 관한 재미난 이야기가 있다.

덕장이란 예부터 남의 묘 봉분이나 봉분 옆에 묘지 주인 몰래 봉분을 파고 슬쩍 다른 사람의 유골을 묻는 것을 말한다. 이런 현상은 현장답사 때 간혹 볼 수 있다.

주로 1970년대 이전에 이런 일이 종종 있었다고 한다. 가령 어느 고을에 묘를 쓰고 나서 궁색하게 못살던 집안 형편이 급속히 부자가 되고, 하는 일마다 성공해서 천석꾼 집이 되었다는 소문이 꼬리에서 꼬리를 물었다.

남들이 부러워할 정도의 재산이 축적되어 머슴까지 둘 만큼 부자가 되었다는 소문이 나면 주변 사람들은 호시탐탐 그 묘를 항상 주시하고 살핀다. 결국 기회를 보다가 어느 날 밤에 아들을 데리고 묘 봉분을 파고 감쪽같이 묻거나 봉분 옆에 깊이 파고 봉분을 조그맣게 하거나 평장을 하는 경우가 있다.

또한 강감찬 장군을 비롯한 유명인들이 죽으면 덕장을 방지하거나 이해당사들이 시신의 훼손 방지를 위해 한곳에 봉분 3개를 나란히 만들어 혼돈을 유도한다. 여기저기 2~3곳, 멀리 떨어진 곳에 봉분을 만들어 혼돈을 유발하고 그 중 하나는 진혈에 안장해 가족만 알 수 있다.

좀 이상한 것이 있다. 명당 터에 봉분이나 주변에 덕장을 성공하면 웬만해서는 파내라고 독촉하지 않는 것이 예의라고 한다. 우스운 광경이다.

이때 명지관은 이곳에 명당자리는 한 곳뿐인데 적선과 덕을 쌓으면 함께 발복할 것이고, 그렇지 못하면 해를 입을 것이라는 한마디에 조용해진다고 한다. 어려운 형편에 하루 벌어서 하루 먹는 어려운 당시 부모들이 죽으면 적당한 곳에 묻어 두었다가 찢어지는 가난에서 벗어나기 위해 편법을 쓴다고 한다. 즉 명당의 득을 보겠다는 궁극적인 속내가 아닌가 한다.

또한 배고픈 시절 아들이 배가 고파 한 끼를 해결하려고 동네 산일(묘지일)을 도우러갔다가 무덤을 파니까 하얀 연기(기화현상)가 뭉클 올라온 기이한 현상을 아버지에게 말했다.

그날 밤 아버지는 아들들을 전부 모이게 한 다음 마누라 묘를 파다가 낮에 파묘해 간 터에 유골을 파고 묻었다. 그 후 한참 시간이 지난 어느 날부터 하는 일마다 대박이 터져 부자가 되어 부귀영화를 얻는다는 '설'은 전국 고을마다 쉽게 귀동냥할 수 있는 풍수실화가 많다.

필자는 바로 그런 설과 현실을 목격하고 있다.

5. 특이한 경험을 하다

필자의 두 눈은 남다른 예지력, 통찰력, 염력, 초능력 등을 품고 있어 빛의 색과 모양으로 식별이 가능하다. 이런 이론은 현장과 일치하므로 음택의 묏자리를 정혈자리에 명당 잡을 때 대입하여 의뢰인에게 화를 입지 않도록 사전에 예방한다.

이런 터의 양택지는 일정한 거리를 띄워 건물을 축조하도록 현장을 감독한다.

수맥이 있는 경우 현대적인 배수 공법에 의해 비보책을 적용하여 화를 면하도록 하는 것이 천목풍수 이론이다.

잡티(대기장력·유해파·지전류·수맥)는 풍수사가 남다른 감각과 초능력을 겸비한 풍수사들만 감지할 수 있다.

여기서 잡티로 인한 피해를 본 가옥을 설명하고 도움이 되어 피해를 사전에 대비할 수 있는 현장을 소개한다.

2015년 6월 후배 스님의 연락을 받고 당진 시내에 현대식 단층으로 지은 'ㄱ'자 모양의 시멘트 벽돌집을 찾아갔다.

20년 전에 잘 지은 구옥으로 지역에서는 부러울 것 없는 부자였다고 한다. 문제는 여기서부터 시작되었다. 위로 딸만 2명을 낳았고 오랜만에 남자아이를 낳았다.

집안에 경사가 난 것이다. 부부간에 나이 차이가 띠 동갑으로 아버지의 나이가 많았다고 한다. 머슴애를 얻은 분위기에 7살이 되는 해에 사내아이의 방이 필요해서 구옥을 헐고 집을 신축했다고 한다.

부부는 천주교 신자였다. 종교라는 이유로 풍수지리를 무시하고 그냥 건물을 지은 것뿐이라고 했다. 엄청난 실수를 한 듯했다. 종교와 풍수지리는 완전 별개이다. 땅의 지맥과 종교는 연관성이 없는데, 미신이라는 제목으로 무시해 버린 것이다.

그때 어떤 에너지가 필자의 머리를 스치고 있었다. 사내아이의 방을 별도로 꾸민 것이 원인이 된 듯했다.

집을 짓고 이사해 각자의 방에서 생활했는데 이상하게도 이집의 남자 아이가 비슷한 또래의 아이들과 좀 다른 행동을 하기 시작했다.

점점 해서는 안 될 짓, 사람들에게 돌을 던져 상처를 입히고, 해가 갈수록 부모들이 감당하기 어려울 만큼 거친 행동을 하다가 20세 되던 해 교통사고로 숨지고 말았다.

그리고 딸 한 명도 정신이상 현상을 일으켜 더 이상 이곳에 머물기가 겁이 나 재수 없는 집이라며 다른 곳으로 거처를 옮겼다.

그 후 폐가로 남겨둔 채 수년이 흘러 이곳을 다시 딸들이 찻집을 겸한 화실로 사용하려다가 문득 겁이 난 것이었다.

마침 집안과 친분이 있는 스님이 그곳을 방문했고, 상당한 기력을 가진 스님은 원인 분석을 해서 해결하려고 많은 고민을 했다고 한다.

결국 스님이 필자에게 원인을 파악하고 분석해 달라며 의뢰해 왔다. 허름한 집에 대해 그냥 이 집을 어떻게 보느냐고 감정해 보라는 것이었다. 분명히 사유와 이유가 존재한다는 직감이 머리를 스치고 지나갔다.

그동안 주변 가까운 곳에 당진시청이 새로운 터에 신축하면서 4차선 도로를 새로 만들어 도로가 집보다 1m 이상 높았다. 그야말로 푹 꺼진 집이 되고 말았다.

도로 아래 집 대문에 들어서는 순간 왼쪽 가슴이 찢어지는 감각과 얼굴에 따가운 열기가 밀려들어 기분이 걸쩍지근해져 이곳을 빨리 나가고 싶었다. 왼쪽 첫 번째 방문에서 감지되었다.

정신을 집중하자 두 눈으로 땅에서 올라오는 지맥과 지상의 기운이 교감돼 색으로 변화되는 모습이 보였다. 지상의 대기장력 색은 작대기처럼 뻗은 검은 띠가 시청 방향에서 뱀장어가 헤엄치듯이 마당을 지나 방을 통과하고, 이 터의 유해파·수맥·지전류·대기장력이 다음처럼 눈에 보였다.

유해파는 비늘(고기비늘처럼 눈이 옆으로 땅에 붙어 날리는 듯한 빛)이 땅의 표면에 붙은 듯 보이는 검은색 C자 형태를 그리며 방쪽을 향해 돌아 있었고, 지맥이 교감되는 모습이 옅어 망사 위에 불빛을 비친 것처럼 그림자를 형성한 듯했다.

수맥은 오래 전부터 마당 가장자리에 우물이 있었듯이 흔적만 남아 있었다. 건물을 헐고 신축하면서 물길을 다른 쪽으로 우회시키거나 관을 묻어 물길을 만들어야 하는데, 그냥 흙으로 메워 버려 물길을 찾지 못해 하필 방 아래로 흐르고 있었다.

지전류는 'ㄱ'자 집 끝부분을 잘라내어 지은 이 방은 원래 화장실이 있던 곳이다. 인의 성분이 많아 전봇대나 피뢰침을 접지할 때 인분을 퍼다 넣어 접지를 맞춘 듯이 땅속에도 전기가 띠를 이뤄 끈 모양으로 흐르고 있었다.

필자는 이런 곳에 오면 가슴에 순간적으로 찢어지는 듯한 고통을 느낀다. 검은색이 탈색되어 희나리 고추 모양의 3~5cm 폭으로 몸에 닿을 때마다 통증이 온다.

방안 침대 위에는 이런 파들이 지나고 있는 듯했다. 여러 가지 몸에 이롭지 못해 피해야 할 것들이 이 방을 지나 잠자리가 혼란스러울 수밖에 없었다.

깊이 잠들지 못해 아침이면 머리가 찌뿌둥하고 정신적 고통이 심화되어 성격이 거칠어지며, 가족들과 어울리지 못하고 왕따를 당하며, 방에 들어가도 금방 밖으로 나갈 수밖에 없다.

밖에 나가더라도 또래들과 놀지 못해 따돌림이 반복되면 성격은 과격해지면서 변해 가고, 결국 가족들이 감당 못할 지경에 이른다.

양택과 음택 감정을 수없이 많이 다녀봤지만 고난도 풍수력이 필요한 사실상 표현하기 어려운 현장이었다. 눈으로 보이는 4가지 기운의 모습을 스케치와 설명으로 리포트해 달라는 요청이 있어 보고 느낀 대로 풍수 관련 소명서를 기록해 줬다.

스님과 가족들이 내용을 읽어보고 이런 것이 눈에 보이냐고 되물어 그렇다고만 답변했다. 시험 한번 대단하게 치렀다고 생각했다. 스님은 집터 감정에 아주 만족하다고 응답했다.

그동안 스님이 자기비용으로 수많은 풍수사와 자칭 도사라고 하는 분, 건축사 등 많은 분들을 데려왔지만 해답을 풀지 못하고 그냥 돌아갔다고 스님이 말했다.

덧붙인다면 전자파와는 무관하지만 대형 굴뚝이 배출하는 나쁜 에너지도 고압 철탑과 마찬가지로 좋지 않다. 게다가 굴뚝에서 나는 매연은 낙태나 눈병 등의 원인이 되기도 한다. 따라서 대형 굴뚝은 주택가에서 최소한 100m 이상은 떨어져야 한다.

계단도 마찬가지다. 계단이 현관으로 곧장 향하는 것을 극도로 기피했다.

아파트의 경우 현관문을 열었을 때 바로 마주 보이는 계단이 올라가면 무방하지만 내려가는 계단이 보이면 기(氣)가 밖으로 새나가는 형국이어서 좋지 않다. 집의 현관문이 엘리베이터를 마주보고 있어도 흉한 가상이다.

이른바 정충살(正沖殺)이 심해 기의 공격을 받는 형상이므로 해롭다. 엘리베이터는 항상 오르내림을 반복해 문이 열리고 닫히는데, 이는 마치 호랑이가 입을 벌렸다 닫았다 하는 상과 흡사하다. 이런 구조에 놓이면 시비가 잦고 재물을 지키기 어렵다.

6. 돈오점수(頓悟漸修)와 각오(覺悟)

제주 안덕 방물장수 자손 출세

1970년경 제주도 안덕 마을의 일화이다. 당시 남제주군 안덕면에 떠돌이 방물장수가 부인과 아들 두 명을 데리고 제주 전역이 동네 저 동네를 돌아다니며 어렵게 생계유지를 연명했다.

운이 좋은 날은 식구가 심성이 착한 사람의 집 방 한 칸에서

식구가 함께 먹고 자기도 했으며, 그렇지 못한 날은 헛간이나 움막 등을 찾아다니며 하룻밤을 넘기기도 했다. 이 방물장수 아저씨는 수년 동안 등짐을 지고 이곳저곳 식구들과 함께 다니다보니 웬만한 동네 사람들은 다 알고 지내다시피 했다.

결국 방물장수 아저씨가 심성이 착하고 부지런하게 사는 모습이 마을사람들에게 좋게 보여 이 동네 어느 집 문간방에 살게 해주었다. 아저씨는 이 동네 저 동네 장사를 하러 가고 부인은 삯바느질과 이웃집 허드렛일 등으로 살아왔는데 어느 날 방물장수 아저씨가 죽고 말았다.

남의 집 문간방에 임시 생활하는 처지인데 방도 조그마한 단칸방에다 어렵게 사는 터라 시신을 눕혀놓고 통곡조차 하지 못하는 신세였다. 평소 방물장수가 법 없이도 살 수 있는 착한 사람으로 알려져 동네사람들은 마을회관에 모여 그의 시신을 거둬 당일 초상을 치렀다.

당시는 마을에서 약 100m 떨어진 숲속의 멀지 않은 곳에 묻어주었고, 가족들은 살기 어려워 제주를 떠나 생계유지로 전국을 떠돌며 육지 이곳저곳을 다니다 서울에 입성했다. 생활 형편이 좀 좋아지면서 두 아들은 학교를 다닐 수 있을 만큼 형편은 풀리게 되었다.

큰아들은 서울 명문대학을 졸업해 취직하고 대한통운 사장자리에 취임하게 되었다. 그런 어느 날 사장의 꿈에 아버지가 나타나 자기의 산소를 찾아 잘 다듬어 달라는 현몽(現夢)을 하고 사라졌다.

사장은 부인한테 꿈 이야기를 했고, 아내는 제주도 안덕에 내려와 동네주민들에게 자초지종을 이야기해 시아버지 산소를 찾아달라고 간청했다. 다행히 당시 시신을 거둬 장례를 치러준 마을사람들이 생존해 묘지를 찾는 데 어려움이 없었다.

당시는 마을에서 좀 떨어진 외진 곳이었으나 김종필 국무총리의 제주도 밀감밭 활성화 지시로 묘지 주변은 밀감 밭으로 변해버렸다. 부인은 정시(제주도에서는 지관을 정시라고 함)를 모셔다가 묏자리 감정을 부탁하고 주춧돌로 묘 주변을 조성해 놓았다.

필자가 현지 묘지를 찾아 묘지를 둘러보고 감정을 해본 결과 50년이 지난 현재 지기와 천기는 6급 맥 정도의 생기를 품고 있어 생기 활동력 역시 아주 왕성한 기운을 갖고 정확한 정혈에 제혈되어 안장돼 있었다.

사장의 부인은 당시 도와준 마을 분들에게 제삿날이 다가오면 직접 내려와 연회를 베풀어 왔다고 한다.

여기서 짚고 넘어갈 사항은 첫 번째로 밤중에 거적에 덮여 산 언저리에 방물장수를 아무런 격식 없이 그냥 묻어 주었는데 상당 조건을 갖춘 혈처 혈판 위에 안장되었는지 연구해 봐야 한다.

두 번째는 사람이 선하고 착하게 인생을 산 데 대한 대가는 좋은 터에 묻혀 후손들에게 그 영향이 발복으로 이어진다는 동기의 논리를 뒷받침할 자료가 되고, 세 번째는 박씨 가문에 지재(至材)가 났다는 점이다.

88고속도로 인근마을 참사 현장

2015년 12월 재공사로 완공 개통한 대구~광주간 고속도로의 전신인 88고속도로 공사 시작에서부터 수많은 사고가 일어났고, 재공사 전까지 하루가 멀다 하고 작은 사고가 발생한 것은 사실이다. 고속도로가 일반국도보다 못하다보니 이런저런 사고가 매일 한두 건 일어났다.

여기서 풍수학적인 측면에서 일어난 일부 구간과 특정지역만 실제 있었던 사건을 야담으로 올려 본다. 전두환 대통령의 관심

사인 대구~광주 구간 88고속도로 공사 강행에 따른 백두대간 지리산 구간인 도로공사 현장을 지나는 경남 거창에서 전북 남원 구간은 지리산으로 들어가는 정맥이다.

당시 국보위에서 나라를 좌지우지하던 시절이라 함부로 말을 발설했다가는 혼난 일이 많았다. 내용은 이렇다. 용의 허리가 고속도로 공사를 하면서 수 곳이 파헤쳐져 버렸다. 당시에 이 지역 풍수사들이 수많은 재앙을 암시했다.

전북 남원시 아영면, 인월면, 운봉면 등의 고속도로 구간을 지나는 5개 마을은 온 동네 사람들이 불안에 휘말려 아수라장이 된 일이 있었다. 고속도로 공사로 용맥의 지맥을 손상시킨 동네는 어김없이 하룻밤 지나고 아침에 눈을 뜨면 밤새 안녕이란 말이 현실로 나타났고, 죽음을 암시한 현실이 사실로 눈앞에서 일어나 악성 루머까지 떠돌았다.

하룻밤은 이 동네 건장한 청년이 죽고, 다음 날이면 옆에서 소가 죽고, 그 다음 날은 노인이 죽고, 개 등 가축들까지 밤새 안녕했다. 3개월 정도의 기간에 60여건의 사람과 짐승이 죽었다고 현재 살아 있는 노장 분들이 증언하고 있다.

주변 동네사람들은 하루가 멀다 하고 초상을 치렀다. 누가 다음 차례인지 누구에게 불행이 닥쳐올지 몰라서 타 지역으로 피신한 분도 있고, 심지어 집을 비워두고 서울·부산·인천·울산 등으로 피신하기도 했다.

마을은 텅 빈 집들이 많았다고 한다. 백두대간의 거대 지맥을 폭약이나 굴삭기 등으로 마구 파헤친 풍수학적 해석인지 이유 없는 동네 재앙의 결과인지 우연의 일치로 재앙이 든 것인지 증명할 근거를 찾지 못할 뿐이다. 이에 대해서는 하늘만 재앙의 피해를 알 성싶다.

왜 용맥이 훼손된 지역에만 이런 사고가 일어났을까? 풍수학적으로 역술해 보면 확연한 백두대간 허리를 흠집 낸 대가를 치른 것으로 본다.

돈오점수의 세계

돈오점수(頓悟漸修)의 세계를 게재하려고 많이 고민했다. 솔직히 말해 풍수학의 본질에서 벗어난 비난을 우려한 것이다.

풍수비기(하늘이 감추고 땅이 숨기다)의 본래 취지와 뒤섞인 혼돈의 책이 될까봐 우려해 배제됐던 것이 사실이다.

그래서 1판 출판 이후 독자들로부터 많은 조언과 깊은 뜻을 반영하고 저자의 본래 모습을 이 책 개정판에 내용을 추가한 것이다.

각오(覺悟)의 세계

필자는 돈오점수(頓悟漸修)의 길을 걸어 왔다.

저자는 풍수학을 오래 전부터 공부해 왔다. 수련을 해오면서 보통사람이 할 수 없는 경지인 천목법(天目法), 예지력(豫知力), 감지력(感知力), 염승(念僧), 염력(念力) 등을 품고 있다.

눈으로 땅의 지맥이 움직이고 뭉친 곳을 컬러로 보고 그곳을 묘지, 집, 건물 등을 터로 잡는 천목기법을 창출했다. 사람의 운명을 알 수 있는 예지력을 갖고 있다. 이를 불교용어로 오도(悟道)를 품어 도(道)의 경지를 이루었다고 한다.

예지력(豫知力)은 이론적으로 내다볼 수 없다고 생각되는 앞날의 일을 미리 예측하는 초감각적인 지각을 가리키는 말로 예견(豫見), 선견지명(先見之明), 예감(豫感)이라고도 한다. 이에 대한 능력인 예지력(豫知力)은 운명을 보는 법이다.

감지력(感知力)은 초능력(超能力)으로 초자연적인 현상을 일으킬 수 있다고 믿어지는 정신적인 힘을 말한다. 초감각적 지각

(超感覺的知覺, ESP)이 이에 포함된다. 즉 손끝 감각으로 인체에 막혀서 고장 난 곳을 찾을 수 있는 감지력을 말한다.

염력(念力), 염승(念僧) 등 자연스럽게 발달된 것은 사실이다. 남들로부터 배운 적도 없다. 배운다고 해도 전수받을 수 없는 세계다.

혹자들은 눈앞에서 저자의 통찰력을 적시하고 체험해도 고개를 갸우뚱한다. 풍수 공부에 진념하다가 우연히 어느 날 변화가 온 것을 응용하여 공부한 결과다.

필자의 눈에 보이는 지표면 빛의 세계

아래 그림은 명당의 지표면에 생기 기운이 여러 곳에 모이고 맺혀 색채조화를 이루는 모습이 근사치에 가까운 모습을 연출한 것이다. 이 빛의 색채조화를 이룬 곳이 혈심(穴芯)이라고 한다.

이 혈심은 혈(생기)이 맺힌 곳인데 말미잘, 해바라기 꽃 봉오리 등과 같은 곳에 촉수와 꽃잎처럼 꽃봉오리(혈심)를 중심으로 한 가닥씩의 지맥이 모이고 뭉쳐 색채조화의 빛을 연출하는 모습으로 연상하면 이해될 것이다.

빛이 연출되는 곳을 찾아 묘지·집·아파트·빌라·빌딩·타워·학교·종교부지·공장 등을 건축하도록 터를 잡는다. 이런 풍수기법을 천목법(天目法)이라고 한다.

또한 건물을 신축할 때 이런 색채기운이 군데군데 모여뭉친 곳을 실제 크기 그대로 지표면에 표기하고, 실험노트에 축소해 지맥도를 그린 것을 토대로 건축설계 평면도에 거실·안방·부엌·서재 등을 배치해 건물이 완공되고 사람

이 생활함으로써 인체에 이로운 생기 기운이 스며들어 건강을 지키고 운이 트여 거부장상과 부귀영화를 누릴 수 있도록 터를 잡는 풍수기법이다.

7. 천목법(天目法)

가. 묘지 터 잡는 법

명당의 터를 잡는 천목기법 중 초자연적 염력(念力)으로 빛의 색채가 모이는 곳을 '묘지 터'로 삼는 기법이 창출됐다.

지표면에서 불규칙하게 이곳저곳에서 구불구불 띠를 흔들며 말미잘 촉수처럼 지표면 한곳으로 집결하거나 모이는 모습과 한곳에 모이는 지맥들은 각자의 색으로 빛을 냈다.

또한 각각 지맥이 모여 합·부분·교집합을 이룰 때는 한 가닥 한 가닥 빛의 색채 조화현상이 화려한 우주쇼를 연출했다. 빛의 교합이 무지개 모습과 오로라현상 등 신비하고 수려한 장관을 연출하는 기운이 모인 곳에 터를 잡았다.

뒤돌아보면 이런 곳이 명당이다. 이 땅을 굴착하면 뭉게구름 같은 연기가 솟구치는 곳도 종종 볼 수 있었다. 땅속은 이 책 2~3장에서 소개한 것처럼 자색·황색·갈색·붉은색 등의 바탕에 사람과 짐승의 얼굴, 화회 탈, 빗살무늬 등 여러 가지 무늬(羅紋)를 볼 수 있었다.

의뢰받고 묘지 터를 봐줄 때는 먼저 이 터의 특성을 파악한다. 즉 가족의 화합 기운과 재물의 기운, 학문과 출세의 기운, 돈이 모이는 기운을 파악하고, 발복의 기점과 지기 기운의 잠재력 등을 종합해서 판단한다.

요즘 주변에서 흔히 볼 수 있는 것이 부모가 죽어 묘지를 쓰고 나면 그 동안 평온했던 가정의 화합이 무너지는 경우이다. 즉 고

부지간, 시아버지와 며느리 갈등, 형제과 동서간의 갈등 등 여러 가지 요인이 발생한다. 이것은 아무리 좋은 터라 해도 그 터에 묻힐 고인의 기운과 땅이 품고 있는 기운이 상충하거나 대립하고 잡티(대장력·유해파·수맥·지전류 등)가 있는 터에 무덤을 써 탈이 난 것이다. 지관을 잘못 만나 묘터가 아닌 곳에 무덤을 써 탈이 난 것으로 본다.

묘지를 이장할 때는 먼저 현장에 가서 묘지를 자세히 둘러보고 감평한 다음 신중하게 판단해야 한다. 즉 요즘은 묘지가 멀어 관리하기가 힘들고 벌초란 것 때문에 여기저기 흩어져 있는 조상의 묘를 한곳으로 가족 묘지를 만들다 보면 손해를 많이 본 후손들도 있다.

이유는 현재의 묘가 아주 훌륭한 터에 안장된 묘지를 무조건 파묘해서 일정한 장소에 순차적으로 안장함으로써 교묘하게 잡티가 흐르는 흉지에 안장될 경우가 있다. 따라서 흉한 기운이 후손들에게 해를 끼쳐 일어나는 역현상이 우려되는 곳을 피해야 한다.

나. 집 터 잡는 법

집과 건축물에는 타고 오르는 모습이 마치 분수대 물줄기처럼 크고 작고 강하고 약하게 보여 필자의 눈과 머리가 무척 혼란스러웠던 현상을 부인할 수 없다. 이제는 이런 현상을 잘 극복하고 제대로 적응하고 있다.

좋은 집터, 업무용 빌딩, 상가, 아파트, 종교 건물 등의 건물에 거주하거나 직장에 생활함으로써 공간에서 활동하는 사람들은 밝고 양명한 기운이 스며들어 건강을 좋게 유지한다.

또한 활력소를 불러일으키는 기운이 화합과 양보, 단결과 화해를 이끄는 연결고리 역할을 함으로써 업무 능률을 높이고 개인적인 지휘 향상에 기여한다.

회사가 노사간의 갈등을 해소하고 화합함으로써 꾸준히 성장해 대기업으로 진입하고 국가경제를 이끄는 재벌로 성장하는 데 도움이 되는 역할을 한다.

70년대 중반 모대학 건축학 박사학위 논문에서 오행론을 중심으로 논문에 등재된 것을 준용해서 동서사택 개념으로 기초단계에서 관념적 방법으로 응용하고 있으나 필자의 천목법으로 집터를 잡을 때와 거리가 멀다고 생각한다. 다만 참고로 할 뿐이다.

양택은 단독주택을 기준으로 만들어졌다. 신 양택의 대형 건축물 축조는 사회가 요구하는 편리성과 다양성 등으로 타워, 빌딩, 업무용건축물, 아파트, 빌라 등 현대 건축물은 정통풍수의 오행론에 따라 그대로 법칙을 적용한 것은 위험한 발상이다.

결국 정통풍수 기법에 맞는 것이 별로 없다. 그래서 일부 서적의 설은 풍수 법칙과 사상에 어긋나 바로잡는 것이 관건이다.

저자의 천목이론에 신 양택론을 도입하여 명당 터 지표면에서 분수대처럼 솟구치고, 거대 용맥이 5색의 화려한 색깔로 대룡(大龍)이 몸을 꼬아 용틀임하며 오르는 지맥에 아파트, 대형건물을 신축하도록 권유하고, 잡터(대기장력·유해파·지전류·수맥)은 피하거나 띄워 축조하도록 조언하고 터를 잡는 풍수기법이다. 이런 방법으로 모든 건축물에 천목풍수법을 적용한다.

예지력으로 명리를 봐주다

필자는 명리 공부도 웬만큼 했다. 그러나 참고할 뿐이다. 상담자의 이름과 생년월일을 묻지 않는 것이 원칙이다.

필자는 우주공간의 생기 기운을 품어 상대방에게 반사시킨 빛의 파장이 접촉하는 파장과 생기 기운이 흡수하는 모습, 그리고 파장이 반사되어 오는 빛의 색채를 눈으로 감지해 순간적으로 파악한다.

또한 초감각적 지각으로 분석해 건강 상태와 이미지, 현재 근무하는 회사 동향과 흥망성쇄, 부귀영화 그리고 미래예측 등을 감지할 수 있다. 사람의 출세운, 애정운, 승진운, 금전운, 바람기, 가족 관련 이미지 등 기업인은 입찰·기업인수 운 등 앞으로 다가올 신세계를 예감한다.

제3세계와 교감하고 정신을 집중하면 음택과 양택을 예지력으로 감정하고, 분석은 눈으로 한다.

물론 재앙을 피하고 피해를 최소화할 수 있는 예지력도 가지고 있다. 느끼지 못한 상황 속에 생기 기운을 그 분의 얼굴에 밀착시킴으로써 그 생기를 얼마나 흡수하고 교감하는지 염력(念力)과 초감각적 지각으로 판단한다. 얼굴에 그려지는 빛의 생기와 함께 여러 가지의 생김새, 모양을 종합해 머릿속 조견표에 준용해 파악한 현상이다.

감지력이 크다

보통 "저 사람 기가 빠졌다"고 한다. 즉 인체에 기가 모자라고 막히면 몸은 고장 난다. 기계도 가스와 열을 밖으로 배출하지 못하면 고장 나듯 사람도 마찬가지다.

외모적으로 용기와 패기가 없고 얼굴에 윤기가 없어 환자처럼 보이고, 인체 내부는 갱년기에 접어들면 여기저기 마디마다 안 아픈 곳이 없을 정도로 쑤시고 아프다. 병원 여기저기 다니며 치료받는다. 일명 종합병원이란 호칭이 붙는다.

병원에서는 갱년기 증후군이란 진단이 주로 나온다. 이유는 몸에 사용하고 남은 찌꺼기를 밖으로 내보내지 못하고 체내에 폐 에너지가 축적되는 현상을 대체의학에서는 기가 막혀서 생긴

병이라고 한다.

막힌 곳을 뚫어 기가 몸에 돌게 하고 모자라면 보충하는 대체의학 개념이다. 그래서 양방·한방 의사 면허를 소지한 분들은 기 치료를 동참하고 있다.

모든 생명체는 감지력(感知力)이란 것이 있다. 감지력이란 그 생명체가 몸 안팎에서 일어나는 여러 가지 상황 변화를 느낌으로 아는 능력이다. 감지력은 자연적으로 그 생명체가 자신의 안팎에서 일어나는 수많은 정보를 정감(正感)하고 속감(速感)할 수 있는 상태이다.

그래서 자연생활을 하는 동물들은 이러한 데 그 능력이 잘 발달되어 체내외에서 어떤 상황 변화가 일어나면 정확하고 신속하게 느낀다. 그 결과 인간에게는 성인병이 생겨나 그 치유를 위해 감지력을 활용한다.

현대과학이 접근하기 어려운 미지의 부인병이나 성인병을 치유하는 데 기(氣)가 막힌 곳을 뚫고, 기가 모자라면 채워 넣어 치유한다. 원인 모를 이유 없는 시들병, 즉 병원진단에 양호라고 나왔는데도 주사 맞을 때는 모르다가 약 기운이 떨어지면 이유 없이 온몸이 죽을 만큼 아픈 사람을 종종 치유할 때가 있다.

10손가락 끝에 닿는 감각은 각별하다. 사람 몸에는 눈으로 보기 어려운 생기가 있다. 그것이 온몸에 공급해 주지 못해 기가 막혀 생긴 현상이다.

달리 표현하면 혈관이 막혀 동맥경화가 생기는 것처럼 사람의 몸에도 생기(生氣)를 공급해주지 못하면 기(氣)가 막혀 이유와 원인 모르게 어디가 아픈지 알 수 없이 죽을 만큼 아픈 경우가 있다. 저자는 그런 환자를 특유의 발달된 감지력으로 치유한다.

공동묘지에도 명당이 있다

산세가 수려하고 그럴듯한 곳에서만 명당을 찾으려고 하면 아직 덜 익은 풍수다. 명당은 논두렁 밭두렁 천수답과 공동묘지 돌

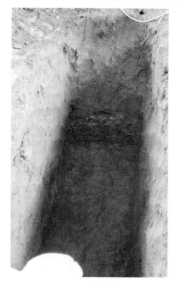

<그림 1> 광중모습.

무덤에도 존재한다. 그런데 그냥 지나치거나 무시해 버린다.

구리시 시립 공동묘지에 있는 지인의 가족 묘지를 예로 든다. 처음 이곳에 묘 터를 잡으려고 주변을 살필 때 꽃 한 송이가 화려한 자줏빛[紫色] 색을 내는 곳에 필자의 눈이 멈추었다. 마치 엉겅퀴 꽃의 생기 기운이 자줏빛을 내면서 제법 빠르게 돌고 있는 것을 볼 수 있었다.

이 빛이 솟구쳐 퍼질 때의 모습은 자줏빛 뭉게구름이 치솟아 퍼지는 듯이 불꽃쇼를 보는 듯했다. 이곳에 터를 잡고 지표(地表)했다.

풍수(지관)가 일생에서 한번 보기 어려운 자색토(紫色土)는 인부들이 가로 1m, 세로 1.8m, 깊이 1.5m 굴착하자 약 50cm 지점에서 뭉게구름 같은 것이 뭉클뭉클 솟구쳐 올라 명당임을 직감했다. 1m부터 자색토(혈토)가 나오기 시작했고 반듯한 혈판은 양명하고 땡글땡글했다.

음각과 양각으로 확인할 수 있었다. 양각 부분은 견고하게 혈판을 지탱하는 역할을 하고, 움푹 파인 음각 부분을 신 주걱으로

부드럽고 푹신푹신한 혈토를 걷어내자 움푹 들어간 곳이 여기저기 군데군데 볼 수 있었다.

음각 부분은 광중에 수분 조절을 하고 깊은 곳에서 올라와 뭉친 생기 기운을 밖으로 빠져나가지 못하도록 하며 땅이 숨 쉬고 호흡하는 곳이다. 바로 이런 곳이 하늘이 감추어놓고 땅이 숨겨놓은 곳으로 천장지비(天藏地秘) 명당이다.

〈그림 2〉 묘지

내룡의 입수 나무 아래는(광중 뒤쪽) 통나무를 잘라놓은 듯 흙의 단면도가 관(棺; 늘)과 연결되었다. 사진에서 보듯 나무 아래에 나무뿌리가 침입한 흔적을 찾을 수 없었다.

자주색 혈토와 혈판에 그려진 호랑이 가죽 같이 수놓은 무늬는 호피나문혈(虎皮羅紋穴)이고, 솟구쳐 올라온 뭉게구름 같은 생기 기운[氣化現像]과 십자맥(十字脈)은 명당이 갖추어야 할 모든 것을 충족한 천장지비(天藏地秘) 명당이 틀림없다.

〈그림 3〉 지맥도는 20개로 특급 명당에 진입하고 혈판의 뚜께는 90cm 정도이고, 혈심(穴芯; 핵)의 크기는 가로 150cm와 세

로180cm였다. 거북 모양과 흡사하고 머리 부분과 꼬리, 그리고 양쪽 팔 모양을 선을 그어 이으면 십자(十字)가 된다. 이를 풍수학에서는 십자맥(十字脈)이라고 한다.

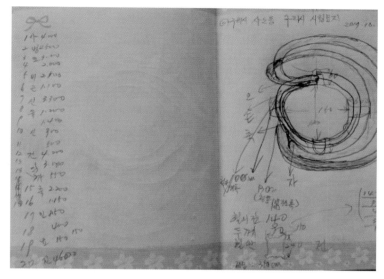

〈그림 3〉지맥도

명당의 외부를 감싼 청룡지맥은 〈그림 3〉 지맥도와 같이 안쪽 가닥은1m, 외부 가닥은 1.3m를 유지한 채 거위 벼슬 형상을 하고 있었다. 백호지맥은 혈심에 바싹 붙어 60cm 간격 두 가닥이 지기 기운이 밖으로 빠져나가지 못하게 품고 있었다.

저자의 천목법과 지인 김만희 선생의 수벽법으로 크로스체크를 했다.

〈그림 1〉은 대형 컴퓨터 모니터 화면과 TV 모니터로 실제 크기(가로 1m 세로 1.8m)를 확대한 혈판 위의 모습은 마치 은하수·오로라 같은 우주 쇼를 보듯 땅속 자연 그대로 신비스러움을 볼 수 있다.

이곳 명당의 기운은 형제자매 후손들이 우연한 기회에 행운을 얻는 터이다. 예를 들면 다른 일을 보기 위해 출장 갔다가 지인으로부터 허름한 구옥이나 천수답을 사라는 권유로 매입했는데 훗날 정부 주택 공급이나 개발계획에 따라 황금부지로 변한 경우이다.

또한 지인의 권유로 상가를 저렴한 가격으로 인수했는데 어느 날 건물 가격이 주변 환경 변화로 급등하고, 회사나 방송국 등에 나가 고가의 경품에 당첨되는 행운을 갖는 터이다.

8. 발복 현장

[현장 1]

밀양 묘지 긁어 부스럼 일으켰다

출장차 밀양 인근 시내로 지나가는 열차의 창밖을 우연히 바라보다가 강 건너 묘 2기가 나란히 탈이 난 모습이 눈에 보였다. 집안에 엄청난 재앙이 임박하고 있는 것이 아닌가?

묘소는 물이 가득 차 있는 듯 직감했으며, 좌측 묘는 산소에 바람이 들어 체백에 심각한 문제가 있는 듯 보였다. 이곳 묘지는 후손들에게 좋지 못한 여운이 있는 듯했다.

이날 회사 업무를 끝내고 오랜만에 만난 박모 지인을 근심이 가득한 얼굴로 뵙게 되었다. 저녁식사 중에 이런저런 이야기를 나누다가 오전에 열차 안에서 묘지를 본 이야기를 화두로 꺼내 대화하다가 그의 얼굴이 갑자기 사색되어 나에게 되물었다. 그는 묘의 위치와 모양, 기찻길과 거리 등을 관심 있게 물어 보았다.

그가 다음날 아침 숙소를 방문했다. 그는 "젊은 사람이 그런 것(풍수)을 어떻게 볼 수 있냐. 반풍수가 한 집안을 망하게 하는 것을 알고 있냐"며 "출장을 왔으면 회사 일이나 잘 보고 갈 일이지 왜 남의 산소를 이러쿵저러쿵 하느냐."고 호통을 쳤다.

지인은 지난 밤 묘지 이야기 때문에 꼬박 뜬눈으로 밤을 지새웠다고 했다.

필자는 그 묘의 후손들이 오래 전부터 잡기, 보증, 빌려준 돈 등의 원인으로 재물이 밖으로 새면서 법원·경찰에 나갈 일이 생기고 가정의 우애와 화목 건강에 염려가 된다는 감상평 내용을 알려줬다.

지인은 만일 묘를 개장해 감상한 내용과 다를 경우 책임 문제를 거론하고 대가, 어이없는 공격을 받았다. 결국 비용부담을 약속하고 봉분을 파서 관 뚜껑을 연 순간 저자가 예상했던 것보다 험악하게 관 속은 물이 자박자박하고 갈비뼈 부분에서 시커멓게 1자(30cm) 정도의 머리카락을 심어놓은 듯 자라고, 사타구니 근처에는 하얀 곰팡이가 수북하게 피어 새털을 뽑아 모아놓은 것처럼 보였고, 체백에 탈골이 진행 중이었다.

또 한쪽 묘는 25년 정도 되었고, 체백은 물속에 잠겨 탈골이 부분적이었다.

이럴 때를 보고 긁어 부스럼 낸다고 했던가? 오지랖도 넓다고 했던가?

인근으로 옮겨 이장한 후 이상하게 집안의 평화를 되찾아 안정이 됨으로써 금전 정리와 평온을 찾고 자연스럽게 정리가 끝날 무렵 IMF 위기를 잘 극복했다는 내용의 전갈을 받았다.

지인은 당시 77세로 5남3녀의 자식을 두고 중소기업을 운영하면서 3명의 아들은 철공소와 도자기공장을 운영하고 있었다. 그런데 그 무렵 상호보증과 연대보증으로 회사가 부도위기에 몰리고 있다고 했다.

신기하게도 조상이 도운 것인지 풍수를 잘 만난 것인지 알 수 없으나 주변 분들의 도움을 받아 회사가 위험에서 벗어나 발전해 경기도 용인시에 본사 사옥을 건립해 대기업으로 성장했다. 본사 겸 공장 터는 저자가 2002년 4월에 잡아 주었다. 사장님의 요청에 의해 위치 공개는 어려운 점을 양지 바란다.

이후 그분들은 지인들에게 나를 소개해 줘 토·일·공휴일에는 수많은 공장과 터, 회사 사옥 터, 사찰 터와 묘지 터를 봐주었다.

지금도 그 지인 분의 아들, 여러 회사 사장님과 모임도 같이 하고 경조사도 참석한다.

[현장 2]

춘천 아줌마 얼굴에 물찬 묘지 그림자

사무실을 방문한 카드사 영업사원 아줌마는 수심이 가득 찬 모습과 얼굴 속에 묘지의 그림자가 드리워 있었다. 묘지에 탈이나 가족들이 풍파를 맞고 있는 것이 보였다.

그분에게 형제분들의 가족사를 물었다. 자기는 교회를 다니는 기독교인이라서 미신 같은 것은 믿지 않는다고 버럭 화를 내고 가버렸다.

다음날 오후 같은 시간에 찾아와 인사하면서 보조 의자에 앉으며 상담을 요청했다.

그녀는 "어제 저에게 질문한 답을 하겠다"고 말을 꺼냈다. 아버지는 오래 전에 돌아가시고 어머니는 춘천 큰오빠 집에 계시고 3남4녀 중 본인은 3녀라고 했다. 형제자매들은 불교, 기독교 등 각자의 종교를 믿는다고 했다. 필자는 "아줌마는 기독교 권사, 하느님께 물어보지 왜 나를 찾아왔냐."고 반문했다.

그녀는 모든 것을 원점에서 도와달라고 요청했다. 필자보다 두 살 아래였다. 조그만 체구에 다부진 모습이었다.

질문을 했다. 친정 가족들의 재산이 소진되어 쪼그라져 가는 상황과 아주머니 부부간의 원활하지 못한 원인, 그리고 형제 자매간은 뿔뿔이 흩어지고 서로들 마음을 소통하지 못한다고 하소연했다.

소통부재 현상을 눈에 보이는 대로 말했다. 딱 들어맞다고 대답했다. 어제 필자가 아줌마의 얼굴에서 감지했던 조상의 묘지에 탈이 났다고 했다.

아줌마는 고개를 갸우뚱하며 구체적으로 알려 달라고 요청해 왔다. 필자의 눈에는 선영의 묘지 6기 중 2기가 물에 잠겨 외부로 샘물처럼 흘러나오고, 나머지 2기는 나무뿌리나 풀뿌리가 체백을 칭칭 감고 있다며 소견을 밝혔다.

그녀는 "선생님은 현장에 가보지도 않고 그런 말을 하느냐"며 "현장이 보이냐. 묘지 속에 들어가 확인해 봤냐"고 다그쳤다.

잠시 후 춘천 큰오빠에게 휴대폰으로 전화를 걸어 지금 선영의 묘지에 가서 전화를 해달라고 부탁했다. 30분 정도 후에 전화가 왔다. 저자가 일러준 대로 묘지를 살피면서 대화하며 묘지 왼쪽에서 샘물처럼 물이 솟고 있다는 소리를 엿들을 수 있었다. 틀림이 없었다. 신랑이 외도로 상대방의 남편이 자기 신랑을 고소하고 합의금 5천만원 물어주고 마음이 괴롭다고 털어 놓았다. 앞으로 대책을 일러 달라고 애원했다. 답은 간단했다.

묘지를 파서 화장할 계획인데 방법과 절차를 가르쳐 달라고 했다. 어느 토요일 춘천 큰오빠는 인부와 굴삭기를 이용해 묘를 파헤친 상황을 알려 왔다.

예상대로 생장한 지 15~35년 된 2기의 묘지 관 속은 맑은 물로 가득 차 있고, 1기는 체백에 탈골이 안 된 채 남아 있고, 4기는 흙물이 가라앉아 뼐 속에 파묻혀 시커멓게 되어 있다고 했다. 예상보다 심각했다.

보내온 카톡 사진을 판독해 보면 그동안 온 가족은 풍파를 심하게 체험한 것으로 짐작이 됐다.

다음해 춘천에서 가족이 모여 화합을 도모하고, 신랑을 용서

하고 가정으로 돌아와 가족들과 함께 살고 있다고 한다. 새로운 직장에서 열심히 일하고 있는 모습이 아름답게 보였다. 풍수를 공부하는 한 사람으로서 조금 도와주었는데 짧은 기간에 온 가족이 화합해 행복한 모습이 아름답기만 하다. 요즘도 자매들은 한 달에 한두 번씩 만나 야유회와 여행을 다닌다고 했다.

고부갈등과 종교적인 갈등이 심화되어 온 가족이 뿔뿔이 흩어지고, 남들보다 못한 가족이었고 했다. 풍수의 역할이 가정의 행복과 행운으로 이어져 신기하기도 했다.

[현장 3]

용미리 흑유골

오래 전부터 직원들이 가끔 들려 저녁 겸 회식을 하는 아지트 식당이다.

어느 날 여사장을 남동생과 한자리에서 자연스럽게 술자리에 합석하게 되었다. 취기가 오를 무렵 우연히 여사장과 동생분의 얼굴을 읽었는데 두 분 모두 얼굴 오른쪽 볼과 콧등 사이에 점 모양의 형국을 이루고 있었다.

그때 조상의 묘에 이상이 온 듯한 영감이 스치고 있었다. 아버지는 32년 전에 돌아가셔 용미리 서울공원 묘지에 모셨고, 어머니는 생존해 계신다고 했다.

4남4녀 중 막내아들과 막내딸이다. 공동묘지에 안장된 것으로 봐 후손들이 관심을 가지고 돌본 흔적이 있었다. "묘지가 참 좋지요"라며 묻기에 "글쎄요" 하고 봉분 위에 올라 보니 봉분 속은 문제가 심각하게 보였다. 음혈로 냉장고에 찬물이 나는 곳에 시신이 탈골이 덜된 상태로 보였다.

음의 기운이 강해 여자 기운이 넘치는 터였다. 신랑들이 넘치는 음기를 감당할 수 없어 일찍 죽거나 이혼하고, 결혼에 실패할 우려가 크고, 딸들이 신랑 몸의 생기를 빼앗아 흡수함으로써(신랑을 잡아먹는 터) 병들어 죽을 가능성이 터였다. 빛의 모습은 유골이 우중한 영감(靈感)이다. 큰아들이 부모를 외면하고, 막내아들 또는 막내딸에게 같이 살 운명인 듯한 터라고 감평했다.

막내아들과 막내딸(식당 사장)은 한동안 말을 잇지 못하고 고개만 갸우뚱거리며 말문을 열었다. 멀쩡한 묘지의 땅속에 들어가 보지 않고 듣기 거북한 말을 하느냐며 믿지 못하겠다는 것이다.

잠시 후 막내아들이 흐트러지고 꼬인 가족관계를 구구절절하게 늘어났다. 다단계를 하다가 쫄딱 망한 것부터 매형들이 60대 초반에 사망하고, 남자관계가 복잡한 누나는 결혼을 3번 실패하고, 큰형은 전재산을 독차지하고 엄마를 내밀어 장가 못 간 본인과 누나가 같이 살고 있다고 했다. 그러면서 "선생님 말씀이 다 맞다"고 답했다.

몇 개월이 흘러 9월 중순경 을지로 식당에서 저녁을 같이 하자는 전화가 왔다. 부친 산소를 파서 화장 후 자연장으로 모시겠는 의견이었다. 음력 9월 9일 귀일이 좋고, 묘지 개장·이장·화장 절차는 서울시 시립공원 묘지 관리소에 문의하라고 했다.

음력 9월 9일 용미리 서울시 공원묘지에 도착해 보니 전문 파견 인력 두 분이 오동나무 상자와 비닐 그리고 삽과 공구를 소지하고 왔다. 고인이 이곳에 묻힌 지 32년 만에 고인의 묘를 파기 시작해 20분이 지나 관 뚜껑을 열었다.

예감대로 관 속은 물이 반 정도 차 있었고 유골은 뻘 속에 파묻혀 있어 삽으로 물길을 돌리고 물을 뺀 다음 뻘을 퍼낸 후 체백의 상태를 보았다. 체백은 탈골이 덜된 상태로 유골은 숯과 같이 새까맣게 불에 탄 것처럼 좋지 못했다. 화장 후 다시 서울시 시립공원 묘역 자연장에 안장했다.

그 이후 후손들이 젊고 가끔 만나 점심도 함께하고, 왕래가 있어 상세히 지면상에 그분들이 그동안 겪은 애환과 고통을 책에 기록할 수 없어 독자 여러분의 상상에 맡기고, 묘지 이장 후 힐링과 치유 그리고 발복에 대해서만 밝힌다.

막내아들은 묘 이장 후 3년 만에 돈을 많이 모아 은평뉴타운에 전세로 옮겼고, 2년 뒤 돈을 좀 더 벌어 고양시 원흥동 32평 아파트를 구입해 행복하게 살고 있다.

그동안 형제분들도 왕래를 재개하고 하나씩 자연스럽게 힐링으로 치유되고 막내아들이 90세가 넘은 어머니를 모시고 산다. 필자는 요즘도 그들과 소통하고 있다.

¤ 영화지지(榮華之地): 훌륭한 묘 터를 말한다. 즉 조상을 좋은 터에 잘 모시면 발복이 되어 후손들이 훌륭한 벼슬을 하고, 몸이 건강하고 많은 재물과 부귀를 얻어 잘 먹고 잘사는 터이다.
¤ 황화지지(黃華之地): 훌륭한 묘 터이나 고인이 묻혀 있는 조상만 편안하게 계시는 터이고, 후손들에게 발복이 어려운 터다. 다만 해를 끼치지 않는, 그냥 양지바르고 물 나지 않는 곳을 말한다.

[현장 4]
주로 사찰은 왜 바위 아래에 짓나?

전북 사찰 터의 한 주지스님은 30년 전 폐 사찰에 신이 접신되어 이 절을 수리해 기도처로 한 조그마한 절에 있었다. 주지스님은 당시 61세였다.

이 절에 수행한 스님들은 환갑 해에 죽는 고약한 현실을 이 스님이 염려하고 두려워했던 사찰이다. 만나면 이런 고민과 염려에 대해 많은 이야기를 해왔다.

어느 날 스님이 가져온 사찰 사진 한 장을 판독하게 되었다. 법당과 요사채는 풍수학적으로 볼 때 혈에서 벗어나 흉지에 위치하고 있으며, 절 뒤편은 현무암으로 금방 무너질 듯 풍화가 많이 진행된 것으로 보이는 허접한 사찰이었다.

스님은 수차례 사진을 가져오거나 그림을 그려와 설명했다.

이 사찰은 천년고찰이다. 그런데 스님들이 환갑을 넘기지 못하고 죽는 절이다. 당시 스님의 나이는 55년생으로 환갑이었다. 마음이 불안하고 초조한 듯했다.

죽음을 피하기 위해 모든 비책과 전국에 도사라고 자칭한 스님 분들이 수없이 방문했으나 해답을 풀지 못하고 돌아갔다. 그러다 보니 사실 엄청 부담스러웠다.

스님과 점심을 같이 하고 절 주변을 돌아 대웅전으로 들어갔다. 찬 냉기가 등골을 오싹하게 하는 강한 냉기를 감지할 수 있었다. 바위 아래 지은 절로 유해파가 지표면에서 부처님 한가운데를 지나 마루를 중심으로 U자형으로 지나가고 있었다.

스님도 사람이다. 젊어 생기가 넘쳐 혈기 왕성할 때는 견딜 수 있으나 50이 넘으면 근육세포 생성이 줄고 늦어 근육의 힘이 약해져 유해파에게 당하고, 생기를 빼앗겨 죽음을 맞이하는 터에 동의할 만했다.

이곳 절을 지을 때 당시 지관의 마음을 이해할 수 없었다. 국세가 상당히 갖추어진 곳인데도 혈처를 찾지 못해 흉지에 절을 지은 데 화가 났다. 반풍수가 헤매다가 다급한 마음에 바위 밑 따뜻한 가장자리에 그냥 편하게 대웅전을 축조한 듯했다.

필자는 "세상에 공짜는 없다"고 항상 강조한다. 당시 지관이 마음이 곱지 못해 영이 눈을 가린 것이다. 넓은 터에 발복의 터를 소점할 수 있는 그릇이 못되었기에 한계를 넘지 못했다고 인지했다.

큰 그릇을 가진 풍수사만 좋은 혈처를 찾아 소점할 수 있다. 당시 이곳 절터를 잡은 지관은 터를 찾지 못해서 그냥 양지바른 곳에 터를 잡아준 것이라고 짐작된다.

필자의 눈에는 6개월 내에 목숨이 사라질 것이라고 예언했다. 시일은 멀지 않은 듯 감지되었다. 스님은 올 것이 왔다고 체념하듯이 좋은 절터를 잡아달라고 했다. 이곳에 아주 좋은 터가 있다고 했다. 스님의 안색은 반전했다.

절 아래 국세(局勢)에 대해 산 능선을 걸어 용호 자락에 지맥이 흐르는 길을 따라 걸으며 상세하게 설명했다. 또한 내용에서 입수하는 지맥의 흐름의 길과 방향을 따라 걸으며 설명했다. 농주(여의주)가 있는 곳으로 용호가 서로 만나 하나의 지맥으로 합류하는 혈처 점 2곳도 찍어 주었다. 그 아래 쌍용농주형의 100평 정도의 터가 눈에 비쳤다.

쌍용농주형(雙龍弄珠形)은 청용과 백호가 여의주를 물고 하늘로 날아오르는 터다. 이런 터는 찾기가 아주 어렵고 극히 드문 터다. 사찰 터로 아주 딱 좋은 맞춤형 터로 양택지이다.

새로운 대웅전의 건립 위치까지 설명했으나 냉랭한 반응이었다. 스님도 이 고을에서 풍수사를 하는 꽤 유명한 풍수로 알려져 있다. 무척 자존심이 상한 듯 보였다.

이 터는 혈처가(지맥이 맺힌 곳) 상하 맥으로 3m 거리로 혈판이 내용 입수처에 상하로 하늘이 주신 혈판이다. 위에 있는 혈판은 지기 3급, 천기 4급 혈판의 터이고, 지맥의 혈색은 낙엽색 중 가랑잎 색으로 나무뿌리 모양의 띠가 뭉쳐 머문 터이다. 아래 혈판은 백호자락 지맥의 뱀처럼 구불구불 타고 내려와 휘감아 끝자락 혈처에 뭉친 회룡고조형(回龍考祖形) 터이다 .

지맥 폭은 30cm 정도로 아주 큰 지맥이다. 지맥의 혈색은 고추장을 담은 지 3년 정도 된 아주 아름다운 빨간색의 생기를 지표면에 내고 있었다. 이는 지기 3급 천기 3급의 중혈급 혈판으로 조선시대 때 정승급 이상 분들이 안장되던 곳과 흡사해 보였다. 두 곳을 스님한테 기운을 감지해 보라고 잠시 서 있게 했다. 어느 정도 감지한 듯 고개를 끄덕였다.

고민과 함께 반신반의하는 듯했다. 스님도 이곳에서는 풍수인데 자존심이 많이 상한 듯 보였다.

몇 개월이 지나 2015년 3월 어느 날 좋지 못한 예감이 머리를 스쳐 전화를 드렸다.

스님의 목소리는 생기가 빠져 있는 듯 기운이 모자랐다. 지난 밤 내보살(처)이 샤워장에서 넘어져 급사했다고 말했다. 장례를 치르기 위해 전북대병원 장례예식장에 왔다고 했다.

여기서 저자는 직감했다. 스님은 그동안 자리를 피해 대웅전을 짓기 위해 소점해 놓은 터 텐트 속에서 수행공부를 한 스님은 화를 면했고, 아무것도 모르는 내보살은 대웅전 옆 요사채에 17년 동안 기거하며 평소와 같이 생활한 것이 명줄을 재촉한 듯 감지됐다.

보살은 절돈 전체를 전남편의 자녀들에게 아파트를 사주고 살림에 도움을 주면서 스님 옆에 살아왔다. 저녁에 잠자리에 들기 전에 샤워실로 들어갔는데 시간이 되어도 나오지 않아 다른 수행보살이 샤워실 문을 열어보니 바닥에 머리를 찍어 피를 흘리며 쓰러져 있었다고 한다.

저자의 예감은 스님이 가야 할 곳을 보살이 대신 먼 길을 간 듯한 영감이 든다. 이곳을 피하지 않으면 얼마 후에 또 다가올 위험을 면하기 어려울 것이라고 스님에게 고민하라고 했다.

사람은 주변 사람이 조언이나 충고하면 검토나 고민하지 않고 묵살하거나 듣지 않으려고 하는 아집이 있다. 자기 고집대로 소신껏 달리다 벽에 머리를 부딪쳐 피를 흘리거나 더 갈 곳이 없어 난간에 머무를 때 되돌아와 제자리에서 처음 듣던 조언이나 충고를 고민하고 후회하는 것이 인간이다.

그 이유는 흠결을 조언하거나 충고를 들은 것이 본인의 목적에 잘못될까 봐 고민하고, 아집이 너무 강해 조언이나 충고는 무시하고 고민해 보지 않고서 무시해 그냥 밀어붙여 손해 보거나 망해 버린다.

필자는 전국 사찰 80여 곳의 양택 감정을 의뢰받고 5년 동안 사찰을 방문하여 절의 입지가 풍수 요건에 적합한지 지맥이 흐르는 길목과 크기, 지맥의 색, 그리고 생기의 기운 등을 눈으로 확인했다.

대웅전에 지맥이 불상과 호환, 정혈의 점(메인 포인트)이 사찰과 주지스님 방에 지맥의 크기, 흐름, 길목, 색 등을 분석해 바로 잡아 주고 불상의 위치를 수정해 신도들이 많이 찾아올 수 있도록 컨설팅했다.

사찰은 80% 정도가 바위 밑에 있는 것이 특징이다. 물론 이해를 못하는 것이 아니다. 바람을 막고 바위에서 나오는 기를 얻어 수행에 도움을 받으려는 뜻이다. 위험천만한 일이다.

저자의 눈으로 큰 암반이나 바위의 생기를 분석해볼 때 기운(에너지)이 없는 것과 기운을 흡수하는 바위, 기운과 밀어내는 바위로 분류된다. 그 바위와 바위 전체가 에너지를 품은 것도 있고, 자연적으로 형성된 부분적으로 에너지를 품고 있는 바위가 대부분으로 생기를 흡수하는 잡석이 대다수이다.

인체에 이로운 생기 성분을 밖으로 내뿜는 광물은 에메랄드, 금, 은, 동, 맥반석 등 이다. 대부분 잡석은 인체의 생기를 흡수한다. 사찰 주위에 위치한 암석은 대부분 잡석이고 사람이나 동물의 생기를 흡수하는 돌들이다.

스님들도 젊었을 때는 근육세포 생성이 원활하여 생기 일부가 소진돼도 회복이 쉽지만 50세가 넘으면 그 반대로 바위에게 흡수당한 만큼 보충하지 못해 점점 쇠퇴해진다. 그 다음은 글을 읽는 분들의 추리에 맡긴다.

시골에서 자랄 때 여름날 하천에서 물놀이를 하다가 추우면 햇빛에 달구어진 바위에 엎드려 잠이 들어 자고 나면 입이 돌아가기도 한다. 그런 광경을 어렵지 않게 보아왔다. 기를 흡수하는 잡석 바위가 문제였던 것이다.

[현장 5]

드라마 같은 우연

지인의 부친 묘 감정을 의뢰받았다.

필자는 '빵점' 자리 묘 터라고 알려줬더니 그 이유를 설명하라고 요구했다.

무작정 차에 태우고 와서 묘를 봐달라고 하니 어이가 없을 뿐이다. 기분도 꿀꿀하고 황당한 마음을 속으로 삭힌 후 필자를 인정한다는 것으로 믿고 이렇게 대답했다.

주산의 지맥은 허우적거리고, 청룡·백호 자락은 홑바지이고, 재맥은 냉골, 토질은 진흙이었다. 장마철이나 비가 많이 오는 해는 광중의 체백은 배수가 원활하지 못해 안개 속에 갇혀 있고, 냉기가 감돌아 후손들에게 재물의 기운을 응감하지 못해 점점 가라앉은 터라고 밝혔다.

묘를 안장하고 며느리들은 원인 모를 병고에 시달리고, 남자 형제는 형편이 점점 어려워 자기 먹고살기도 바빠 형제간의 우애는 멀어졌다.

혈처가 아니므로 지맥(생기)을 찾아볼 수 없는 흉지였다. 토질은 진흙에 장마철이면 배수가 원활하지 못해 관 속에 물이 차 있을 듯했고, 유골 상태는 숯과 같이 검은색이고 후손들이 사업이

나 취직이 어려워 안정되지 못할 기운이 묘를 감싸고 있다고 알려줬다.

조금 떨어진 곳의 본가로 갔다. 집터는 50%는 복가이고, 50%는 사람들이 앉기를 꺼려하고 피하는 곳도 있었다.

모친은 90세로 혼자 큰집에서 살고 있다. 가족들이 모이면 가장 선호하는 자리는 TV 앞자리라고 꼭 찍어냈다. 정확하게 맞췄다는 뜻이다. 모친은 "우리 아들 좀 찾아달라"고 하셨다. 사실은 막내아들이 집을 나가 연락이 안 되고 어디에 있는지 모른다는 말이다.

몇 개월 후 부친 묘의 이장을 해달라는 의뢰를 받고, 지인의 밭에 상당한 두 묏자리가 눈앞에 빛이 솟구치는 곳에 초점이 맞추어졌다.

땅속 2만m 정도 깊이로 지맥이 솟구쳐 모이는 가장자리인데, 마치 꿩이 엎드려 있는 복치혈(伏雉穴)이다. 즉 땅이 숨쉬고 호흡하는 천장지비 명당이다.

안산은 일자 문성과 관모사 창고사를 겸비한 지맥이 혈처로 힘을 집결하고 있었다. 이런 자리가 비워져 있다니 기실 풍수사로서 아주 기분 좋은 날이다. 훗날 장관급 인물이 나올 터다.

이장 작업을 위해 봉분을 파헤친 내부는 습기로 꽉 차 있고 유골은 탈골되었으나 풍염(체백에 생기와 물이 만나 검은 곰팡이)이 들었다. 유골은 예상대로 숯과 비슷하게 새까맣게 타버린 것처럼 보였다. 고인의 영가는 무척 힘들어 보였다는 감이 왔다.

3일째 아침 지인에게 전화가 왔다. 어제 4촌들과 가족들이 친목계 모임을 하고 저녁 먹으려고 하는데 6년 동안 행방이 묘연했던 동생이 어떻게 알고 왔는가? 아침에 본인이 본가에 왜 왔는가를 물었다는 것이다.

너무나 신기한 드라마가 아닌가? 가족을 찾으려고 많은 노력

했는데, 아들이 돌아올 날인지 아니면 아버지 묘지를 이장한 발복인지 구분이 어렵지만 행방이 묘연한 아들이 돌아온 것이 늙은 어머니로서는 매우 고무적이며 우연의 일치라고 해도 흥미롭고 아름다운 가정의 재회였다. 무엇이 아들의 발걸음을 움직이게 했는지 고민해야 할 숙제다.

우연이란 것은 번개가 사람에게 맞을 확률보다 천배가 낮다는 신문기사를 읽은 적이 있다. 학술적으로 증명하고 있다.

[현장 6]

숨겨두었던 터를 공개하다

30년 전에 가락동에서 열대 과일을 수입해서 파는 잘나가던 사장을 소개받았다.

이유는 어머니가 30년 전에 돌아가서서 형님이 돈을 빌려주고 땅을 담보로 잡아놓은 터에 어머니를 모셨는데 형님은 이 땅을 등기 이전하지 않고 차일피일 미루다가 건강 악화로 돌아가셨다.

경기도 전곡군청에 근무하는 모 국장이 자기네 땅에서 묘지를 이장해 가라며 법적 절차를 마쳐 독촉이 심한 상태로 주변의 묘지는 다른 곳으로 이장해 가고 봉분 3개만 남아 있다고 했다. 그래서 묘지를 이장해갈 터를 잡아 달라고 의뢰하는 장소였다.

문제는 어머니가 돌아가셔 경기도 백학면 00리에 안장하면서부터 우연의 일치인지 모르겠지만 집안에 우환이 겹치는 탈이 나기 시작했다고 한다.

그동안 잘나가던 본인의 회사가 부도나고, 부인은 가락동에서 돈놀이하다가 부도나서 일본으로 피신하고, 형님도 질병 악화로 세상을 떠나고 집안은 풍비박산이 나는 길목이었다고 한다.

빚쟁이들은 집안에 돈 될 만한 것은 다 가져가 가재도구 몇 가지만 가지고 도피생활을 오랫동안 하다가 두 번째 부인마저 딸 하나를 남겨놓은 채 이혼한 상태로 가족들이 뿔뿔이 제각각 흩어져 사는 신용불량자라는 꼬리를 남긴 채 75세가 되었다고 한다. 그동안 아들이 자라서 38세가 되고 조그마한 건설회사를 운영하면서 생활비를 아버지에게 지원해준다고 했다.

박00 씨의 의뢰를 받고 부동산업자의 소개로 경기도 연천군 백학면의 여기저기에 묘지를 이장할 예정지 묘터를 봐주러 갔다. 며칠 동안 돌아다녀봤는데 지맥과 생기가 형편없어 발복하기에 어려운 터이고, 국세가 조건에 부적합해 한동안 헤맸다.

이런저런 이유와 사유로 포기한 상태인데 박00 씨는 생뚱맞게 질문했다. 그는 "양 선생님이 그동안 봐두고 숨겨둔 터를 내놓으라."고 생떼를 썼다. 부득불 5년 전에 간산하면서 봐둔 터가 있다고 했다.

어디든지 출장 가면 현장에 등장하는 인물이 꼭 있다. 바로 지역 풍수사이다. 진주에서 3대에 걸쳐 풍수사를 하고 있다는 74세의 경력이 화려한 분이었다.

문제는 반경 5m 내에 잡목 5그루의 나무뿌리가 혈처에 틀림없이 침범했기 때문에 명당이 아닐 가능성이 높다는 터라고 하더라는 것이다. 게다가 이장할 걱정을 많이 하고 있는 분위기였다.

혈토를 고르고 정리를 하는 순간 풍수사들의 평생 염원인 오색토에 천기를 받은 터라고 증명이라도 하듯 머리는 사람의 형상이고 손과 발은 문어 모양으로 뻗어 마치 한 폭의 영상(靈像)을 보듯이 정물화가 혈판에 그려져 있었다.

혈판의 바닥은 시루떡을 세로로 세워놓은 듯 사선으로 층층이 세워져 있는 것처럼 되어 있었다. 혈맥(地脈)은 연붉은 황토색으로 무늬를 이루며 혈판에 들어오는 장관을 연출하고 있는 것이 아닌가.

환호와 탄성으로 쾌재를 불러왔다. 참석한 어떤 분은 혈판 바닥에 그려져 있는 형상과 용맥의 흔적을 카메라에 담고 있었다.

유골을 하관식을 마치고 좋은 터에 모시고 유족들의 한마디가 살아생전에 남에게 좋은 일과 적선을 많이 하신 언덕에 천하에 가장 아늑하고 포근한 터에 편히 쉬시게 되었다고 좋아했다.

이에 따른 유족과 경상도 최고의 풍수 분들은 "말로만 듣던 천기와 영기가 내려지고 지맥이 혈처로 들어오는 흔적과 함께 명당을 이루고 있는 현장은 처음 본 광경이라 너무 좋고 발복을 기대할 수 있어 행복하다"고 흥분을 감추지 못했다.

이후 결혼 7년 동안 손자를 보지 못했던 며느리는 딸을 낳고 현재 두 돌이 지났다. 본인도 젊은 미모의 여자 분과 3번째 결혼에 성공했다.

현장사진이 유족들의 자랑거리로 등장하며, 필자의 명성도 바람을 타고 여기저기 떠돌아다니고 있을 것이다.

필자 역시 최근 3년 사이에 세 번째 현장사진을 확보한 천기(天氣)와 영기(靈氣)가 내려진 오색혈토를 터 잡았다.

9. 천목법으로 보는 명당

필자의 눈에 보이는 지표면 빛의 세계(천목법)

아래 사진은 명당의 지표면에 생기기운이 여러 곳에 모이고 맺혀 색채 조화를 이루는 모습을 근사치에 가까운 그림을 연출한 것이다. 이 빛의 색채 조화를 이룬 곳이 혈심(穴芯)이라고 한다.

이 혈심은 혈(생기)이 맺힌 곳으로 말미잘, 해바라기 봉오리와 같은 곳에 촉수와 꽃잎처럼 꽃봉오리(혈심)를 중심으로 한 가닥 한 가닥 지맥이 모이고 뭉쳐 색채조화의 빛을 연출하는 모습으로 연상하면 이해될 것이다.

빛이 연출되는 곳을 찾아 묘지, 집, 아파트, 빌라, 빌딩, 타워, 학교, 종교부지, 공장 등을 건축하도록 터를 잡는다. 이런 풍수 기법을 천목법(天目法)이라고 한다.

또한 건물을 신축할 때 이런 색채 기운이 군데군데 모여 뭉친 곳을 실제 크기 그대로 지표면에 표기하고, 실험노트에 축소해서 지맥도를 그린 것을 토대로 건축설계 평면도에 거실, 안방, 부엌, 서재 등을 배치해 건물이 완공되고 사람이 생활함으로써 인체에 이로운 생기기운이 스며들어 건강을 지키고 운이 트여 거부장상과 부귀영화를 누릴 수 있도록 터를 잡는 풍수기법이다.

감지되는 천목기법 색채조화의 빛은?

지맥이 건물을 솟구쳐 타고 오르며 통과하는 화려한 색채조화가 눈에 보이는 것인지를 현대과학으로 알고 싶었다. 하지만 정확한 답을 얻지 못했다. 물리학 교수는 플라스마·오로라·중성미자 등의 빛을 감지하는 것이 아니가 하는 의견이고, 눈에 감지되는 빛의 성분이 뭔지 정확한 답은 얻지 못했으나 과학자분들의 조언을 정리하면 다음과 같은 내용이다.

첫째, 중성미자는 모든 물체를 통과하는 파장으로 빛보다 빠른 입자는 우주가 폭발할 때 나타나는 현상으로 유령의 물질이라고 불리는데 물속을 통과할 때 흔적을 남긴다고 한다. 수분을 통과한 흔적을 특수시야로 본 것같다.

둘째, 상대성원리에 강력한 중력이 있을 때 빛의 굴절현상, 즉 개기일식 때 나타나는 빛의 굴절현상을 특수시야로 감지하는 것이다.

도사 분들은 천목이 열려 도안(道眼)의 눈으로 화려하고 아름다운 색채조화가 잘 이루러진 빛이 모인 곳을 보는 것이라고 한다. 새로운 풍수기법이다.

※ 필자가 터 잡을 때 눈에 보이는 명당 터와 빛의 색채 조화 현상들.

맺힌 곳을 중심으로 연구하고 관찰한 결과 혈관이 존재한 것을 확인했다. 아늑하고, 편안하고, 사람들이 모이고, 화목하고, 돈이 모이고, 재물이 모이고, 인덕을 얻고, 존경받고, 남을 배려하고, 출세와 행운을 부르는 명당임을 확인했다. 이것을 공부해 천목법(天目法)이 창출됐다.

단독 · 전원주택 집터

단독주택과 전원주택은 지표면 위에 후현무, 청룡, 백호, 안산 등을 기반으로 터를 잡는다.

구옥을 철거하고 현대식 양옥집을 짓기 위해 터를 봐주려 가보면 공부해야 할 터를 많이 볼 수 있다. 지맥이 맺힌 곳이 현재의 집에서 벗어나 마당, 선뜰, 마루, 외부 화장실, 창고, 처마 밑 축사 그리고 개집 등에 생기기운(穴)이 맺힌 곳을 흔하게 본다. 이런 경우 당시 풍수가 터를 잘못 봐줬거나 그냥 남향으로 집을 지은 것으로 추정될 뿐이다.

양택(집)에서 가장 중요한 것은 지표면에 혈이 맺힌 곳과 잡터(대기장력, 유해파, 지전류, 수맥파)를 찾고, 그 다음에 땅의 모양과 신축에 따른 가상(건물모양과 배치도) 평면도를 구상한다.

나대지 신축부지와 구옥을 헐고 집을 지으려는 대지 위에 혈이 맺힌 곳을 찾아서 도구나 수성페인트를 이용해서 지표면에 실물크기 그대로 그려놓고, 지표면 위에 그려진 전체 지맥도를 그대로 축소해 실험노트에 옮겨 그려진 모습을 종합적으로 검토 후 건축주 · 설계사와 거실, 안방, 주방, 서재, 현관, 주방, 드레스룸, 욕실, 보일러실 등을 지맥이 맺힌 위치에 꼭 맞게 평면도를 설계하도록 협의한다.

1. 거부장상(巨富長上)이 배출하는 99.9점 명당 터(프라스마 쇼)

세상에 100%란 수치를 기록하기에 부담스럽다. 약간의 흠이 존재할 것으로 예상한다.

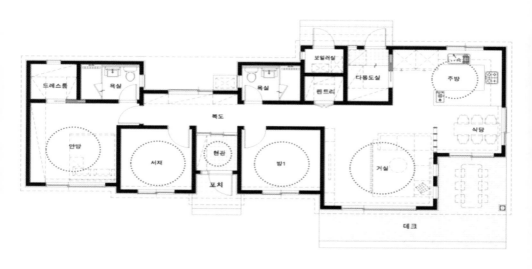

집안에 생기기운이 맺힌 곳을 표시한 것임

서울 어느 현장에서 혈이 맺힌 곳을 찾아 지맥도를 그리고 집을 짓기 위한 평면도다. 평면도에 생기기운이 실제 크기 만큼 맺힌 곳을 그렸고, 이해를 돕기 위해 실제 평면도를 옮겨 온 것이다.

음택, 양택 모두 용도에 따라 무방하고 으뜸가는 명당이다.

박산포지(朴山匏穴) 야산에 박 넝쿨이 쭉쭉 뻗어나가다 크고 작은 행운(박)을 맺는 모습으로 주택에 크고 작은 6개의 혈(穴)이 맺는 경우는 극히 드물어 법안(法眼)을 가진 풍수사만 이런 곳 명당에 터를 잡을 수 있다. 양택과 음택을 겸한 가족묘지로 사용이 무방하며 거부장상(巨富長上)을 배출하는 터라고 본다.

양택의 삼요소인 거실·주방·안방에 땅이 숨쉬고 호흡하는 곳으로 지기기운이 응기(應氣)된 명당 중에 명당이 틀림없고, 특히 현관에 복을 부르는 기운이 출입구에 혈을 맺고 있다.

이런 터는 아무리 유능한 풍수라고 할지라도 이곳에 터를 잡으려고 명상을 하면 6개의 혈판에서 기운이 회전하는 유속의 기운과 지맥이 서로 한 가닥 한 가닥 불규칙하게 헝클어져 교차하면서 각각의 혈심으로 찾아가는 모습은 무척 어렵고 복잡한 과정을 볼 때는 머릿속은 번개를 맞은 느낌일 것이다.

고서에는 이런 모습을 산신령이 하늘이 감추어 놓고 땅이 숨겨 놓은 터를 함부로 내주지 못하도록 눈에 혼란을 줘 지관을 다른 곳으로 유인하든가 아니면 눈을 감겨 터를 못 보도록 했다는 설이 고서(古書)에 등장한다.

초청을 받고 이런 특급지 명당에 터를 잡을 때 잠시 명상에 잠겨 산신령과 교감을 갖고 무탈을 기원한다. 고도의 집중이 필요하다.

도안(道眼)을 품은 선사분과 토론하는 과정에 상당한 부분이 일치하고 있지만, 저자는 좀더 다른 세계에서 빛의 유속이 띠를 이루어 회전하는 광경을 실험노트에 지맥도를 그려보면 마디마디에 6개의 혈(穴)이 맺고, 한 가닥 한 가닥의 지맥은 불규칙적으로 구불구불 서로 교차하면서 목적지 혈심에 합류하는 모습은 수학시간 합집합·교집합·부분집합과 흡사한 모습을 볼 수 있다.

즉 터를 좌주려고 한 지관을 혼란스럽고 헷갈리게 하는 교란책이라고 본다.

가령 평면도에 풍수의 법칙을 무시하고 건축설계사 마음대로 드레스룸·욕실·보일러실·다용도실에 거실·안방·주방·서재 등이 설계되었다면 명당 터는 마당이나 정원에 존재하므로 허방에 집을 짓는 꼴이다.

이럴 경우 대혈지 명당, 암적인 존재인 잡티(대기장력·유해파·수맥파·지전류)이다. 원진수(圓眞水,水氣line) 선상(線上) 위에 놓일 가능성이 높아 패가망신(敗家亡身)할 수 있다.

하늘이 감추고 땅이 숨겨놓은 명당을 풍수학에서는 천장지비(天藏地秘)라고 한다. 찾기도 어렵고, 찾더라도 한 집터에 6개의 혈(穴)을 거실·안방·부엌·서재·현관에 꼭 맞게 배치되도록 평면도를 그리는 것이 쉽지 않을 것이다.

고난도의 집중력으로 지맥도를 그리고 잡티를 피해 건축설계에 반영시키는 것이 명풍수의 역할이다. 특히 혈이 맺는 벽체 중앙에 들어가지 않도록 유념해야 한다.

또한 새집을 지어 이사하면 혈이 맺는 곳 정중앙에 침대가 놓여야 하고, 서재 책상 끝부분과 의자 앞부분에 사람의 몸과 혈이 맺힌 곳에 놓이도록 신경 써야 한다.

이 곳에 터 잡을 때 많이 고민했다. 두려움도 있었다. 그냥 자연 속에 천장지비로 남겨두고 싶었다. 이 명당 터와 같은 곳에 세상에서 하나밖에 없는 집터를 잡을 수 있는 기회가 올 것인가, 설레는 마음으로 집터를 잡게 되었다.

이 땅의 기운은 번개 칠 때 발생되는 프라스마(스파크 현상)와 같이 거실을 중심으로 좌우로 힘차게 뻗는 과정에 군데군데 혈(穴)을 맺는다.

지표면에 빛의 색채조화를 이룬 우주 쇼는 불꽃쇼를 보는 듯 화려하고 힘찬 기운이 지표면에 수놓는 장관을 연상케 한다. 뭉친 기운이 유속의 방향으로 회전할 때는 공작새가 화려하고 아름다운 자태를 뽐내며 날개를 펼쳐 빙빙 도는 것처럼 보였다.

2. 부귀영화(富貴榮華)를 추구하는 명당 터(99.9점; 양귀비 꽃수술)

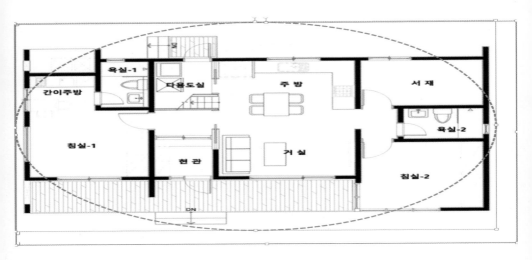

저자는 경기도에서 집터를 봐달라는 초청을 받고, 거대 대혈지(大穴地; 생기기운이 크게 맺힌 곳) 두 명당을 품었다.

한 명당은 약 가로 80m와 세로 80m, 다른 한곳은 가로 60m와 세로 60m 정도로 거대 특급지 명당을 공부했다. 물론 이 명당 터에 풍수사상에 입각한 명당의 지질구조와 토질의 성분분석을 하기 위해 굴착하고 채취한 시료를 전문기관에 의뢰하고 그 결과 자료를 확인했다.

집 한 채에 거대한 한 개의 혈을 맺고 있는 곳으로 생기기운이 집 전체를 품고 있는 귀품의 명당이다이 명당터에 발복을 전제로 양택의 3요소(거실·방·주방)과 서재·현관이 꼭 맞게 지맥도를 그렸다. 건축주와 건축설계사와 충분히 논의했고, 건물의 가상과 내부 설계도중 실제 평면도를 양택의 이해를 돕기 위해 소개한다.

이곳은 그동안 나대지 콩밭이었다. 다시 말해 지목은 대지인데 콩밭으로 사용한 나대지다. 하나의 대맥(大脈) 위에 전원주택을 신축했다. 돈과 재물이 쌓이고 남들로부터 존경받고 높은 벼슬자리를 배출하는 명당중에 명당 터다. 좀더 깊이 고민한다면 대권에 꿈을 갖고 있는 분들이 고민해야 할 숙제의 터이고, 음택·음택 모두 가능한 천장지비 혈터다. 몇 걸음 뒤로 물러나서 명당을 살펴보면 봉황이 5개 알을 잉태하고 있는 모습을 연상케 한다.(鳳皇五金孕卵地)

지맥은 126개가 모여 뭉쳐 각각 빛의 색채조화는 양귀비꽃과 같이 수려하고, 유속은 우직하게 은은히 정방향으로 회전하듯 기운을 느낀 곳이다.

원심력에 의해 역방향(시계반대 방향)으로 거대한 실린더가 회전하는 것처럼 보이고, 하늘에서 하림(下臨)하는 천기기운은 지기기운이 융취되면서 지표면에서 하늘로 깔대기와 흡사한 모습으로 오색 빛이 구불구불 흔들면서 하늘로 치솟는 용오름 현상과 흡사한 장관을 이루고 있었다.

이곳은 많은 사람들로부터 존경 받는 정치지도자, 종교지도자, 광역시도지사, 고위공직자, 법조계, 의학계 등에 탁월한 인물이 날 터로 예지한다.

3. 제왕지지 터(99.9점; 무지개쇼)

주인이 모른 왕을 배출할 터로 저택의 평면도를 입수해 소개한다.

이곳은 지인의 소개로 저택을 감정한 특급지 명당으로 관리인의 안내를 받아 집에 들어간 곳이다. 집 주인은 미국에 살고 2~3년에 한 번씩 한국에 들리는 별장 같은 자택이라고 한다.

땡글땡글한 기운은 차손이 출세할 운이 트인 터다. 가족 골고루 돈과 품위를 갖는 희망을 가진 집인데, 직업관계로 해외에서 살고 있어 땅의 기운을 품지 못한 점이 풍수 전문가로서 아쉬움이 남는 집이다.

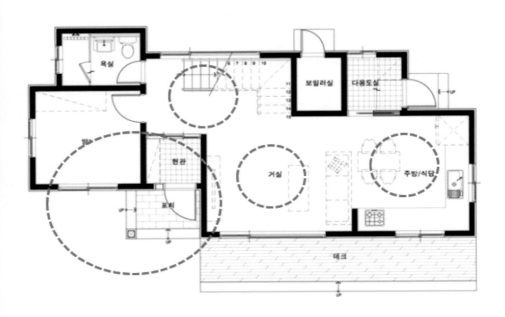

양택에서 추구하는 것은 건물 안에서 생활함으로써 인체에 좋은 생기기운이 스며들어 운이 트여 행운이 들어오게 하는 것이다. 즉 풍수학 용어로 발복(發福)을 기원하는 것이다.

좀더 구체적으로 살펴보면 안방과 복을 불러들이는 현관과 안방, 거실 일부에 하나의 거대한 혈을 맺고, 거실1·거실2·주방에 크기가 비슷한 3개의 혈을 맺고 있어 완벽한 집터라고 본다. 양택지로 혈이 맺는 크기와 혈심과 혈판의 크기·혈이 품고 있는 유속이 대권을 상징하고, 빛의 색채조화는 무지개와 흡사한 모습을 연상하게 한다.

양명한 오색층은 조화가 잘 감싸고 있어 화려하고, 중심혈이 안방과 현관은 권위를 상징하고, 전방에는 똑똑한 지재를 가진 참모가 양쪽을 보좌하고 재무력이 충분히 뒷받침하는 터로 본다.

주변에서 좀 떨어져 명당터를 명상에 담아보면 주룡과 안산 청룡.백호가 잘 둘러싸여 명당의 조건을 갖추고, 산세가 조화를 잘 이룬 한가운데 호수에서 용과 4마리의 새끼 용이 잘 어울려 놀고 있는 듯한 형상의 터로 보인 곳이다

흙색은 오색토로 명당 위 지표면에 연출되는 빛의 색채 조화는 무지개가 회전하는 듯 화려한 우주 쇼를 연상케 하는 곳으로 명당 앞에는 저수지가 있다.

아파트·빌라 등에 이사 들어갈 때

전통풍수학은 수백년 전에 기와집, 초가집, 종교 건물 등을 중심으로 만든 풍수이론이다.

아파트, 빌라, 타워, 상업용 건물 등은 정통풍수학 이론에 반영하면 위험할 것이다. 다른 방법으로 접근해야 한다.

아파트는 2층 이상 고층으로 대단지로 건축된 것이다. 현무·

청룡·백호·안산을 추종하기 어렵고, 토지개발이 이루어진 콘크리트 숲이다.

지표면에서 솟구쳐 건물 군데군데 기운이 뭉친 응기(應氣)가 된 모습과 크기·색채·조화 등을 감지하고, 안방·거실·주방·현관 등에 응기를 맺고 있는지 감지해야 한다.

아파트를 매입하거나 전세·월세 집을 봐달라고 초대를 받아 현장에 가서 여러 아파트를 감정해보면 거실·안방·주방에 정확하게 생기기운이 맺힌 곳은 흔하지 않다.

가령 혈(생기기운)이 맺힌 곳이 있어도 벽체가 한가운데 가로막고 있어 TV·쇼파·화장대가 놓여 있는 곳이 많다.

또한 혈이 맺힌 곳이 거실 모퉁이에 있어 옷걸이가 차지하고, 화장실·창고·다용도실·베란다·발코니 등에 맺혀 허방에 터잡는 곳이 흔하고, 침대를 놓을 수 없는 출입문 입구에 혈이 맺힌 곳도 종종 본다.

여기에 잡티(대기장력·유해파·지전류·수맥파)가 없는 아파트는 더 찾기 어렵다.

즉 풍수학을 무시한 채 상업의 이익을 전제로 집을 짓고, 주부들의 입맛에 맞추어 건축했다. 또한 사람의 인체와 직접 접촉하기 어려운 곳에 터 잡고 있는 곳이 비일비재하다.

저자는 천목법(天目法)으로 빛이 솟구쳐 색채조화를 이룬 생기가 맺힌 곳을 특수시야로 금방 감지할 수 있다. 이런 곳이 아늑하고 포근하다. 안방에 생기기운이 맺힌 곳을 찾아 침대를 이동시켜 제자리에 놓도록 하고, 서재의 책상은 혈이 맺힌 정중앙 의자 위에 사람이 일치하도록 배치하고, 생기가 맺힌 거실과 안방 사이에 벽체가 존재할 경우 TV와 쇼파 위치를 변경함으로써 가족이 모이는 장소를 만든다.

아파트 참 좋은 집(99.99점)

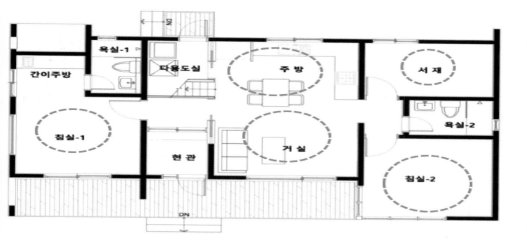

고품격 명당 터다. 유난히 빛나고 화려한 조화는 찬란하고 수려함이 환희 속 궁궐을 연상케 하는 최고 고품격 아파트이다. 조그만하고 아늑한 소규모 아파트 단지 중 1개동 우측 라인이다. 주변의 산세는 보개삼태(寶蓋三台)로 둘러싸여 국을 이루고 있다.

풍수학에서 보개상태는 금체산, 토체산, 목체산이 명당에 둘러싸여 있는 모습을 말한다. 이런 명당은 가문의 3정승의 인물이 태어나 명문 가문을 이루고, 정승과 교류하는 특출한 인물이 태어난다고 알려져 있다.

이 아파트는 명지관을 모셔다가 터를 잡았다는 것이다. 지금은 저 세상 분이라고 하는데 그분이 누구인지 말 수 없다. 후손을 찾으려고 노력도 해보았다. 흠잡을 데가 없다. 완벽한 천장지비 명당이다.

역시 이곳에는 전직 장관 분들이 이 아파트에 거주할 때 현직에 임명되었고, 현재 대기업 총수 분이 살고 있다고 한다.

아파트는 대부분 이익을 목적으로 건축회사가 지은 것으로 복 걸복이다. 운 좋아 이사 잘 들어가면 대박 나고, 아니면 좋은 아 파트로 이사가 살면서 집값 오르기를 기다렸다 팔아버리기도 한 다. 집 봐달라는 초청을 받고 헤아릴 수 없을 만큼 아파트 내부 를 감정해 봤다.

때가 안 된 것인지 80점 정도의 몇 채 정도로 현장 감정을 했 을 뿐이다. 그런데 서울의 강남·서초·강동구는 아파트 가격이 가장 비싸고 계속 올라 정부 감시망에 들고 있다. 꿈속에 희망일 것이다.

복이 모자라는 사람과 집터와 인연이 없는 사람은 생활비가 충당하기 어려운 데다 보유세와 관리비는 웬만한 일반 가정 생활 비와 비슷하다고 한다. 운 좋아 당첨되어 입주한다 하드라도 상 류층 정도 수입이 없으면 세금과 관리비 그리고 주민과 어울림 비용을 감당하기 어려워 아파트를 팔거나 세놓고 다른 곳으로 이 사해 사는 사람도 흔히 볼 수 있다고 한다.

아파트·빌라 등 좋은 집(90점)

안방1=30점(안방과 현관에 걸쳐 있으나 현관은 복을 부르는 곳으 로 좋다), 안방2=30점, 안방3=30점, 발코니=0점

저자는 90점의 아파트를 보지 못해 아쉽다. 그렇지만 때가되 면 접할 기회가 있을 것으로 기대한다.

좋은 집을 고를 때 참고로 했으면 좋겠다.

이런 아파트가 있다면 창의력과 기획력 자본이 뒷받침이 자연 스럽게 이루어지는 아파트 명당이다.

요즘 말로 대박 터진 아파트라고 불리는 집이다.

생기의 기운이 온 집에 가득 차게 되면 생활하는 가족들에게 좋은 기운이 스며들면, 사람의 몸에 생기가 왕성하여 튼튼한 건

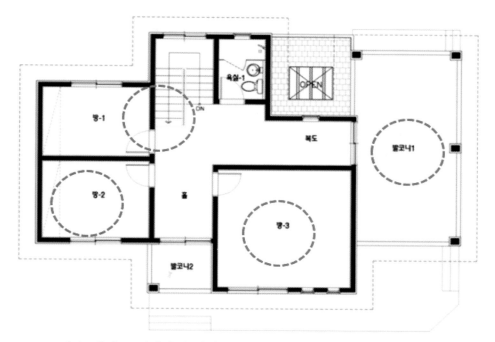

강을 챙기고 생기가 충만함으로써, 주위로부터 자연스럽게 끌려 들어오는 행운에 힘입어 사업이 번창하고 재벌 배출하고 대귀 대부(大貴大富)를 품을 수 있는 행운이 따른다. 즉 재벌과 권력을 움켜질 수 있는 사람을 배출하는 아파트(빌라)를 말한다.

좋은 집(80점)

주방 · 거실=60점(대혈지), 현관=20점(현관 30점, 벽체 10점)

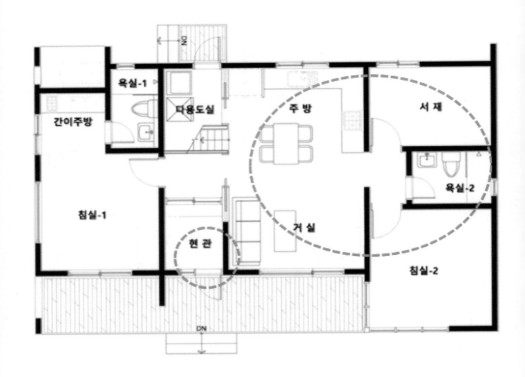

현재 우리나라에서 몇 채 안되는 아파트(빌라)다. 거대 혈이 맺힌 곳이 거실·주방·안방 서재를 품안에 두고 있다.

이 아파트의 기운은 재물보다는 인물이 먼저 발복하고, 뒤를 이어 재물이 따르는 터이다. 학문이 깊은 총명 받는 학자를 많이 배출하며 고위관직에 오르고, 후손들은 행실이 바르고 청렴하며 올바른 가치관으로 가문을 더욱 빛낼 인물이 나온 것으로 본다.

아쉽게도 거실과 침실의 벽체, 주방과 서재의 벽체, 욕실이 아쉽다.

가령 명풍수를 모셔다가 건축설계사와 꼭 맞는 아파트(빌라)를 지어 완벽하게 훌륭한 집으로 본다.

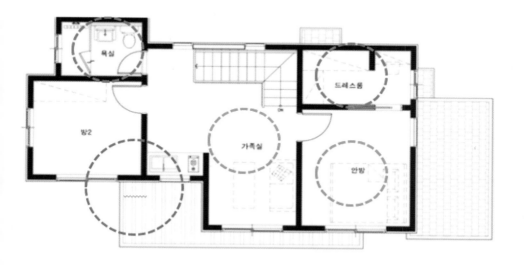

방2= 30점, 방3= 30점, 욕실 0점 + 홀 일부 10점= 10점, 발코니= 0점

건물 안에 생기(혈)이 맺힌 곳이 존재하고 있어 설계시 평면도를 신중하게 고민해서 설계했더라면 완벽하고 참다운 집으로 짓을 것이다.

즉 생기가 좋은 기운을 품고 있어 가족들의 건강과 화합, 평화, 안녕이 기대되는 명당이다.

아무리 좋은 터라 할지라도 건물의 위치·가상과 배치를 잘못해서 혈이 맺힌 곳을 배제한 채 집을 지으면 흉지가 안방·거실·부엌·서재가 있는 경우가 허다하다.

풍수를 등한시하고 영리목적으로 집장사를 한다면 그 피해는 생활하는 한사람씩 1차 피해를 고스란히 사람이 떠안고, 2차 피해로 이어져 한 가족 전체가 결국 혹독한 풍파를 맞게 될 것이다. 사업체마저 신뢰와 자본력이 점차 고갈되어 무너지고 말 것이다.

보편적인 집(60점)

거실= 30점, 방 일부 + 현관 일부= 10점, 욕실 일부 + 방 일부 =1 0점, 다용도실 + 주방 일부= 10점

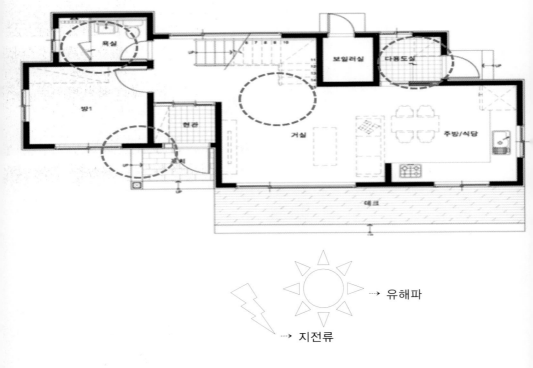

이 건물 역시 집터는 흠 잡을 데 없이 훌륭한 명당이다. 집 모양과 내부 배치를 보편적인으로 건축하기 쉬운 건축업자의 생각에 의존해서 집을 지었다고 보이며, 아쉬움이 남는 보편적인 아

파트로 전락하기 쉽다. 설계에 고민하고 더 고민했으면 아주 훌륭하고 참다운 집을 지을 수 있을 것이다.

이 터는 대문(현관)에 혈이 맺고 있는데 생기기운이 들어오는 기로(기로)로 재물을 실은 기운이 집안으로 불러들여 행운의 기운으로 변환시키는 역할을 하므로 행운이 들어와 가정의
화합과 돈이 새지 않는 집이다.

재수 없는 집

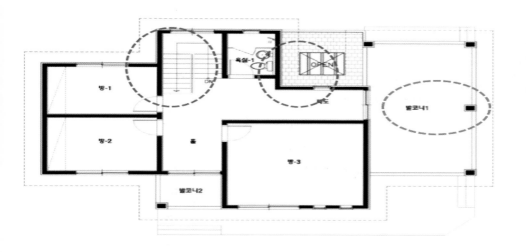

혈이 맺힌 곳도 없고 잡티가 가로놓인 재수 옴 오른 집이다. 즉 집을 지어서는 안 될 터에 집을 축조한 것이다

감정의 결과와 현장 경험을 집계해보면 생기가 뭉친 곳이 없고 대기장력·유해파·지전류·수맥파가 흐르는 곳은 세포 생성이 둔화됨으로써 면역성이 떨어져 나이가 들게 되면 고약한 간질환·폐질환·정신질환으로 이어질 가능성이 매우 높아지고 시간이 경과함에 따라 목질환과 고혈압·당뇨 등 불치병이 된

것을 종종 접할 수 있었다.

여자들은 알 수 없는 부인병을 자주 앓게 된다. 집안에 우환이 생기게 된다.

이런 집은 무조건 다른 집으로 이사를 하거나 피하는 것이 상책이다.

대기장력은 지구와 달이 중력을 유지하기 위해 서로 당기는 기류다. 2천미터 상공의 비행기, 선박, 자동차에서 포착될 만큼 강력하다. 수직 대기장력에 의해 해를 끼치며 현대과학으로 차단할 수 없고 저주파로 진행의 속도가 늦어 서서히 나타난다.

유해파를 현대적 근거로 정립할 때 서양에서는 유해파를 종파나 횡파로 밝혀내지 않은 제3파장으로 규정해 유해방사성 이라고 표현한다. 건축물에도 유해파에 노출되면 지속적인 유해파의 영향으로 틈이 발생하여 고가 전자제품에도 명확한 이유없이 고장을 일으킨다.

풍수에서는 자장을 교란하는 전자파가 방출되는 지역을 꺼린다. 고압선 아래 선하지, 방송국 전파탑, 레이더기지도 이에 포함된다.

지전류는 현대과학적 근거를 준용하면 지구내부의 마그마활동(고온핵 반응), 단층 균열, 지구 격차 등에서 중성자가 발생한다. 또한 지전류주변에 형성되는 전자기계(극성과 자성을 지님)를 지나면서 인체와 모든 물체에 치명적인파장(감마선 이상 마이크로파에 가까운 것)을 보낸다. 지전류의 특성인 극성으로 적혈구의 철분성분이 지전류에 대전·자화되고,DNA손상과 치환·변형으로 세포가 불안해져 적혈구(산소운반)와 백혈구(살균) 기능이 현저히 저하되어 각종 질병을 유발한다.

어린 청소년들은 정신이 산만해져 공부이 집중하지 못하고 밖으로 나돌고 만다. 좋지 못한 친구들과 휩쓸려 놀거나 험담한 분위에 젖어들어 건강한 생활을 하기 어렵게 된다.

또한 불량한 사람과 어울려 놀다보면 건전하지 못하고 사고를 치게 마련이다.

건강을 지키지 못함으로서 짜증이 반복되어 화를 참지 못하고 정신질환까지 겹쳐 사장과 사원간의 갈등이 심화되어 불신이 거듭된다. 사회적인 지탄을 받고 생산성이 떨어져 자금난에 어려움을 겪게 됨으로써 은행은 대출자금을 회수하게 됨으로서 회사는 늪에 빠지고 말 것이다.

질문받는 것들

가게 터를 봐주려 현장에 가보면 10평 미만의 가게를 감정하는 경우가 종종 있다. 여러 가지 이런저런 이유와 사연이 있고 재수가 있는 가게, 재수가 없는 가게, 좋은 이야기와 무성한 험담이 오가는 것이 상가와 식당가를 두고 희비가 엇갈린 질문을 많이 받는다. 이해 당사자를 앞에 두고 답하기 참 곤란한 질문들이다.

물론 사업력과 자금력·인재력·비책이 있을 것이다. 사회 전체에서 풍수사상이 30%란 커다란 비중만 다루기로 한다.

터 에도 사람을 모이게 하는 아늑한 터, 썰렁하고 등골이 오싹한 터, 거칠고 찬바람이 나는 터, 돈이 모이는 터 , 돈을 부르는 터, 재복을 부르는 터, 온화하고 포근한 터가 있다.

좋은 터의 명당과 보편적인 땅을 시료 채취해 전문기관에 의뢰한 결과 자료를 연구해볼 때 어느 정도 알 수 있다. 물론 좋은 명당터를 찾아낼 때는 저자의 예지력, 감지력, 염력, 초능력을 반영해서 터를 찾는다.

터에도 궁합이 있다. 즉 터의 기운과 사장이 품은 기운, 종업원 에너지가 호환이 잘되는 찰떡궁합이 맞아야 한다.

옛말에 '사람에게 생기가 떨어지면 죽은 목숨이다'라는 말이 있다. 사람에게 생기(에너지) 기운이 떨어지면 패기와 용기를 잃어 어깨가 축 처져 보이고 얼굴에는 용기와 패기마저 사라진다. 결국은 병들어 요양병원에 입학한다. 힘없어 보이는 게 사실이고 주변사람들마저 곁을 떠나고 금전을 융통할 수 없다.

또한 땅에 생기가 떨어지면 으슥하고 찬 기운이 감돌아치는 곳은 멀리한다. 사업장과 장사를 하는 가게는 가장 심각하게 고민해야 한다. 땅의 생기기운이 얼마나 중요한 작용 하느냐에 따라서 사업이 흥망성쇠(興亡盛衰)을 논할 수 있다.

1) 대박 나는 업체

사람 집에 사람이 왕래가 있어야 인심을 얻고, 가게에 손님의 왕래가 없으면 인덕을 얻지 못해 가게운영이 어렵게 된다. 가게 터를 봐주려 현장을 답사해보면 금방 알 수 있다. 가게에 좋은 생기기운이 크게 맺힌 곳이 존재하면, 땅의 기운과 사람의 기운이 잘 호환이 되어 대박이 난다. 사람의 기운이 터의 기운보다 약하면 본인도 모르게 구심력의 원리에 따라 본인도 모르게 좋은 터로 이끌리게 된다.

생기가 맺힌 곳은 고객이 터의 기운에 이끌려 우선 먼저 그곳에 들어앉게 된다. 자연스럽게 생기기운이 크게 맺고 양명한 곳을 고객이 선호하고 자주 찾게 됨으로서 대박이 나는 집이 만들어진다.

대기업체 사옥과 중소기업 등 크고 작은 사옥과 아담한 가게 터를 공부하고 살펴보면 어느 곳에 좋은 생기가 맺힌 곳인지 간단하게 알 수 있는 방법은 사람들이 선호해서 자주 모이고, 일정한 곳에 여러 사람이 함께 선호하는 곳이 혈이 맺혀 좋은 기운을 품고 있는 터다. 이런 곳을 중심으로 회사는 자리배치를 하고, 가게는 테이블과 조리실 카운터를 배치해야 한다.

그 가게의 명당이다. 돈을 벌려면 한정된 공간에 얼마나 좋은 기운이 어느 정도 큰 혈을 맺고 있는가에 달렸다.

지인과 산 공부 들 공부를 하러 간 곳에 점심을 먹으려고 음식점을 들리는데 혈이 크게 맺힌 곳 테이블에 앉게 된다.

사전에 저자는 빛의 색채조화를 지인은 손바닥으로 기운의 크기를 확인하고 식사를 할 테이블에 앉는다.

종업원의 안내를 무시한다. 가게에 혈이 맺힌 곳이 좋은 위치에 터 잡고 있는 것이 가장 중요하다. 음식 맛이 역시 좋다.

가령 가게에 좋은 생기가 뭉친 명당이 홀·주방·카운터에 존재하면 대박을 예감할 수 있다. 명당의 위치가 주방과 홀에 걸쳐 있거나 외부벽체가 가로놓인 경우 손님이 선호하더라도 소수에 그치고, 이같은 테이블에 회전율을 높이는 것이 한계다. 소수의 인원이 앉는 곳이라면 수입의 한계는 그렇지 못할 것이다.

회사 사옥도 마찬가지다. 항상 사장과 임원이 최고 좋은 명당에 집무를 봐야 한다. 기획·연구실·전시실·비즈니스실·접견실·엘리베이터·에스컬레이터 순으로 좋은 명당에 배치되어야 한다. 엘리베이터와 에스컬레이터는 손님과 돈을 부르는 창구 역할을 하고 주택의 현관과 같이 복을 부르는 곳인데 혈이 맺혀 있어야 한다.

만약 명당이 건물기둥·배전실·화장실·계단·복도 등에 있다고 가정하면 운이 트여 복이 들어오는 발복(發福)을 기대하기 어려울 것이다.

2) 장사가 잘 안되고 어렵다는 가게

이 가게는 만약에 가게 안에 혈이 뭉친 곳이 없는 가게다. 이런 터에 중심이 되는 큰 혈이 없으면 사장의 생기기운과 서로 상충하여 부딪치고 혼란과 갈등을 조장하게 된다. 사장과 종업원들은 원만한 분위기를 조성하지 못하고 억압되고 구속된 분위기 속에 일하게 되면 생산성이 떨어진다.

종업원과 종업원 간의 불신과 갈등이 심화됨으로써 이직률이 높아져 손님을 접대하는 분위기가 일정하지 못하고 음식 맛은 개업 당시 손님의 입맛을 중독되게 했던 고유의 맛을 잃어 손님의 발길은 둔화되어 매출은 떨어질 것이다. 터의 기운이 힘이 없어, 즐겁고 신나게 일하는 분위기를 잃고 화합하지 못한 채 단합하지 못할 우려가 있다.

3) 가게에 손님이 뚝 떨어졌다

어느 날 손님이 뚝 떨어졌다고 원인이 뭔지 봐달라는 의뢰를 받고 감정해 보면, 그동안 가게에 온화한 생기가 사라진 것을 감지할 수 있다. 원인은 가게 터에 지각변동, 지진, 풍화작용 등에 의해 터에 탈이 난 것을 볼 수 있다 .

그동안 지맥이 솟구치는 생기 기운은 볼 수 없고 싸늘한 하고 거친 냉기기운이 등골을 후벼파는 기운을 감지력에 의해 알 수 있고, 예지력으로 가게분위기와 매출상태를 예감할 수 있다.

즉 맺힌 생기는 흐트러지고 탈이 난 틈새로 냉기가 들어오면서 병든 터로 바뀌어가고 있는 터로 감지할 수 있다. 묘책은 빨리 가게를 팔거나 세놓고 다른 곳으로 사업장을 옮겨 라고 조언한다. 오래 버티면 개고생 하고 말 것이다.

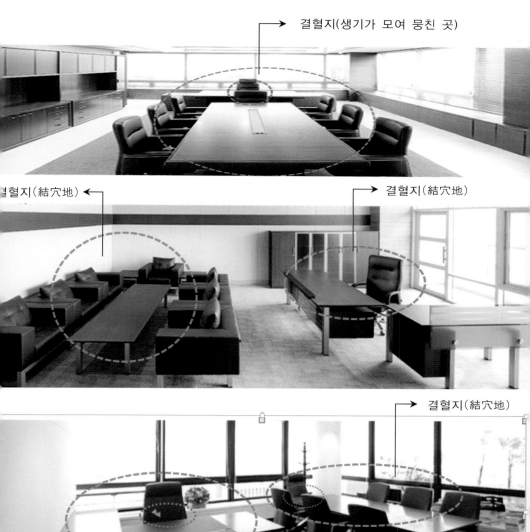

결혈지(생기가 모여 뭉친 곳)

결혈지(結穴地)

결혈지(結穴地)

결혈지(結穴地)

결혈지(結穴地)

임원실은 사장·부사장·전무·이사 분들이 근무하는 방으로 사옥에서 가장 큰 생기가 맺힌 곳을 찾아 맺힌 맥(脈) 정중앙에 임원(파란색 타원형)이 앉고, 앞쪽에 책상, 뒷쪽에 의자가 위치하도록 배치하는 것이 핵심 포인트이다(천목론).

땅속 깊은 곳에서 솟구쳐 올라온 지맥인 생기기운이 맺힌 곳 일직선 위에 CEO 몸과 일치하도록 하고, 책상과 의자 사이 정중앙에서 집무를 볼 수 있도록 하고, 이곳은 책상과 의자 사이에 혈이 맺힌 곳이다.

회사의 총수 방에 생기가 넘치고 양명한 생기기운이 편안하고 아늑한 기운이 감도는 자리에 앉아 집무를 봄으로서 회사 발전을 할 수 있다 .

사장과 임원 방에서 창의력·리더십·대외교섭력·포용력·순발력·사고력·집중력 등을 창출할 수 있고, 참다운 사업구상이 되어야 만 생산성을 높이는 곳(터)을 임원실로 배치해야 한다.

지인 사장님 방에 종종 들려 차를 마신다. 이곳은 저자가 봐준 사무실인데 일반책상 4개를 맞붙여놓고 직무를 보는 사장 책상이다.

귀빈과 외국거래처 손님 만 마주보고 앉아 미팅과 상담을 하는 협상 테이블이다. 계약 성공률이 95% 넘는다고 한다. 이 방에 지맥이 맺힌 곳은 대혈지(大穴地)에 온기기운이 크게 맺힌 사장 집무실이다. 이곳에 사장과 마주 앉자 있으면 편안하고 아늑한 분위기에 휩쓸려 시간 가는 줄 모른다. 좋은 분위기 속에 상대방 마음을 움직일 수 있는 생기가 흐름을 조성한다.

즉 어느 회사든 아늑한 곳을 선호한 곳이 CEO의 방이다. 이런 곳이 지맥이 맺힌 곳 명당이다. 이런 곳을 찾아 사장실 임원 방을 배치하고, 연구실, ·기획실·접견실·전시실 등을 배치함으로써 회사발전에 기반이 될 수 있다.

10. 좋은 터와 나쁜 터

남향집이 왜 좋은가?

건물 터를 잡을 때 남향집을 짓는 것은 오래 전부터 지금까지 원칙으로 한다. 이유는 계절에 따라 겨울에는 집안 거실까지 햇볕이 들어와 따뜻한 온기를 자연에서 얻을 수 있고, 여름에는 햇빛 기울기 각도에 따라 건물 어깨 등선을 타고 있어 햇빛이 집안으로 깊이 들어오지 않는 자연의 이치에 따라 선호한다.

이 원리는 남쪽에 산과 건물·타워 등 높은 건물이 없고 뻥 뚫려 자연의 이치를 자연스럽게 이용할 때 좋고, 방향과 주변 여건이 양호할 때 남향을 선호할 것이다.

가령 저자가 태어난 외딴집(마지)은 남향집인데 약 10m 앞에 집보다 5배 높은 야트막한 야산이 있어 오전 10시쯤 햇빛을 볼 수 있고, 북쪽은 뻥 뚫려 북풍이 곧바로 치는 추운 집에서 유년을 보냈다. 여기서 조상의 지혜는 집 뒤쪽에 대나무를 많이 심어 바람을 막는 비보풍수를 했던 것으로 기억난다.

그런데 남향이 좋지 못한 경우가 있다.

정육점, 냉동식품 업종, 생선·야채·과일·옷가게 등은 북향이 좋다. 이와 같이 업종에 따라 선호하는 방향이 다르다.

비보풍수(裨補風水)

비보풍수(裨補風水)는 풍수적 단점을 풍수원리로 인용해 울타리를 치고, 돌담을 쌓고, 대나무·바위·구조물 등을 인공적으로 만들어 집과 건축물을 보호하는 것이다. 어떤 지형이나 산세가 풍수적으로 부족하면 이를 보완하는 술법이다. 용맥·장풍·

득수·형국 등 풍수의 주요 부분에 대해 적용시킨다.

용맥이 약하다면 흙을 외부에서 들여다 새로 만들어 형태를 외형상 튼튼하도록 바꾼다. 심지어 조산(祖山)이라고 해서 산을 새로 만들기도 한다. 바람이 좌우로 잘 통하는 지형이라면 인위적으로 청룡과 백호를 돌과 흙으로 쌓아 바람막이를 한다.

또 어디가 허하다면 숲을 만들어 이를 보완하는 것도 많이 쓰이는 수법 중의 하나이다. 사찰에서는 거대 암석으로 기념비를 세워 허한 안산을 만들기도 한다.

음택과 양택은 일맥상통(一脈相通)

같은 터에 지표면 아래는 묘지, 지표면 위에는 집을 짓는 것을 고민하는 것인데, 혹자들은 땅위 건물을 기준으로 하는 양택과 땅 아래를 기준으로 하는 음택을 별개의 항목으로 본다. 이는 위험한 발상이다.

좋은 터 명당에 조상을 모셔 좋은 땅의 생기와 조상의 유골이 감응되어 만들어진 생기발아 기운(DNA)이 후손에게 전달돼 동기감응(同氣感應)을 일으켜 발복을 기원한다.

집(양택)은 현재의 건물 안에 생활하는 사람에게 땅에서 솟구쳐서 올라오는 지맥의 이로운 기운이 인체에 스며들어 용기와 희망 그리고 복을 부르는 행운을 안겨주는 것을 말한다.

어찌 땅의 기운을 무시한 채 무조건 방위론과 오행론만으로 수학공식처럼 대입하는 것이 옳다고 우기는 것이 답답하다.

풍수학에서 음택과 양택은 모두 발복(發福)을 목적으로 부귀영화를 누리는 염원이다.

발복과 부귀영화

발복(發福)이란 운이 트여 복이 들어오는 것을 말한다. 부귀영화(富貴榮華)는 재물이 넘칠 만큼 가지고 남들이 부러워하는 귀하고 높은 자리에서 행운을 얻어 원하는 모든 것을 가져 대를 이어 잘 먹고 잘사는 것을 가리킨다.

이를 이루기 위해서는 조상의 은덕을 입어야 가능하다. 조상을 명당 터에 모셔야만 유골이 지기의 기운과 교감하여 새로운 발아 기운이 후손 발복 또는 당대 발복을 추구 하는 것이다.

좋은 집터에 집을 짓거나 이사를 해서 솟구치는 땅속지기의 기운이 건물에 거주하는 사람의 인체에 스며들어 건강을 얻고 행운과 부귀영화(富貴榮華)를 누리는 당대 발복을 얻는 것을 말한다.

관습화된 기존 동사택(東舍宅)·서사택(西舍宅)의 문제점

현재 시중에서 통용되고 있는 양택풍수 이론은 1970년대 중반 건축공학 박사학위 논문에 등재된 내용을 인용하고 있다. 땅의 생기기운이 모여 맺힌 곳을 완전히 무시한 채 무작정

오행론을 기초로 방위학을 접목시켜 수학공식처럼 틀에 박혀 가상적인 논리로 전개시켜 길흉화복을 점치는 관념론으로 터 잡고 집을 짓는데 잣대를 대고 있는 논리로 위험천만하다.

즉 자연의 이치인 땅속 깊은 곳에서 솟구쳐 올라온 생기와 천상에서 하림하는 천기 기운이 맞닿아 응기가 결집되어 새로운 생기가 결혈된 곳을 배제하고 있는 이야기 수준이다.

수학 공식처럼 만들어 틀에 박힌 이론으로 생기가 맺힌 곳, 즉 혈판이 존재한 곳을 배제하고 무시한 채 패철의 방향에 의존해

서 이용하고 있다. 저자는 참고만 할 뿐이다. 즉 땅 위에 명리를 덮어씌워 디자인한 것으로 보면 타당하다.

산과 땅 들판은 굽이굽이 한 모퉁이 돌때마다 다르고 한 자(약 30cm) 사이 논두렁 높이도 다른데, 무턱대고 수학공식처럼 대입하는 것은 어리석고 위험천만한 자태다.

우리나라에 그대로 영향을 받아드려 기본 서적처럼 통용되고 있는 것이 안타깝다. 우리 땅에 맞는 양택 풍수이론이 필요하다.

참고로 시중의 오행 풍수서적은 단독주택을 기준으로 방위와 오행론을 합쳐 만들어진 풍수론으로 관념적 이론이다.

거대한 타워·빌딩·상업용 건물·아파트·빌라·고층건물 등은 오행 풍수이론에서 따로 분리해 해석해야 옳다고 본다.

그 이유는 터의 입지적 조건과 땅의 주어진 여건이 상업적·경제적·금융적·편리성·접근성·근접성·수익성 등 풍수학을 배제한 채, 현대 건축기법에 따라 설계하고 건물을 축조했다.

저자의 천목기법에 준용해보면 너무 다르다. 그런데 건설회사 사장님 저택은 고액의 유명한 지관을 모셔가다 집을 짓고 산다.

좋은 터 위 건물에 생기기운이 모인다

1960~2000년 이전까지 방송신문에 수맥파를 막기 위해 건물 바닥에 동판을 설치하면 막을 수 있다는 내용이 방송이나 신문 기사를 흔하게 접할 수 있었다.

하지만 과학의 발달로 동판을 설치해놓고 과학장비로 측정한 결과 동판이 수맥파를 막지 못한 결과가 발표됐다(중성미자설).

아파트 몇 층이 좋은가?

집을 매입하려고 한다. 좋은 집을 골라달라는 의뢰를 받고 현장에 가면 종종 아파트 몇 층이 좋으냐는 질문을 많이 받는다.

땅에서 붙어 있는 단독이 좋다. 1층 좋다. 5~7층이 좋다. 조망권이 있는 상층이 좋다. 새가 날아다니는 선까지 땅의 기운을 받을 수 있다고 각자의 의견을 내놓는다. 딱 몇 층이 좋은 층이라고 정답은 없다.

그렇다고 틀렸다라고 말할 수 없다. 분수대의 물줄기가 높고 낮듯이 생기기운이 솟구치는 힘은 강하고 약하고 온화하고 아늑하고 부드럽고 억세기 때문이다. 지형에 따라 생기기운이 없거나 미약한 터가 존재한다. 건물에 생활하는 인간에게 좋고 나쁜 기운이 존재한 땅의 위치에 따라 군데군데 다 다르다.

땅에서 솟구치는 생기기운의 강약에 따라 높고 낮고 힘에 부치면 지맥은 좌우로 불규칙하게 휘어진다. 분수대 물줄기와 같다고 할 수 있다.

원인은 인간은 젊음의 세월에는 패기가 넘치고 건강을 지키지만, 세월에 장사 없듯이 늙으면 에너지가 고갈되어 세상을 떠나고, 나무도 성장하면서 멀쩡한 큰 나뭇가지가 죽거나 통째로 죽어버린다.

이처럼 땅에도 지각변동이 일어나 땅의 기운이 쇠해져 건물을 받치고 있는 혈판(지질구조층)이 지진·지각변동·풍화작용 등의 원인으로 금이 가고 무너지고 뒤틀리고, 내려앉아 그동안 땅속 깊은 곳으로부터 공급되어 오던 인체에 이로운 생기기운의 힘이 떨어져 정상적으로 받지 못하게 되면 면역성이 떨어져 낙이 없다는 말로 바뀐다.

젊은 시절은 왕성한 세포생성에 힘입어 버틸 수 있지만 나이 50세 정도에 인접하면 점점 기가 빠져 늙어가는 세포와 에너지를 보충하기 쉽지 않다. 이때 잘못하면 잡티기운에 휩쓸리면 나쁜 기운을 방어할 기운이 모자라 병이 몸에 침입한다.

이런 병들어 가는 터는 하루빨리 다른 곳으로 피하거나 이사를 하는 것이 최상책이다.

진짜 복채가 아까운 돈인가?

저자는 일반 사람이 할 수 없는 천목법으로 사물을 꿰뚫어보는 예지력(叡智力)과 감지력(感知力), 통찰력(通察力)으로 풍수학과 관상학, 사상의학에 응용한다.

어느 날 어떤 분을 보면 갑자기 몸에 탈이 났거나 집안에 우환이 난 것을 예지하고, 산소에 탈이 났거나 이사를 잘못 들어가 그 집의 생기기운과 호환을 이루지 못해 가족들이 고생을 같이 하고 있는 모습이 선명하게 얼굴에 그려진 모습을 읽을 수 있다. 즉 얼굴 속에 답이 보일 경우가 많다.

몸에 병들어가는 것을 사전에 예방할 수 있는 비책을 전하려고 하면, 복채(출장비와 상담료)가 아까워서 꺼려한다. 무시하고 버티다가 결국 병원에 가서 각종검사와 수술비 병원비는 아깝지 않게 몇 천만원 탕진하고 면역성이 떨어져 병이 침입하고, 이에 따른 병원 신세를 지게 되며, 완치가 되지 못한 채 집으로 돌아와서 다시 지병에 시달리면서 골골하는 사람이 되고 만다. 돈 잃고 건강 잃고 기진맥진한 채 다시 저자를 찾아온다.

사전에 피할 수 있는 비책을 거부한다. 미신, 무시, 돈이 아까워서, 아니면 믿지 못할 신뢰성이 떨어져서 등 여러 가지 이유가 있을 것이다.

고급 술집에 가서 수백만원치 술 먹고 2~3차 흥청망청 헛돈을 내버리면서 진작 본인과 가족의 건강과 재물을 지키지 못한다. 다가올 우환을 등한시하는 것이 사람이다. 잘못 비치면 미신이란 단어에 휘말릴 수 있어 조심스럽다.

그렇다고 봉사활동(공짜)으로 터를 봐주면 말도 많고 탈도 많다. 형평성을 잃게 되고 가벼운 입방아에 피곤하다. 고마움을 모르는 것이 인간이다.

미신 같은 것 안 믿는다고 한다?

사람들은 자기들의 이념과 상식에서 벗어나면 미신이라고 치부된다. 여기서 '미신'이란 용어를 백화사전에 인용하면 "① 비과학적이고 종교적으로 망령되다고 판단되는 신앙. 또는 그런 신앙을 가지는 것. 점복, 굿, 금기 따위 ② 과학적·합리적 근거가 없는 것을 맹목적으로 믿음. 또는 그런 일. ③ 종교사상에 입각한 현대과학으로 입증하지 못한 설"이라고 기록되어 있다.

즉, 종교를 숭배하는 분들은 함부로 '미신'이란 용어를 인용한 거부감을 표현하는 것은 자기를 욕하는 것으로 본다.

제4장에서 「풍수사상에 입각한 명당의 지질구조와 토질성분 분석에 관한 연구」를 통해 현대과학으로 입증했다.

좋은 터에서 생활해야 돈 벌고 출세한다

사회적 통념적으로 "이사를 잘 들어가야 된다 하더라. 터가 좋은 곳에서 장사를 해야 돈 번다. 목이 좋은 곳에서 장사를 해야 돈 번다"는 말이 있다. 모두 맞는 말이다.

이것은 노력을 전제로 한 것이다. 그렇다고 노력하지 않고 목 좋고 터 좋다고 해서 빈둥대면 망하고 만다.

옛말에 "사주팔자가 좋다는 말에 일 안하고 빈둥대고 놀다가 배가 고파서 감나무 밑에 누워 홍시 떨어지기만 기다렸는데 그 땡감이 떨어지면서 눈을 덮쳐 실명을 했다"는 얘기가 있듯이 투자와 노력을 안 하고 좋은 터란 것만 믿고 놀다가 패가망신한다는 것이다.

건물터의 풍수학적 개념을 30% 중요성을 반영한 것이다. 혹자는 더 높은 비중을 두는 분도 있다.

얼마 전 서울시장이 용산권역 활성화를 발표하자 침체됐던 용산지역 건물 값이 폭등하듯이 정부시책과 자치단체 개발방침에 부동산 값이 폭등하는 것이 현실이다.

물론 정부의 국책에 따라 흥하고 망한 지역도 있다. 한참 돈이 바람에 나 뒹굴던 지역도 고속도로·신대로가 새로 개통되면서 유동인구가 확연히 줄어 폐허가 된 곳도 있다.

가령 서울 중심지를 제외한 지방에 옛 시절 잘나가던 중심상권지역은 이해관계 당사자들의 과분한 욕심과 고집 때문에 지방자치단체와 갈등과 이런저런 난제에 부딪치면서 지역개발이 배제되고, 개발이 쉬운 외곽으로 편중되면서 한복판은 낙후된 곳이 빈번하다. 이와 같이 정부국책 사업과 지방자치단체 개발계획에 따라 흥망의 희비가 엇갈린다.

또한 지하철 역세권을 중심으로 상권이 변한 게 30년 전후다. 토지와 건물 값은 엄청난 변화를 가져왔다. 또한 123층 타워, 63빌딩 등 거대 고층대형 건물 등이 신축됨에 따라 주변 상권도 변화하는 것이 현실이다. 물론 역세권이라고 해서 무조건 돈 버는 것은 아니다.

그런데 사업이 잘되고, 돈이 모이고, 부자가 되고, 건강한 사람으로 살려면 건물을 지을 때 지맥이 모이고 뭉친 곳에 따라 융통성 있게 탄력적으로 설계도면을 잘 설계해야 한다.

저자는 건물을 신축하려고 집터를 봐달라는 의뢰를 받고 현장에 나가면 저자가 창출한 천목론에 중점을 두고 건물 신축부지에 여러 가지 묘책을 시뮬레이션을 한다.

① 신축건물 용도에 따라 구상한다.

전원주택 및 단독주택, 아파트, 빌라, 상가, 빌딩, 학교, 종교 부지 등에 따라 달라진다.

② 지표면에 펼쳐진 색채조화가 잘 이루어져 뭉친 불빛이 솟구치는 곳을 찾는다.

단 몇 개만의 혈판이 있는 곳과 크다라케 하나만 혈판이 있는 곳, 작은 혈판이 포도송이처럼 모여 있는 곳, 한쪽으로 편중되어 있는 곳 혈판이 한 개도 존재하지 못한 곳도 종종 볼 수 있다.

③ 지맥이 뭉친 곳, 혈판의 크기와 대중소의 상태를 파악한다.

④ 수성페인트, 막대기를 이용한 실제 크기의 혈심을 그려 파악한다.

지표면에 혈판 전체 지맥도 작성

혈심을 중심으로 좌우로 감싼 기운의 실제 크기와 동일한 모습

줄자를 이용해 거리 간격을 1/ 1000 ~ 1/5000로 축소 혈판 평면도를 그린다.

자표면에 수성페인트 혈심 표기

지표면에 혈심 크기의 지맥도

실험 노트(완성 지맥도)

먼저 건축주, 건축설계사와 협의한다.

그 다음 지맥도에 표기된 분포에 따라 평면도를 표기하고, 건축 평면도 가설계 도면 작업을 시행한다.

양택의 암적인 존재안 잡티를 설계도면에 반영토록 권고한다.

만약 잡티가 존재한다면 어떻게 할까?

주택·아파트 등에 잡티가 존재하면 가급적 정원이나 마당으로 사용하도록 설계변경을 권유하고, 여의치 않을 경우 다용도실·드레스룸·베란다·창고·화장실에 설계도면 배치를 표기한다.

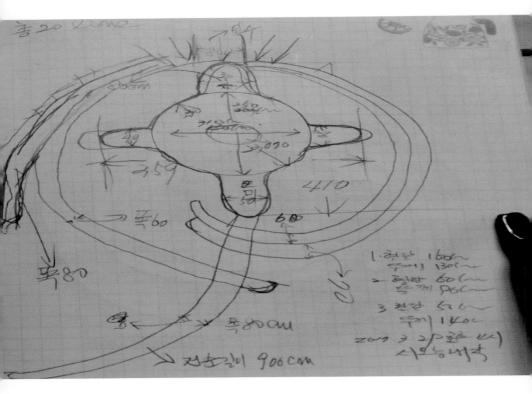

　식당가에 잡티가 있으면 외벽 한쪽으로 잡티가 존재하도록 하고, 비즈니스 상업용 · 업무용 빌딩은 배수시설 · 창고 · 주차장 등이 설계되도록 한다.

　특히 주의해야 할 것은 엘리베이터 공간에는 절대 잡티가 존재하지 않도록 유념해야 한다. 이유는 손님의 마음을 편안하게 하기 위해서이다.

　공장부지에 잡티가 있는 경우 마당이나 주차장이 설계되도록 하고, 부득이 건물 공장내부에 남을 경우 창고 · 비품보관실 · 탕비실 · 라커룸 등을 설계하도록 조언한다.

　특히 고가 전자 기계는 원인 모를 고장이 잦아 피해야 할 터다.

종교부지에 잡터가 있는 곳은 신도들이 앉기를 꺼려하고, 정신이 혼란스럽고 짜증을 유발하는 곳으로 신도간에 다툼을 유발하는 심리가 상충할 수 있어 피하도록 설계해야 한다.

기운이 모이는 응기(應氣) 혈(穴)터를 찾아야 하는가 ?

이 책의 머리말에서 소개한 바와 같이 저자는 부모님이 물려주신 몸에 특별한 신비의 기술이 숨어 있다는 사실, 물론 그것은 나만의 힘에 의한 것이 아니다.

일반인의 눈으로 볼 수 없는 땅의 가장자리 지표면에서 연출되는 '빛의 조화현상'을 보는 특수감각의 눈을 부모님이 주신 것이다. 더욱이 전생의 기운을 품어 그 뜻을 눈으로 빛의 색채를 볼 수 있는 능력을 주셨다.

특별한 눈은 하늘의 뜻을 품은 '송과체 일치'라고 의학에서 부른다. 이른바 필자는 '제3의 눈'을 가지고 있다. 이런 특수시야를 가진 기감풍수 동호인들과 가끔 만나는데 칼라색채 눈을 가진 사람은 저자뿐이고, 풍수와 상관없는 어린 학생 1명이 더 있다.

1. 주택·아파트 터

옛말에 "사람 집에 사람이 붐벼야 한다"는 말이 있듯이 사람이 모이는 집, 한번 더 가보고 싶은 멋진 집에 딱 맞는 말이다.

저자가 이런 집을 수많이 감정을 해봤더니 공통점이 있었다. 분명히 그 집 현관, 거실, 안방, 주방에 크고 작은 혈을 맺고 있었다. 아늑하고 편안한 곳에 자석에 끌려가듯 자동적으로 엉덩이를 내리는 곳이 정해져 있었다.

즉 혈이 모인 가장자리다. 이곳을 가르쳐주지 않아도 저자는 금방 찾아낸다. 눈으로 아름다운 색채를 이룬 빛이 모여 있는 곳을 볼 수 있기에 가능한 일이다.

거실·안방·부엌 중심부 가장자리에 혈이 맺힌 자리가 골고루 분포된 집은 아늑하고 평온하여 기운이 집중되기 거부장상(巨富長上)을 배출하게 된다.

거실에 혈이 크게 맺으면 가족의 화합·평온·평안·안녕을 이루게 된다. 안방 침실에 혈이 크게 맺으면 좋은 건강한 몸으로 아름다움을 느껴 부부금슬이 좋아진다. 잉꼬부부가 되어 서로를 이해하고 양보하며 배려하는 심리가 채워져 화목한 가정을 이루고 행복한 삶을 영위할 것이다.

부엌에 혈이 크게 맺으면 신선한 음식재료를 유지할 수 있고, 맛있는 음식을 먹을 수 있어 가족의 건강을 지키게 된다.

서재에 혈이 크게 맺으면 편안하고 안정적인 심리 속에 창의력 집중력·구상력·기획력이 배가되어 사업 구상에 큰 밑그림을 그릴 수 있다.

자녀들 공부방 책상에 혈이 크게 맺히면 집중력과 지구력의 기운이 공부에 많은 도움을 준다.

생기기운이 모이는 집은 차 한 잔 안 줘도 사람이 모인다. 생기기운이 모자라거나 생기가 없는 집은 들어가면 어딘가 모르게 썰렁한 분위기 감돌아 먹을 것이 많아도 사람의 왕래가 없어지는 경우라 할 수 있다.

아파트를 분양받아 입주할 경우 행운이 따르면 생기 기운이 감도는 좋은 집에 삶을 누릴 수 있고, 행운이 따르지 못한 경우 팔거나 전월세 놓고 다른 곳으로 이사를 한다.

2. 상가 터

사람을 북적북적 끌어모으는 특급 생기기운이 맺힌 터가 있는 곳에 상권이 형성된다.

자동차 전시장, 전자제품 전시장과 매장·약국 등은 도로변이 좋다. 음식점 식당가는 건물 가장자리에 엘리베이터와 에스컬레이터의 인근이 좋다.

3. 식당가 터

주차가 가능한 곳을 우선으로 한다.

식당의 3대 요소는 홀, 주방, 카운터로 3곳에 혈이 맺힌 곳이 있어야 한다.

홀은 손님을 안내하고, 주방은 음식 맛을 일정하게 하고, 카운터는 손님을 안내와 재무를 담당하는 곳으로 아주 중요한 터다.

아늑하고 편안한 터는 사장과 종업원 간의 소통이 이루어지고 화목한 가족분위기와 주인의식을 조성하게 됨으로써 일정한 음식 맛을 유지하게 된다.

손님을 편안하게 모시는 홀 담당 종업원은 편안하게 손님을 배려하고 손님이 다시 찾을 수 있게 분위기 조성이 이루어진다.

혈이 맺힌 곳이 없는 음식점은 편안하고 아늑한 분위기를 조성하지 못해 뭔가 모르는 썰렁하고 어색하고 서먹서먹한 분위기가 직원들 얼굴에 묻어나 화목하지 못한 분위기가 손님에게 비춰짐으로써 결국은 음식점을 접어야 한다. 즉 망하고 만다.

이와 같이 음식점에도 터의 중요성이 상당부분을 차지한다. 저자가 직장 생활할 때 맛있는 밥맛에 반해서 동료들과 10여km까지 점심을 먹으려 종종 갔었다. 그런데 줄서서 번호표 순서에 따라 기다렸다 먹고 온다.

4. 종합청사, 대기업 사옥, 비즈니스 상업용 건물 등

건물 벽에 생기기운이 응기된 모습은 지표면에 그려진 지기와 천기가 융합된 모습과 확연히 다르다.

서울 중구·종로구는 청와대, 종합청사, 서울시청, 언론사, 금융기관, 대형호텔과 대기업 본사들이 집중되어 있다.

이곳 대형건물은 최근에 새롭게 현대식 건물로 지어져 양택 공부하기가 좋은 곳이다. 외부에서 건물 외벽에 지맥이 타고 오르는 모습은 단면도와 같은 것으로 보는 것이 타당하다.

건물 내부에 들어가서 지맥(생기)이 맺힌 모습은 꽃 모양을 수놓은 것처럼 수려하고 화려한 우주 쇼를 연출한 것처럼 맺힌 곳도 볼 수 있다.

대형 타워·관공서 건물·대형 건물 등은 저자의 눈에 보이는 천목기법(빛의 색채조화가 맺힌 곳을 보는 법)으로 건물 하나하나마다 솟구쳐 오른 지맥이 건물 벽 군데군데 여러 가지 모양과 형태로 수놓아 디자인한 모습을 눈으로 감상하고 볼 수 있다.

수놓인 모습은 땅속에서 솟구치는 지기기운이 천상에서 하림하는 기운이 응기(應氣)되어 맺힌 곳으로 보인다. 양택 공부를 하려 자주 가는 곳이다.

① 박덩굴이 벽을 타고 오르다가 군데군데 융기된 빛의 모습은 마치 금박으로 싼 복주머니가 달린 듯 흡사하다.

② 칡줄기가 나뭇가지처럼 뻗어나가 마디마디에 빛을 맺고, 다시 여러 갈래로 뻗어나가는 연출은 겨울에 나뭇가지에 매달린 꼬마전구와 같이 반짝이며 여러 빛을 낸다.

③ 조롱박 덩굴이 벽에 붙어 타고 올라 중간에 열매를 맺는 형상을, 그 빛의 색채는 청옥이 매달린 듯하다.

④ 거대한 용이 몸을 꼬고 뒤틀며 치솟아 용틀임하는 용체(龍體)의 화려한 비늘이 달빛에 반사되어 번쩍이듯 맺는다.

⑤ 건물 군데군데 대왕조개, 꽃송이, 거북, 징, 장고, 사슴, 거북 등의 아름다운 빛이 맺힌 듯한 연출을 하기도 한다.

⑥ 지맥이 건물을 횡단하는 모습은 플라스마(번개 칠 때 스파크 빛줄기) 현상과 비슷하게 보일 때도 있다.

5. 공장

연구실, 전시실, 상담실, 고가 전자기계 등의 터에 큰 결혈지(結穴地)가 있어야 대박난다.

연구실은 신상품을 개발하는 곳으로 창작력·사고력·추진력·단합력 등을 기반으로 연구원들의 집중력이 신상품 아이디어를 창출하는 곳으로 아주 중요한 부서다.

전시실은 바이어나 고객들에게 상품을 전시하는 곳으로 회사 브랜드를 소개하는 곳으로 중요하다.

상담실은 바이어와 계약을 맺는 장소로 마음을 움직이는 기운이 중요하다.

그리고 고가 전자기계는 원인 모를 고장이 잦은 곳이 있다. 대부분 고가 수입기계로 한번 고장이 나면 서비스를 금방 고치기 어렵고 비용이 많이 든다. 회사에 생산성이 떨어져 납품기일을 맞추는 데 어려움이 많다. 이런 터는 주로 잡티(대기장력·유해파·지전류·수맥파) 위에 기계를 설치한 것으로 확인됐다.

6. 종교부지

사찰·교회의 터가 좋지 못하면 종교지도자와 신도, 신도와 신도간의 불화와 잡음이 잦고 결국은 갈등이 장기화되어 망하고 만다. 즉 신도들이 오지 않는 텅 빈 곳을 현장에서 접하게 된다.

PART 2

이런 곳이 명당이다

제2장 이런 곳이 명당이다

1. 명당의 요건과 형성 과정

명당은 법도에 맞는 자리에 혈로 요건과 풍격을 갖추어야 한다. 즉 천장지비(天藏地秘)를 품고 있어야 한다.

산맥의 줄기가 이어질 듯 끊어질 듯하면서 지각이 주산의 주맥을 지탱해 주는 팔과 다리 같이 많이 버텨 주고 호위하면서 내려와 과협(過峽)이 뚜렷하게 형성되어 명당을 형성하는 요건을 갖추어야 한다.

산이 일기일복과 지현(之玄)을 반복하면서 안장사(安藏砂), 어사대(魚砂袋), 궁체(弓體), 삼태봉(三台峰)을 만들고 천을(天乙)·태을(太乙)의 양쪽 산을 좌우로 끼고 있어야 한다.

안산을 혈처에 조응하는 조산들이 겹겹이 에워싸고 수구는 일월한문(日月捍門)이 대치하고, 물 가운데는 북신사(北辰砂)들이 물길을 막고, 천리산천(千里山川)에서 혈처로 지기의 지맥을 보내는 국세로 화려하고 장엄한 대국(大國)에는 군왕지지(君王之地) 같은 대길지(大吉地)가 형성된다.

밝고 빛나는 토질과 힘찬 내맥(來脈)이 입수처(入首處)에서 부드럽고 예쁜 터에 혈처를 맺고, 넓고 넓은 하나의 산봉우리에 여러 면에서 기가 모여지고, 용이 은맥(銀脈)으로 숨어서 혈처를 맺으면서 명당이 만들어진다. 이는 천장지비(天藏地秘) 괴혈(怪穴)이고, 장수와 재상이 태어날 터로 거룩하고 상서로운 명당이다.

용이 굳게 내려와서 횡(橫)을 받아 혈처가 되었을 때는 혈처의 뒤에 붙이는 귀산(貴山)과 그 뒤에서 혈처를 지탱하고 보호해주는 낙산(落山)이 있어야 한다. 용과 혈은 참되고 적확(的確)한 안산이 없으면 귀한 혈처가 못되고 허한 혈처를 면하기 쉽지 않다.

와겸유돌(窩鉗乳突) 중 와겸혈에는 소뿔과 같은 우각(牛角)과 게눈과 같은 해안(蟹眼)의 형이 있어야 한다.

유돌혈에는 매미 날개와 같은 선익(蟬翼)과 새우 수렴과 같은 하수(鰕鬚)가 있어야 하되 없으면 허방이다.

혈판이 본체에 맺고 있어 만월(滿月)에 달무리 같은 훈(暈)이 있어 생기(生氣)를 모아 감싸주는 것이 혈처의 흔적이다. 원훈(圓暈) 또는 훈각(暈角)을 포인트로 기준하여 터를 잡아야 한다.

혈판이 넓고 좁은 것에 상관없고, 혈의 기세(氣勢)가 좋고 그렇지 않은 것에 대한 관점이다. 혈은 혈판이 크다고 기세(氣勢)가 좋은 것이 아니다.

혈처가 넓고 크게 생겼으면 보기에는 좋으나 발복이 늦어질 경우가 많다.

혈은 물이 나가는 파구에 겹겹이 감싸 있고 웅장하고 다정한 모습과 주혈을 보호하는 제성(帝城)과 같아야 한다. 물 가운데 우뚝 솟은 바위를 북신(北辰)이라는데 이와 같은 모습을 갖추어야 한다.

안산과 용호는 지맥이 밖으로 빠져 나가지 못하도록 하고, 외부에서 침입하는 바람을 감추어 주는 역할을 한다.

혈처는 지표면에 나타나는 형상에 의하여 혈토가 존재하는지 확인하고 혈토는 자연의 현상으로 오랜 풍화작용에 의해 형성된 것이다.

2. 명당의 크기와 형세

　명당의 넓이는 용혈의 크기, 조화, 균형이 맞아야 한다. 용혈에 비해 명당이 지나치게 넓거나 좁으면 안 좋다.

　명당이 용혈에 비해 지나치게 넓으면 바람을 가두지 못할 뿐만 아니라 양기(陽氣)가 너무 강해 음양 조화와 균형이 이루어지지 않는다. 반대로 명당이 너무 좁으면 양기가 부족하여 지중의 음기 용혈의 부실을 초래한다.

　명당의 크기에 따라 좌우상하의 균형이 맞아야 가장자리에 생기가 융합할 수 있다. 좋은 명당이더라도 한쪽이 넓거나 좁고, 상하가 길거나 짧고, 움푹 파이거나 한쪽이 기울면 부실한 명당이다.

　내명당의 넓이는 내청룡·내백호가 촘촘하게 감싸주는 범위에서 그 내부가 평탄하고 원만해 용과 물이 서로 음기와 양기의 혈이 교감하는 데 지장만 없을 정도이면 좋다.

　외명당의 넓이는 천군만마(千軍萬馬)를 수용할 만큼 넓어야 한다지만 용혈과 균형이 조화를 알맞게 이뤄야 한다. 천리래용(千里來龍)에는 천리(千里)의 기상에 맞아야 하며, 아담한 작은 용은 명당도 걸맞아야 한다. 용의 국세(局勢)는 생각하지 않고 넓은 명당만 탐하면 혈의 부실은 물론 진혈처(眞穴處)가 아닐 수 있다.

　명당은 항상 평탄(平坦)하고 원만(圓滿)해야 한다. 만약 넘어지는 것처럼 기울어 있으면 바람과 물이 맞대어 융합되지 못하고 비켜 지나가 생기를 보존하지 못하고 흩어진다.

　또 명당이 움푹 파여 가라앉거나 주변에 거친 흉석이나 험난한 언덕·계곡이 많으면 바람과 물이 광란하고 흉폭해 제대로 용혈(龍穴)과 음양교합이 불가능해 혈을 결지할 수 없다.

명당의 발복은 수관재물(水管財物), 즉 재물을 관장하는 물이 모이는 곳으로 대개 부(富)를 관장한다. 혈이 낮고 명당이 가까우면 금시발복(今時發福·速發)하고, 혈이 높고 명당이 멀면 늦거나 점차 발복하는 것이 원칙이다.

또 명당으로 귀(貴)도 보는데 명당이 좁으면 사람의 기량이 좁아 어리석다. 명당이 황폐하여 거칠고 쓸쓸하게 보이거나 메마르면 어이없고 허무한 땅이다. 명당의 균형과 조화가 알맞고 유정해야 사회적 지위가 높고 귀한 사람이 나온다.

3. 좋은 명당

명당의 모양은 지형지세에 따라 수없이 많이 있으나 크게 길격·흉격으로 나누어 설명한다.

길격(吉格)은 교쇄 명당, 주밀 명당, 요포 명당, 융취 명당, 평탄 명당, 조진 명당, 광취 명당, 관창 명당, 대회 명당이다.

교쇄명당(交鎖明堂)

명당의 좌우의 산이 광주리, 채반지 테두리, 기어의 톱니바퀴 같은 모양으로 서로 잘 교차하면서 에워싸고 있는 명당이다.

이 명당은 양쪽의 산줄기가 서로 엇갈리게 막는 것으로 혈을 중첩으로 감싸준다.

이는 장풍(藏風)에도 좋을 뿐만 아니라 명당에 취수(聚水)되는 물이나 파구되는 물이 설기(洩氣)되지 않는다. 명당 중에서 최상격(最上格)으로 큰 부자와 큰 인물이 나오는 명당이다.

＊ 남연군 묘의 봉분을 중심으로 내백호 자락 암석이 좌우로 서로 엇갈리게 교차하면서 혈을 중첩적으로 잘 감싸주고 있다.

주밀명당(周密明堂)

명당 주위의 산들이 담장을 두른 것처럼 빈 곳이 없는 것을 말한다. 청룡, 백호, 안산을 비롯한 혈 주변의 모든 산이 낮거나 요함(凹陷)한 곳이 전혀 없이 중첩으로 감싸주는 형세다.

명당이 주밀하면 보국(保局) 안의 기가 설기(洩氣)되지 않으며 생기의 취결(聚結)이 용이해 양명한 혈을 결지할 수 있다. 또한 장풍에도 좋은 것으로 대단히 길하다.

요포명당(橈抱明堂)

전후좌우에서 나온 산이 혈을 중심으로 활처럼 둘러싸주니 명당 역시 수성(水城)처럼 혈을 둘러 감싸 주는 곳을 말한다. 내당(內堂) 요포는 부귀가 속발하고, 외당(外堂) 요포는 부귀가 팽팽하게 벌어진 어깨가 부드럽게 C자 모양으로 잘 휘어져 균형이 잘 잡힌 모습이다.

청룡 자락이 고래 등처럼 뻗어 내려오다 청룡 안산을 취한다. 안산이 무려 200m 정도 길게 일자문성(一字文城)을 이룬다. 백호 자락은 팔을 길게 뻗어 팔소매하고 있는 용호 형국이 마치 활을 쏘기 위해 힘차게 견양한다. 청룡·백호 끝자락이 서로 스치고 지나가 지현(之玄)을 그려놓은 듯 명당을 이룬다.

래룡 입수는 거북이가 목을 길게 내밀고 있는 형국으로 영의정 심희수의 선조 묏자리는 중혈급 혈판 위에 안장되어 아래로 내려오면서 후손들은 막강한 권력의 힘을 과시했다. 당시 지관의 영력 그릇의 한계에 따라 품자(品字) 제혈을 해놓은 모습을 볼 수 있다.

그 다음 제당 아래에 끝자락 둔덕 아래는 심희수의 할아버지

(좌찬성 沈逢源; 고양시 덕양구 원흥동 산66-2), 그 아래 심희수의 아버지(沈建), 중간 백호 자락에 심희수를 과거에 합격시킨 첩 기생 일타홍과 심희수 묘 입수 전 극히 찾기 어려운 희귀한 승금 (乘金)은 십자(十字) 맥을 경유해 혈판에 안장되어 있다.

＊ 청송 심씨 묘역(심희수) : 고양시 덕양구 원흥동 406-1

융취명당(融聚明堂)

3면이 물로 둘러싸인 곳을 융취명당이라고 한다. 재물·돈이 모이는 물이 손바닥 가운데 같으면 돈을 쌓아 둘 곳이 없을 정도로 좋은 명당이다. 또한 물이 국세 한가운데나 솥 밑바닥 같으면 재물이 쌓여 부자가 되는 명당이다.

명당이 호수 가운데 섬처럼 명당이 형성된 것을 수취천심(水聚天心)이라 부르고, 이것은 대단히 귀한 것으로 부귀(富貴)를 다 한다.

＊ 인공호수가 형성되면서 자연적으로 섬이 만들어지고 명당이 이루어지는 곳도 있다.

평탄명당(平坦明堂)

명당의 높낮이 차이가 없이 균등하여 물이 흘러가는 것을 느끼지 못할 정도로 평평한 명당을 말한다. 마치 바르게 놓인 그릇 속의 물과 같으며 개창명당(開暢明堂)이라고도 한다.

용진혈적지(龍眞穴的地)에 평탄명당이면 재물이 쌓이고 재상 (宰相)이 나온다고 할 만큼 최상급 명당이다.

조진명당(朝進明堂)

마른내와 같이 우천 시만 조산의 물로 넘쳐난 들판의 물이 혈 앞에 들어오는 것을 말한다. 명당이 넓은 경사지가 혈 쪽으로 기울어진 것이다.

물길이 뚜렷하게 혈을 향해 마주보면 안 되고, 평소에는 보이지 않아 비올 때만 흘러들어야 한다.

조진(朝進)이란 앞에서 물이 들어온다는 뜻이다. 원조입혈(遠朝入穴)이면 재록(財祿)이 속발하여 거부(巨富)가 되고 장관급 이상 고위관료가 나오는 대혈명당(大穴明堂)이다.

특히 아침에 가난했던 자도 저녁에 보면 대부(大富)가 될 수 있다는 명당이다.

또한 혈 앞 명당이 평평한 논으로 되어 있고 여기에 물이 가득 고여 출렁이면 고을에서 으뜸가는 거부가 된다고 했다.

광취명당(廣聚明堂)

여러 산과 계곡에서 나오는 물이 모두 혈 앞 명당에 다정하게 모이는 것을 말한다. 물은 수관재물(水管財物)로서 재물을 관장한다.

사방에서 재물이 모여드니 큰 거부가 되는 지극히 길한 명당이다. 사방의 모든 물이 명당에 모인다는 것은 모든 산이 취결(聚結)한다는 뜻이다.

산과 물이 모두 혈전(穴前) 명당에 모여 기(氣)가 가득 채워 거상이 난다.

 * 충북 진천군 보탑사 : 충청북도 진천군 진천읍 연곡리 483
   (광취명당＋교쇄명당)

4. 명당 발복(明堂發福)

명당에서 산이 열려 천기를 얻는 것을 명(明)이라고 불렀고, 물을 얻는 것을 당(當)이라고 했다. 즉 천기와 물이 조화를 이루어낸 터를 명당이라고 부른다.

내 명당이 아담하고 알찬 명당은 속발하고, 속발은 주로 재산과 돈이 모이게 한다. 명당이 크고 넓으면 발복이 더디게 지연 발복해 출세와 권세를 누릴 수 있고, 차관급 이상 고위공직자나 재계에 대그룹 총수가 나는 명당 터이다.

※ 필자가 대한민국 대통령을 지낸 분이 향후 묏자리로 쓰면 대길할 명당을 둘러보고 있다.

입수와 좌향

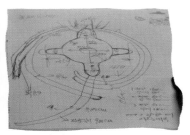
산진처 명당 지맥도

■ 시목자혈(示木子穴)

시목자혈(示木子穴)

　이 명당은 남덕유산(1507m)의 능선이 굽이굽이 내려와 옛 정
승들이 쓴 관모·관모사(冠帽沙) 또는 창고처럼 사각형이나 둥글
고 오목하게 생기가 모인 창고사(倉庫沙)는 관직과 재물의 기운
이 가득 찬 안산이 산진처 혈처를 주시하고, 백호 능선의 왕성한
생기 기운을 품은 월봉산(1281m) 주능선을 타고 내려와 혈판에
중심을 잡고 다른 곳에서 생기 기운을 맞이한다.

금원산(1352m)의 강건한 주능선 래룡은 골프장 한가운데를
경유하여 손방(巽方; 남동방향)에서 거대한 용이 용틀임하면서
쉬었다가 마을을 둔덕을 가로질러 명당에 합류한다.

　청용능선 거망산(1184m) 고산의 지류를 타고 내려온 지맥
은 고목 보호수 느티나무 방석에 잠시 멈추었다가 마을 뒤를
선회하여 산진처 두꺼비 혈 명당의 혈심을 이루는 대명당으로
6개 혈이 시자(示子)·목자(木子) 모양을 형성해 양택·음택
이 모두 가능한 터이다.

　또한 고인의 묘를 중심으로 시자(示子) 모형으로 5개의 크고
작은 혈을 맺고 있어 부모 묘를 중심으로 5형제 자손들이 훗날
묻힐 가족묘지로 최상급지이다.

　안산을 바라본 명당은 회룡고조혈이 된다. 회룡고조혈을 품으
면 가난한 선비가 명문가로 발돋움하는 지름길로 고산 결혈은
인물로 보고, 평지 결혈은 재물을 얻는 것이다. 이곳 혈처 명당
은 후손이 재물과 벼슬을 겸비한 인물이 집안을 빛나게 할 터다.

■ 품자제혈(品子制穴)

품자제혈(品子制穴)

5송이 덩굴장미 꽃이 몽글몽글 피어 있는 진혈을 맺고 있는 품자제혈은 예쁘게 예술적 예의를 갖춘 묘지이고, 돈이 많은 터로 거부(巨富)와 인재를 배출하는 명당이다. 입수에는 대왕 두꺼비와 흡사한 바위가 터를 잡고 있는데, 두꺼비가 엎드려 명당을 견주어 보는 것처럼 보이는 명당의 길조이다.

　래용은 뒷발 낙산(落山) 남덕유산 능선을 용맥을 타고 내려온 할미봉 허리에서 지기(地氣)와 우주의 천기(天氣)가 융기(融氣)되어 잠시 숨고르기 하고, 촘촘한 바위 능선 지느러미는 용의 중심과 어깨 기운을 충만시킨다.

　양쪽 앞 지느러미 귀산(鬼山)은 용의 앞발에 기운을 받은 산 능선은 이리저리 좌우지현(左右之玄)하고 높았다 낮았다 상하고저(上下高低) 생기가 왕성한 용맥은 산진처 명당에 비룡입수(飛龍入首)한 혈은 4개의 봉황 알이 혈을 이루고 있다.

　마치 야산에 박덩굴이 뻗어나가다가 군데군데 박이 달린 모습과 흡사해서 박산포지혈(朴山匏地穴)이라고 한다.

　한 곳을 비운 채 혈판이 가장 큰 명당은 지표면으로부터 1.7m 아래에 흙돌이나 흙도 아닌 비석비토(非石非土)의 거대 혈판이 가로 2m와 세로 2.5m의 직사각형 모양으로 형성되어 있다.

　혈판 위에 그려진 음각과 양각의 나문 흔적은 체크빗살무늬 빗살 나문혈판(羅紋穴板)은 깔끔하고 화려하게 그려진 금맥을 단면한 눈부신 혈판 모습이다. 이 나문은 연꽃 속 꽃수술과 같이 노르끄레한 꽃수술에 털이 나오고 여기에 살짝 비취색 테두리가 감돌고, 은은한 방유를 염문케 하고, 오동통하게 살찐 꽃잎이 드리운 것처럼 부처님 입술을 많이 닮아 평온하기 그지없다.

　청룡 방향으로 비스듬히 바로 아래 약간 적은 혈처 2곳을 자연의 조화에 따라 잘 어울린 모습의 품자제혈(品子制穴)을 했다.

　우측 능선 외백호 자락은 백두대간 허리 육십십령 고개 마루를 지나 지리산으로 향하고, 여기서 중간의 한 큰 가지 산 능선이 활대처럼 휘어져 들어온 튼튼한 내백호 능선은 안쪽으로 비스듬히 선회하여 명당 앞 용천수 앞에서 고개 숙여 멈춘다.

현무 할미봉에서 왼쪽으로 굽이굽이 힘차게 뻗는 외백호는 황석산과 금원산으로 뻗어 휘감아 명당의 울타리 대맥의 능선을 형성하고, 능선 중간 할미봉에서 내려온 백호 큰 줄기 능선은 휘감아 안 듯이 명당 용진처 앞의 용천수를 포옹한다.

양쪽 산에서 내려온 물줄기는 명당 앞 용천수의 웅덩이를 손 안에 살며시 품듯 합수한 다음 현(玄)자 모습으로 구불구불 왼쪽으로 비스듬히 남동 방향으로 나간다.

안산은 용머리가 산진처와 마주하고, 당의 입술 모양을 한 전순(前脣)은 거대한 용이 얼굴을 길게 내밀어 용천수(샘물)에 입을 담그고 물을 먹는 것과 흡사하다.

용진처 명당은 용의 가슴에 해당하는 명당터이다. 그 양쪽의 산 능선은 용 두 마리가 8자 형상을 그리며 꿈틀거리고 있다.

그 입에 물리는 여의주는 온통 새빨간 색 속에서 유난히 도드라져 보이는 여의주, 그것은 황금색 기운의 색채 조화를 이룬다. 빨간색과 황금색은 서로를 돋보이게 하며 현란한 조화는 재산이 많은 관료를 배출하는 거부장상(巨富長上) 명당이다.

■ 공작포란혈(孔雀抱卵穴)

공작포란혈(孔雀抱卵穴)

명당 앞에 물이 나가는 파구(波丘) 주변의 모습은 호수 주변을 중심으로 관념상 수컷 공작처럼 화려한 자태를 뽐내면서 암컷을 유인하여 알을 품는 공작포란혈(孔雀抱卵穴)이다. 고위 관료와 재물이 모이는 명당이다.

즉 명당 앞에 저수지가 있다. 풍수 용어로 조진(朝進) 명당이라고 하는데 명당 앞에 물이 들어온다는 뜻이다. 재록(財祿)이 속발하여 거부가 되고, 장관급 이상 고위관료가 나오는 대혈명당(大穴明堂)이다.

특히 아침에 가난했던 자도 저녁에 보면 대부가 될 수 있다는 명당이다. 또한 혈 앞에 평평한 저수지에 물이 가득 채워 출렁이면 고을에서 으뜸가는 거부가 된다고 했다.

■ 연태혈(鳶胎穴)

연태혈(鳶胎穴)

이 명당은 낙산인 남덕유산에서 지리산으로 연결되는 산 능선 백두대간 허리 부분의 청룡자락(왼쪽) 능선이다.

마치 지네발처럼 굽어 힘차게 내딛는 지각(산줄기) 끝자락에 명당 산진처에 천혈(天穴)·지혈(地穴) 두 명당이 터를 잡은 곳으로 백제와 신라가 하루가 멀다 하고 영토가 바뀐 옛 지역이다.

전라북도 장수군과 경상남도 함양군의 경계 안쪽에 인접한 곳으로 대명당 두 곳이 있다.

한 곳은 천혈(天穴) 명당으로 북서쪽 직선거리 300m의 방지마을을 둘러싸고 있는 뒷산 논개 묘지에 젖가슴처럼 유두혈(乳頭穴)을 맺고, 다른 한 곳인 인혈(人穴) 명당은 천혈의 왼쪽 청룡자락 발목 부분에 혈을 맺는다.

청룡 자락 어깨의 능선을 타고 힘차게 내려온 용맥은 다시 구불거리며 지현굴곡(之玄屈曲)하고 다시 생기 기운이 충만한 용지느러미 암석을 만들어 힘차게 용틀임한다. 그 다음 용머리를 쳐들었다 내렸다 일기일복(一己一復)을 반복한 용은 생기를 품고 탄력받아 내려온 주능선 양쪽으로 크게 버팀을 하는 앞발은 용맥이 빠져나가지 못하도록 진행 방향을 돕는다.

고개를 살짝 오른쪽 내쪽 선회를 한 턱 밑에 양쪽 지느러미 귀산(鬼山)의 촉수는 용머리 진행 방향을 정하고 생기가 빠져나가지 못하도록 단단하게 충만시킨 능선 정상의 용머리 부분에 있는 아담하게 생긴 샘물은 마치 '용의 눈'과 같다.

이 샘물은 산성에 주둔하던 군사들의 식수원으로 사용했다고 한다. 크기는 둥근 샘물로 지름 5m 정도로 지금도 물이 마르지 않고 식수로 가능하다.

매끄럽게 단장한 용머리는 명당 산진처에 터를 잡는데, 마치 솔개가 양쪽 발 사이에 배가 불룩하게 4개 알을 품은 자궁태(子宮胎) 같은 연태(鳶胎)이다. 즉 솔개 태반 같은 명당이다.

명당의 머리 위인 샘물[水]은 돈을 뜻하고, 몸체인 전(田)은 밭을 의미해 둘을 합하면 답(畓)이 된다.

즉 형이상학적으로 해석하면 알을 품은 솔개가 먹을 것이 넘치는 전답에 앉아 집을 차지하고 있어 돈과 재물의 겹치는 거부(巨富)가 나는 명당이다.

금고축조혈(金庫築造穴)

　밀양시 상동면 도곡리 889번지 송방마을 인근 태광실업 박연
차 회장 발복지 증조부모 묘지이다.
　암반이 묘지 활개 주변을 둘러싼 소반 위 금고축조혈(金庫築造
穴) 32개 생기 지맥이 융취(融聚)된 발복지 명당이다.

　일본 소프트뱅크 그룹 손정의 회장의 발복지로 알려진 곳
이다.

　오른쪽 활대가 호미 날과 같은 안쪽으로 90° 꺾은 안산은 혈처
와 마주하고, 사방팔방에서 부챗살처럼 모인 36개 지맥은 혈심
에 왕성한 기운을 품은 생기 기운이 비트를 단면으로 본 듯 화려
하고 아름다운 기류는 생기 넘치게 순방향으로 순환한다.

접무나문혈(蝶舞羅紋穴)

■ 모란반개혈(牡丹半開穴)

모란반개혈(牡丹半開穴)

　모란꽃이 반쯤 핀 모란반개혈(牡丹半開穴)의 명당이다. 꽃이
뭉글뭉글 반쯤 핀 모란꽃형 명당이다.
　음양 교응(交應)에 모인 생기를 산으로부터 전달받는 통로가
되며, 가두어진 생기 기운은 산의 정기가 빠져 나가지 못하도록
버팀목 역할을 하고, 금전과 출세의 기운을 품고 있는 명당이다.

■ 신령이 담긴 영구망해혈

　제주도 풍수사상은 물보다 바람에 더 비중을 둔다. 풍수사들
이 힘들게 접하는데, 묘지를 안장하려고 땅을 파보면 특유의 돌
과 흙·자갈이 많이 섞여 있는 특수 토질이다.
　이곳은 넓은 야산 평지로 사신사를 구분하기 어렵고, 혈이 맺
힌 곳을 찾는 심혈법(深穴法)의 지삼세(地三勢)는 고산룡세·평강
세·평지세로 분류할 수 있다. 이 중 가장 어려운 평지세법을 대
입해야 정혈을 찾을 수 있다.

하늘에서 하림(下臨)하는 천기와 땅속 깊은 곳에서 솟구치는 지기 기운이 지표면에서 감응할 때 새로운 소명이란 찬란한 은하수 빛이 화려하게 수놓은 우주쇼 광경과 줄기·띠가 어우러진 빛의 색채 조화는 줄지어 휘돌고, 감돌고, 맴돌며 소용돌이친다.

그 찬란한 빛은 헝클어짐이 없이 뒤집히듯 휘돌아 솟구치는 기무(氣舞)는 얼마나 신비스럽고 불가사의한 추상적인 아름다운 빛으로 연출하는 것을 눈으로 볼 수 있다.

이 조화는 자유롭지만 정연한 색채 조화의 모습은 우주세계 오로라 쇼를 연출하듯 영구망해(靈龜望海), 즉 신령스러운 거북이 먼 바다를 바라본다는 뜻이다.

영구망해혈(靈龜望海穴)

산진처는 거북 머리처럼 닮았고, 그 표면이 거북이 등처럼 쩍쩍 갈라진 형국이 자연과 조화를 이루고 있다.

바다를 향해 머리를 쳐들고 있는 모습이 아름답기 그지없다. 머리는 영특한 두뇌(頭腦), 몸통은 밭(재물과 돈)을 해학적으로 풀어보면 명석한 두뇌 기운과 재물의 기운을 부르는 명당이다.

■ 봉황태궁혈(鳳凰胎宮穴)

봉황태궁혈(鳳凰胎宮穴)

이곳의 산진처는 깊은 산중에 꼭꼭 숨겨진 음택지로 봉황(鳳凰)의 둥지같이 둥그렇게 둘러싸인 와혈의 형태를 하고 있다.

산진처에 맺힌 4곳 혈은 마치 '봉황의 뱃속에 4개의 알을 넣고 있는 알집 같은 태궁(胎宮)'과 흡사한 명당으로 혈이 맺힌 모습은 예쁘게 가로 방향으로 놓여 품고 있는 명(皿)자형 천장지비(天藏地秘)이다.

봉황은 상상의 상서로운 새, 닭의 머리, 뱀의 목, 제비의 턱, 거북의 등, 물고기의 꼬리 모양을 하고 몸과 날개 빛은 오색이 찬란하다. 오음의 소리를 내며 수컷을 '봉', 암컷을 '황'이라고 한다.

특이하게 하나의 산진처에 가로형 네 개의 대혈(大穴)은 명(皿)자 모습과 흡사하다. 이 터는 합장(合葬)보다는 한분씩 따로 모시는 독장(獨葬)이 발복에 더 좋은 기운을 품고 있는 명당이다.

명당의 터를 팔 때 특유의 토질과 기화현상이 있었다. 특유의 토질은 몬모릴나이트·일라이트·킵사이트·카올라이트·석영

등이었다.

기화현상은 특유의 땅 냄새와 하얀 뭉게구름처럼 땅속에서 솟구쳐 올라오는 기이한 기화현상(氣化現像)을 현장에 참관한 관계자들도 눈으로 볼 수 있었다.

옛부터 풍수세계에서는 '하늘이 내린 천명이다'고 전해 내려온다. 길조 행운을 예언한 천운이다. 대명당의 성립 조건을 충족했다는 증명이다.

땅속에서 마그마 생기 기운이 땅속 깊은 혈 공간을 타고 올라온 생기가 뭉쳐 있다가 대기 공기 밖으로 나오면서 공기와 융합되어 감응되는 순간 하얀 수증기처럼 뭉클하게 솟구치는 대기현상이다.

솟구쳐 나온 특유의 향기는 화약 냄새와 비슷하다. 편백나무, 오동나무, 갓 구운 쥐포 향 등 뭐라고 표현하기 어려운 상큼한 내음이 머리를 시원하게 스치고 지나간다. 같은 내음은 체험하기 어렵고 제가각의 다른 땅 내음이다.

원인은 땅속에 화학적 알칼리성 성분이 높은 탄소, 알루미늄, 규소, 칼륨, 철, 마그네슘, 나트륨 등의 화학적인 배합 비율과 조건이 달라서 나타나는 향기로 이번 실험을 통해 알 수 있었다.

이런 터는 묻지 말고 무조건 집을 짓고 살거나 조상의 묘지로 사용하면 당대 금시발복을 기대할 수 있다. 즉 하는 일마다 척척 이루어진다는 의미다.

이런 명당은 3대에 걸쳐 공을 쌓아야 하고, 자손들이 부모를 잘 모셔야 하고, 명지관을 잘 만나야 얻을 수 있다.

하늘이 감추고 땅이 숨겨놓은 비밀의 명당 천장지비(天藏地秘)를 품을 수 있는 기회를 얻는다.

거부장상(巨富長上) 총리와 장관급 인물이 나고 관록과 재록의 기운이 내포되어 있다.

만자혈(卍字穴)

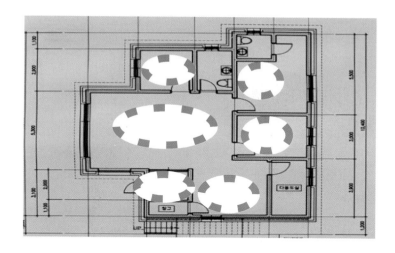

주택 기초공사시 1m 정도 터파기 현장은 진노랑색 거대 혈판
이 밑바닥을 장식하고, 군데군데 형형색색으로 잘 어우러진 연
꽃으로 장식한 꺾꽂이 예술 작품처럼 한 개씩 혈이 맺혔다.

다채로운 조화는 그지없이 아름답고, 혈판 내부에 움푹 들어간
요(凹) 부분은 땅이 숨쉬고 호흡하는 곳으로 코와 입 같은 곳이다.

명당 위에 펼쳐 수놓은 무늬 자태는 한결 돋보이게 채워주고 옥 색깔처럼 고운 색채 조화는 천차만별한 십장생도 같이 섬세하다. 입체감에 조각한 것처럼 깔아놓은 평면도 위의 만(卍)자형 마디마다 열매가 맺듯, 8개의 크고 작은 혈의 마디 하나하나에 맺혀 있는 연화나문혈(蓮花羅紋穴)이다. 하는 일마다 열매가 달리는 부귀영화(富貴榮華) 양택 명당이다.

■ 복치혈(伏雉穴)

복치혈(伏雉穴)

작은 머리 크기로 빛이 매우 밝고 주둥이를 물 웅덩이에 들이대고 물을 빨아들이는 것과 같이 꿩이 엎드려 있는 모습과 흡사해서 복치혈(伏雉穴)라고 한다.

들판에 꿩이 엎드려 있는 형상을 하는 명당 중에 명당으로 보인다. 명예와 부를 부르는 기운이 충만한 명혈이다.

대왕 호랑나비가 겹 날개를 가진 호화로운 다섯 나비가 어울려 '나비무'를 추고 있는 것처럼 나비의 몸체는 다른 부분과 완전히 분리되어 독립체를 이루고 있다.

혈판 한가운데 나비 한 마리를 둔 채 그 사방에 네 마리의 나비가 춤을 추듯이 완벽한 예술적인 작품을 연출한 접무나문혈(蝶舞羅紋穴)이다.

석중혈(石中穴) 위에 그려진 양각과 음각으로 그려진 나문(羅紋) 모습이다.

톡 솟아오른 돌혈(突穴)의 대표적인 모습으로 산기슭을 지나 논 앞에서 우뚝 솟은 것이 '박'처럼 생겼으며, 무덤은 꿩이 엎드려 있는 모습과 흡사하다.

주산은 독수리가 치솟아 날아오르고, 앞쪽은 매 모양을 한 산봉우리가 앉아 있고, 왼쪽은 누런 황견이 모양의 산봉우리가 산진처 오른쪽 명당으로 고개 돌려 숙여 바라보고 있는 명당이다.

독수리, 매, 개 등 세 마리 짐승이 서로 꿩에게 초점을 맞추고 있는 명당을 삼수부동지격(三獸不動之格)이라고 한다.

이런 명당은 꿩이 세 짐승 사이에서 편안하게 두려움 없이 오랫동안 알을 낳고 새끼를 키울 수 있는 명당 중의 으뜸 명당이다.

평혈(上下雙穴, 천광혈(天光穴)

요혈(凹穴)

요혈(凹穴)   평혈(左右雙穴) 천광

천광   대철혈(大凸穴). 거북이 엎드린 모습. 천광 124

※ 박산포지(朴山匏地) : 야산의 한 기슭에서 박 덩굴이 나가다가
　군데군데 열매가 맺는 곳.

※ 덩굴장미개지(蔓薔薇開地) : 야산의 한 기슭에서 덩굴장미가
　나가다가 군데군데 꽃피는 곳.

철혈(凸穴) 천광 46   평혈(平穴) 천광 44

요혈(凹穴) 38 천광   요혈(凹穴) 84 천광

평혈(平穴)　　　　　　　　　　　철혈(凸穴)

평혈(平穴) 44　　　　　　　　　요혈(要穴) 72

요혈(要穴)

요혈

요혈

평혈

평혈 24

사찰부지 평혈 36

양택・음택겸지 : 박산포지(朴山麭地)

두툼하게 솟은 철혈 36.

■ 천장지비 요혈 46

■ 비룡상천형 명당(飛龍上天形明堂)

■ 안산

경북 안동의 도산서원 안산.

금체안산(金體案山) 금섬복지혈(金蟾伏地穴) : 두꺼비가 엎드려 있는 용진처.

반대편에서 볼 때 거북이 머리를 든 채 물에 떠 있는 산진처 명당.

한문(捍門) 의암호 : 잉태궁(孕胎宮)

소양호 가운데 안산 : 고축사(誥軸砂)일자문성(一字文星)

도담삼산봉 : 파구에 북신(北辰)

■ 용양봉저지(龍驤鳳翥地)

　명당 중에 가장 높이 평가하는 귀봉(貴峯)은 용(龍), 봉(鳳), 구
(龜), 록(鹿)은 명당 중에서 가장 으뜸으로 평가한다.

　천하에 최고명당으로 명당 중에 명당은 비룡승천형을 최고로
사격(砂格)이 용(龍), 봉(鳳), 구(龜), 록(鹿)이 갖추어진 명당을 말
한다.

　용(龍), 봉(鳳)의 사격은 선비나 행정부의 수장 인물이 많이
나온다. 귀(龜)·록(鹿)은 주로 부자, 재(才), 예(藝)에 밝은 인물
이 많이 나온다. 또 소, 물고기, 고래, 거북, 자라, 하마, 코끼리
등의 사격은 부자를 많이 배출한다.

용양봉저지(龍驤鳳翥地)

　용이 뛰어놀고 봉이 높이 난다는 뜻이다. 이곳은 용이 머리를
길게 내밀고 양다리를 힘차게 박차면서 강물에서 높이 뛰는 모
습과 물 가운데 섬 안산은 마치 봉황이 높이 나는 것처럼 장관을
이룬다. 용진처(산진처) 명당은 심장 가장자리에 용틀임하는 천
장지비(天臟地秘)이다.

일궁용금오란지(一宮龍金卵五地)

명당의 대표지로 3방향은 강물로 둘러싸여 있다. 길게 뻗어 용진처 용안을 감싼 청룡 안산은 일자문성을 성지를 이루고, 용의 뱃속에 5개의 알[龍盡處]을 품고 있는 융취명당(融聚明堂)이다.

삼면이 물로 둘러싸인 명당이다. 지맥은 108가닥이 융취되어 혈판의 크기는 가로 40m와 세로 50m로 산진처를 맺고 있다.

야트막한 야산 정상은 길이가 약간 긴 명석을 펼쳐놓은 모습으로 양명하고, 천기가 있는 하림은 거부장상(巨富長上)이 배출되는 명당이다.

■ 일궁용금구란지(一宮龍金九卵地)

일궁용금구란지(一宮龍金九卵地)

일궁용금구란지(一宮龍金九卵地)는 하늘의 뜻을 받은 황용(凰龍)의 뱃속에 9개의 알을 잉태하고 있는 수취천심(水聚天心)이다.

사면이 물로 둘러싸여 성지를 이룬 야트막한 야산 명당이다. 지맥은 128개가 융취되고, 혈판의 크기는 가로 80m와 세로 80m의 토체(土體)로 거대한 멍석을 펼쳐놓은 것처럼 넓고 양명하다.

혈토는 윤기에 화려함을 연출해 명당을 이루고 겨우내 눈이 금방 녹아 없어진 명당 중의 최고 명당이다. 천기가 하림하고 대귀대부(大貴大富)의 천하제일의 명당이다.

■ 일궁용금칠란지(一宮龍金七卵地)

일궁용금칠란지(一宮龍金七卵地)

　일궁용금칠란지(一宮龍金七卵地)는 하늘의 뜻을 받은 천용(天龍)의 뱃속에 7개 알(龍盡處)을 잉태하고 있는 수취천심(水聚天心)이다. 사면이 물로 둘러싸여 성지를 이룬 명당이다.

　산진처는 야트막한 야산 토체로 지맥은 116개, 혈판의 크기는 가로 60m와 세로 60m의 거대한 멍석을 깔아놓은 것처럼 연출한다. 천기가 하림하고 대귀대부와 거부장상이 배출되는 명당이다.

PART 3

명당을 찾아라

제3장 명당을 찾아라

1. 명당의 조건

풍수사는 우선 학문(學文)을 익히고 현장 능력을 개발한 술(術)을 갖춘 학문 풍수사가 아닌 학술 풍수사(學術風水師)만이 명당을 확인하고 구분할 수 있다. 그 방법에는 지관마다 큰 차이가 있다.

풍수사의 천목력·예지력·감지력·통찰력 영감(靈感)과 염력(念力)의 한계를 토대로 영감(靈感)의 경지와 천목이 열린 풍수사의 염력(念力) 깊이에 따라 좋은 명당을 얻고, 찾는 한계의 능력은 피라미드 구조와 같다.

더 깊고 양명한 터, 하늘이 감추고 땅이 숨겨놓은 천장지비(天藏地秘) 명당을 얻는 능력을 가진다. 현재까지는 전통적인 풍수학의 관념에서 연역적인 방법으로 공부해온 것을 부인할 수 없다.

1) 풍수사(지관)의 소질

풍수사의 산진처 명당을 보는 '눈(그릇)'은 피라미드 구조와 같다.

풍수사(지관)는 저마다 객관적인 증거와 근거가 없고 철학이 없는 현실 앞에 자기가 최고라고 한다. 일세기 동안에 한번 나올까 말까 한 사람이라고 자화자찬한다.

최고의 풍수를 택한다면 귀납적인 방법으로 현대과학에 입각한 고증된 자료를 기준으로, 최고라고 주장한 풍수들이 일정한 토지 위에 각자 주장하는 것을 굴착해서 육안으로 혈판이 존재하는지 확인해야 한다.

혈판의 모습, 양명함을 육안으로 확인한 다음 시료를 채취해서 국가전문연구기관에 의뢰해 그 물리학적·지질학적·화학적 성분분석 결과가 고증자료를 기준으로 범주의 근사치에 가까운 의뢰자가 가장 훌륭한 풍수라고 본다.

아닌 게 아니라 조용하게 품위를 지키고 대각(大覺)의 경지를 이룬 풍수 대잠룡도 조용히 공부하며 활동하는 분도 많다.

얼풍수·반풍수·작대기풍수보다는 많은 보편적으로 풍수학 공부와 기초 지식을 고루 갖추고, 래용과 좌청룡·우백호 그리고 안산을 밑그림 기준으로 터 잡는 수준이면 용의 삼세(三勢) 중 산룡세에 의존한 풍수사(지관)로 '초급풍수'라고 한다.

초급에서 벗어나 상당한 공부를 한 산룡세와 야산 정도의 터를 소점할 수 있는 풍수를 '풍수(지관)'라고 존칭한다.

풍수 대각(大覺)을 이루고 혜안(慧眼)으로 산룡세·평강세·평지세 등과 산이 없는 평야지대, 대규모 아파트단지 토목공사를 조성해 놓은 곳, 운동장 등을 누가 봐도 언제든지 객관적으로 자유롭게 산진처 결지결혈(結地結穴)을 소점(所岾)할 수 있는 지재재능(至材才能)의 경지를 넘어선 풍수사를 '대풍수' 또는 '명지관'이라고 한다.

즉 거대 평지에 하늘이 숨기고 땅이 감추어놓은 명당 천장지비(天臟地秘)를 찾아 소점할 수 있는 기량을 가진 풍수사를 '대풍수' 또는 '명풍수·명지관'이라고 부른다.

풍수에서 생기가 모이는 곳을 혈(穴), 지세가 멈추는 곳을 국(局), 용이 멈추는 곳을 성국(成局), 기가 모이는 곳을 결혈이라고 한다. 생기의 작용과 활동은 그 유체(流體)가 머무는 곳으로 땅속에 흐르는 생기 역시 용세(龍勢)가 끝나는 곳에서 왕성해진다.

용은 지표면에 땅이 주변보다 높아지는 산맥을 지룡(支龍)이라 하고, 평지나 평야 가운데 우뚝 솟은 산(돌기; 突起)을 롱룡(壟龍)이라고 한다. 용은 산에만 있는 것이 아니라 지표면 어느 곳에도 존재한다. 풍수지리에서는 고산세뿐만 아니라 낮은 둔덕과 한 자 높이의 밭두렁까지 산으로 보기도 한다.

즉 땅의 높이가 한 치면 용이 되고, 한 치 낮으면 물로 인정한다. 고저론에서 높은 곳은 용이고 낮은 곳은 물로 본다.

지표면에서 용의 분포가 치밀하고 물의 흐름은 없더라도 조금 낮은 곳은 물, 조금 높은 곳은 용으로 인정한다. 지표면에 고저가 있으면 물과 용이 존재한다고 해석한다.

2) 용맥(龍脈)의 3세(三勢)

좀 더 깊게 용의 삼세(三勢)를 들여다보기로 한다.

고서에는 용(龍)의 삼세(三勢)를 용의 그 높이에 따라 산룡 지세와 평강 지세, 그리고 평지 지세로 나눈다.

고산룡세(高山龍勢)

높은 고산 지역을 행룡하는 산을 말하며, 이를 고산룡(高山龍)이라 부르기도 한다. 고산룡은 기세가 강하고 기복이 심하며 산줄기들이 겹겹이 펼쳐져 있으며, 산봉우리들이 빽빽하게 솟아올라 있다. 즉 높은 언덕 아래 폭포수가 퍼진 것처럼 넓은 터인데 이를 '폭포낙지혈'이라고 하며 고산지대에 명당을 이룬다.

이런 고산룡세 명당에서 현장 일을 하면서 족보나 가족들의 조언 등을 종합해 보면 고산룡세에 묘지를 쓰고 발복한 집안들이 대개 한 집에 1명 정도 부귀영화와 출세를 누린다. 그러나 나머지 형제들이나 누이들도 배움의 길이 짧아 벼슬의 길을 찾기 어렵고, 도시로 나가지 않고 농사를 지으며 살거나 가난에서 벗어나지 못하고 있는 경우를 종종 목격했다.

평강세(平岡勢)

평야지대의 야산이나 작은 언덕을 행룡하는 산이다. 야산 지대의 용을 가리키며 평강룡(平岡用)이라 부르기도 한다. 평강룡은 고산룡에 비해 형상이 부드럽고 온화하면서도 용이 꿈틀거리며 달려가듯이 이리저리 굽이쳐 뻗어가는 모습이 생기가 감돈다.

산룡처럼 기복(起伏)하지 못하고 좌우로 분주하게 움직이면서 마치 큰 뱀이 기어가는 것과 같은 위이굴곡(逶迤屈曲)을 하는 능선이다.

이런 모습은 사신사와 주변 사격이 높지 않고 곡식을 담는 소쿠리나 함지박의 테두리 높이 정도로 끝부분이 비스듬히 높이를 유지해 밑그림을 머리에 연상하고 경계선을 그려보면 명당을 찾을 수 있다. 이런 터에는 매화 꽃잎이 떨어진 것처럼 토질이 밝고 양명하다는 뜻에서 '매화낙지혈'이라고 부른다.

평지세(平地勢)

논두렁·밭두렁과 같이 평지를 행룡하는 산으로 야트막한 구릉지대의 용이며, 이를 평지룡이라고 부르기도 한다.

평지룡이 평강룡이나 고산룡보다 훨씬 낮다고 해서 그 안에 담겨진 정기까지 약한 것은 아니다. 형상이 생기발랄하고 아름 다우면 큰 정기가 깃든다.

평지세는 평지를 행룡하는 용으로 기복과 굴곡의 변화 없이 은용(隱龍)으로 행룡한다. 이 용은 넓고 평평하며 용맥이 뚜렷이 나타나지 않아 찾기 매우 힘들다. 꿩이나 거북이 엎드린 것처럼 야트막한 들판에 볼록하게 솟구친 것이 특징이다.

그러나 이 지맥은 측면을 타고 혈처로 들어오는 맥이 아니라 지하 수천 미터의 지기 기운(에너지, 마그마)이 솟구쳐 올라오는 지맥으로 이 명당에 조상을 모시거나 집을 지어 생활하면 대귀 대부(大貴大富)・거부장상(巨富長上)이 배출된다.

하지만 용맥의 증거는 과협처(過峽處), 결인처(結因處), 입수처 (入首處) 같은 용의 변화처에 말의 발자국 같은 흔적이 몇 개 나 타난다. 그 사이를 연결하며 마치 실뱀이 기어가는 듯한 주사(蛛 絲) 또는 돌기(突起) 같은 흔적이 있다.

이 평지룡은 우필이라고 하며, 혈은 양수회합(兩水會合)하는 곳에 있다. 고산의 산룡이라서 크게 발복하고 평강룡이나 평지 룡이라고 작게 발복하는 것은 아니다.

비록 평지에서도 래용은맥(來龍隱脈)이 분명하고 여러 가지 혈 의 결지조건을 갖추었다면 대귀대부혈(大貴大富穴)을 결지할 수 있다. 간산을 가면 질문을 가장 많이 받는 내용이 있다.

즉 토목공사를 마친 평지, 평야지대, 넓은 논과 밭, 운동장, 군부대 연병장, 평지에 가까운 야산 등은 용호와 사격・과협처 ・결인처・입수처 등 용의 변화에 대한 흔적이 없는데 명당을 어떻게 찾느냐는 질문이다.

평지에 지맥이 움직이는 것을 볼 수 있다. 천목법으로 정신을 집중해서 천기를 읽으면 말미잘 촉수, 밤송이 가시처럼 여러 가지

빛이 색채 조화를 이루며 한곳으로 모여드는 곳을 볼 수 있다. 즉 땅이 호흡하고 숨 쉬는 산진처 명당 터를 잡는다고 한다. 참 쉽고 어려운 회답이다.

부모님은 일반인의 눈으로 볼 수 없는 땅의 가장자리 지표면에서 연출되는 '빛의 색채 조화현상'을 보는 특수 감각력인 천목의 눈을 필자에게 주셨다.

더욱이 전생의 기운을 품어 눈으로 빛의 색채를 볼 수 있는 능력도 가졌다. 특별한 눈은 하늘의 뜻을 품은 송과체 일치라고 부르는데, 이것은 제3의 눈으로 알려져 있다.

이는 의학적인 용어로 송과체(松果體), 솔방울샘(pineal gland)이라고 부른다. 솔방울샘을 주변으로 시상핵(視相核) 등이 마치 전시안(全視眼, all-seeing eye) 또는 섭리의 눈(Eye of Providence)을 나타내는 모양으로 보인다.

실제로 많은 종교, 특히 동양 신비주의 종교에서는 이 송과체(솔방울샘)를 신성시한다. 우주와 소통하고 영체가 열리는 곳이며, 영(靈)과 교접하는 장소라고 하여 명상과 참선을 통해 이곳을 발달시킬 때 이른바 해탈의 경지에 이른다고 한다.

특별하게 눈에 보이는 것을 풍수학에 적립시켜 이론을 창출한 것이 천목론이다. 천목론(天目論)의 핵심인 정혈법에 반영해 땅속 지중에 상승하는 지기(地氣)와 지표면에 하림(下臨)하는 천기(天氣)에 의해 융합(融合)된 기운을 천목의 눈으로 읽는다.

융취(融聚) 기운이 감응(感應)되면 교감(交感) 과정에 화순(化醇)·동화(同化)·화생(化生) 과정을 거치면서 형성돼 새로운 양기(陽氣)인 생기발아(生氣發芽)의 소응(昭應)이 만들어진다.

즉 지기의 기운과 천기의 기운이 지표면에서 감응되는 순간, 새로운 발아 기운은 자연의 이치에 따라 여러 가지 색채의 조화로 빛의 신세계가 연출되는 모습을 눈으로 볼 수 있다.

이 빛의 색채 조화는 엉겅퀴 꽃송이, 무지개, 양귀비 꽃송이, 비트 단면, 연꽃 등 수많은 빛의 색채 조화가 지맥이 한곳으로 모여지는 기운의 중심점[穴芯]이 혈판의 근원이다.

화려한 빛의 색채와 원심력·구심력, 그리고 회전력과 용틀임, 빛의 자연적 우주쇼 현상을 360개 항목의 조견표로 비교 분석한다. 이를 길흉화복(吉凶禍福)으로 분류하고 부귀영화(富貴榮華) 기운을 담은 발복의 핵심을 천목이론으로 적립한다.

이와 같은 현상을 본 필자는 천목 기운을 몸에 지니고 있다. 이 좋은 기운은 타고난 소질을 개발한 것이며 부모님의 DNA를 물려받은 유산과 전생의 기운이 호환(互換)된 탓이다.

좋은 기운을 몸에 실은 천목(天目)의 시야(視野)로 발아기운(發芽氣運)인 조응(照應)된 빛의 색채 조화 현상을 집·아파트·건물·빌딩 등에 칡·담쟁이덩굴 등이 가지각색의 모양과 형태로 이리저리 곧거나 휘어지고 흔들며 건물의 벽을 솟구쳐 타고 올라가는 모습이 한 폭의 동양화와 불꽃 축제를 보는 듯하다.

또 땅의 지표면이나 묘지에는 복잡한 도면처럼 불꽃과 레이저쇼를 보듯이 땅속 지중혈판(地中血判) 위에 그려진 혈판에 수놓은 각종 나문(羅紋) 광경을 볼 수 있다.

현대과학으로 명당을 찾고, 고증된 관련 학술을 바탕으로 필자의 남다른 특수 감각과 잠재력을 활용한다.

과학적으로 증명하기 어려운 감지력·예지력·통찰력·초능력·염력·영감과 교감(交感)한다. 게다가 여기에 만족하지 않고 현대과학을 더했다.

명당을 사전에 확인하고 증명하기 위해 풍수사상에 입각한 현대과학(歸納法)의 논리로 지질학과 화학을 접목하고 물리학을 곁들여 새로운 풍수학 이론을 창출했다.

즉 수십 개의 여러 지맥이 화려한 색의 조화와 아름다운 색채

불빛이 수놓은 곳을 중심으로 가로 1m 세로 2m 깊이(혈판이 존재한 약 1~1.6m)를 사전에 굴착했다.

혈판의 부드럽고 푹신푹신한 일부분[혈토]을 시료로 채취해 전문연구원에 지질구조와 성분을 분석했다. 다시 그 결과를 연구해 명당이 형성되기 위한 풍수학적·지질학적·화학적·물리학적으로 지질의 구조와 공통된 물리학적 성분 자료를 도출했다.

왜 이런 곳이 명당이라고 했는지 자연이 준 신비로운 환경적 조화가 산진처 명당을 형성한다. 바로 하늘이 감추어놓고 땅이 숨겨놓은 곳, 즉 천장지비(天臟地秘)이다.

강물이 얼어붙어도 물이 숨 쉬는 곳이 있듯이 땅(지구)도 숨을 쉰다. 땅이 숨 쉬고 호흡하는 곳이 명당이다.

명당은 땅과 우주공간이 연결되어 자연과 교감하는 곳이다. 땅이 숨 쉬고 호흡하는 곳만 찾으면 명당을 쉽게 얻을 수 있다. 대각(大覺)을 이루고, 경지를 넘어 천목(天目)이 열리면 명당을 찾는 데 어려움은 없다

영장의 동물인 사람도 100% 완벽한 학문과 인격, 덕망을 갖춘 사람을 찾기 어렵다. 이처럼 자연의 이치(理致)에 존재한 땅[地球]에 완벽한 명당을 찾는 일은 공을 많이 들이고 공부를 많이 한 풍수사들의 고민이다.

대기장력, 유해파, 지전류, 수맥 등 일부는 과학적 장비 개발로 측정이 가능하다.

풍수사들이 명당을 찾는 데 첫 번째로 고민하는 골칫덩어리는 혈처 명당에 지관의 눈을 가리는 훼방꾼, 즉 일명 잡티(대기장력·유해파·수맥·지전류 등)이다.

자연의 순리는 막을 수도 없고, 역행할 수도 없다. 이런 잡티가 있는 곳은 무조건 피해야 한다.

이를 무시하고 집을 짓거나 무덤을 쓰면 패가망신(敗家亡身)한다. 지관의 눈을 속여 명당인 것처럼 소점하도록 유혹한다. 어이없게도 자연의 이치에 속는 것이 사람이다.

두 번째로 풍수사들이 고민해야 할 것은 현대과학으로 설명하기 어려운 지표면에 빛의 색채와 조화이다.

이것은 지중 깊은 곳에서 올라오는 지기(地氣)의 기운과 우주공간에서 지표면으로 하림(下臨)하는 천기(天氣)의 기운이 교감할 때 자연의 조화에 따라 새로운 발아색(發芽色)이 연출되는 색채의 조화 균형, 빛의 회전속도와 류, 구심점과 원심력의 조화 등은 일반인과 다르게 타고난 특수 시야[天眼] 통찰 감각을 지닌 풍수사만 분석할 수 있다. 그러나 현대과학이 미세한 빛의 신세계 조화를 인정하기는 어려울 것이다.

필자는 풍수 지인 김만희 선생의 수벽법과 크로스체크하기도 한다.

우연의 일치라고도 할 수 있겠지만, 조상의 묘를 쓰고 부귀영화와 패가망신의 희비가 엇갈리는 현상을 주변에서 종종 보고 듣는다.

3) 좋은 터

좋은 터를 잡을 때는 예지력과 통찰력, 감지력, 염력(초능력)을 병행해야 한다.

첫째, 가정의 화목과 평화와 우애를 최우선으로 선택한다. 이사를 잘못 가거나 조상의 묘지를 잘못 쓰면 부자지간(父子之間)·고부지간·형제간·자매지간에 골육상쟁이 일어나고, 사회와 이웃 간에 갈등이 빈번해진다.

둘째, 명당의 기운과 조상의 기운(유골 DNA)이 동기감을 일으켜 후손에게 발복할 수 있는 기간과 재물·학문·출세의 기운이 어느 정도인지 파악할 줄 알아야 한다.

또한 부귀영화를 누릴 수 있는 시점과 기간이 얼마나 필요한지, 땅의 기운이 상승하는 길지이거나 빠져나가는 쇠한 흉지 등 여부를 사전에 종합적으로 들여다보고 고민해 적중률이 최대한 근사치에 도달해야 한다.

풍수학에서 흔한 예를 들어볼 때, 가령 산 능선이 모양이 뱀머리 모양과 같이 생긴 모습을 사두혈이라고 한다.

이 사두혈에 묘지를 쓰면 길지인지 흉지인지 흥망이 엇갈린 한국풍수 야사가 흔할 만큼 많다.

이 뱀머리 모양에 묘지를 쓴 후 후손 발복이 되고 거부장상(巨富長上)이 나면, 그 후손은 조상의 은덕을 입은 답례로 조상의 묘지에 혼유석(상석)·망주석 등의 석물로 묘지를 장식했지만 망했다고 한다.

혹자들은 뱀머리 산에 석물(상석)을 올려놓아서 탈이 났다고 한다. 참으로 우스운 말이다.

필자가 감정 의뢰를 받고 묘지와 주변을 둘러보면 금방 알 수 있다. 땅의 기운이 쇠해져 기운이 기울어져 가는 곳에 조상의 유골을 묻었던 것이 아닌가 싶다. 즉 땅의 기운에 힘이 없고 느릿한 데다 윤기가 나지 않고 양명하지 못하면 등골에 냉기가 오싹 스치는 것을 느낄 수 있다.

이 터는 속발속패(速發速敗)가 감지되는 사두혈의 전형적인 풍수이론이다. 사두혈(蛇頭穴)은 길게 잡아 10~15년이 지나면 명당의 기운은 한계점에 도달한다.

이런 곳에 묘지를 쓸 경우, 그동안 모은 재산으로 미련을 두지 말고 좋은 명당을 찾아 다른 곳으로 이장하는 것이 상책이다. 이는 유념해야 할 속발 명당의 중요한 풍수학 이론의 한계이다.

땅의 기운이 젊고 왕성하면 발복되어 부귀영화를 누린다. 땅의 기운이 늙고 쇠해지면 인패(人敗)나 재패(財敗) 등으로 가세(家勢)가 기울어 패가망신(敗家亡身)한다.

셋째, 터 잡을 때는 되도록 신중해야 한다.

집·아파트·업무용빌딩·공장·종교시설·교육시설·문화공연시설 등의 건물을 신축할 때는 다음의 순서대로 한다.

먼저 평면 대지 위에 막대기를 이용하여 지맥이 뭉친 곳마다 지맥의 크기대로 그리고, 줄자로 거리를 표기한 후 종이에 지맥도를 그려 혈(지맥)이 있는 곳을 그대로 옮긴다.

또한 가설계 평면도와 비교하여 혈이 맺힌 자리와 양택 3요소에 맞게 설계 변경하고, 현대 시대에 맞게 대혈지는 거실 배치를 우선하고 그 다음에 안방(방)과 부엌 순서로 설계한다.

그 이유는 이사하려고 집을 구할 때 의뢰인의 초청으로 양택 감정을 위해 현장에 나가보면 혈지를 벗어나 건물을 축조한 경우를 많이 볼 수 있다.

즉 마당에 혈지가 있고 가옥이 앉은 자리에 비혈지가 있는가 하면, 대혈지에 화장실이나 창고와 다용도실·별채가 자리 잡고 있는 경우가 있다. 좀 더 신중하게 선택했더라면 좋은 길지에 멋진 집을 짓는 기회를 놓친 경우이다.

또 자연의 이치를 무시한 건축업자는 주부들의 입맛인 조망권·편리성 등 전시효과에만 치우치고, 오직 경제의 원리인 땅의 지형에 따라 토목기술만 반영해 수익성을 높이는 데 혈안이 돼 짓기 편한 대로 건축한다.

통찰력으로 가장 중요한 대기장력·유해파·지전류·수맥 위에 안방·거실·침대·부엌이 놓인 경우를 자주 볼 수 있다.

기운의 색이 밝고 환하면 그 주인이 잘 풀려 나가고, 어둡고 칙칙하면 패퇴하고, 밝고 붉은색을 띠면 거부가 되고, 검은색이면 재난과 화를 부르고, 자줏빛이면 대귀(大貴)한다.

색채에 윤기가 나지 않고 퇴색하거나 지표면의 빛의 색채 아래 구름이 지나가는 듯하거나 망사(網絲) 아래를 보듯이 흰히 내려다보이면 땅이 쇠해져 기운이 빠진 상태로 행운과 재물이 빠져나간다.

좋지 못한 기운이 인체에 스며들어 건강을 해치므로 다른 곳으로 이사를 가거나 또 다른 신축부지를 재선정하도록 조언하고 고민한다. 이와 같은 빛의 색채가 묘지 봉분에 형성될 경우 잘 판독해 이장을 권유한다.

대기장력, 유해파, 지전류, 수맥 등이 존재할 때는 또 다른 곱지 못한 빛의 색채와 유골에 치명적인 악의 기운이 스며들 경우 유골의 DNA와 근접한 후손에게 영향을 미치는지 사전에 들여다보고 흥망성쇠(興亡盛衰)를 고민한다.

지표면 위에 여러 종류 빛의 색채와 생기를 구별하고 연구 분석하면 성공과 실패, 길과 흉을 능히 알 수 있다.

이런 집(아파트 포함)과 건물 등에 생활하는 사람들은 좋지 못한 기운이 인간의 몸에 스며들어 뇌질환 등 악성 질병에 시달려 인패를 면치 못한다. 임직원간과의 갈등으로 결국 사업이 침하되어 피폐해질 것이다.

과연 건설회사 CEO들은 자택을 건축할 때 이렇게 할까?

언론에 공개된 국내 100대 기업 회장들의 자택은 대다수 명당 위에 놓여 있다는 것을 누구나 눈으로 직감할 수 있다.

이를 증명하듯 우연의 일치라고 하겠지만, 지인의 협조를 받아 서울 강남의 아파트단지 10곳 지하에 혈판의 유무를 직접 방문하여 조사 자료를 만들었다.

이에 의하면 건물주와 사용자가 같은지, 거주단위는 5년을 원칙으로 하고 이사 빈도는 건물주가 바뀌어 이사했는지, 사용자가 계약 기간이 끝나서 이사했는지를 자료화하고 그 사유도 참고했다.

그리고 지하 주차장을 방문하여 혈지(혈판 위)에 놓인 아파트 라인과 비혈지에 놓인 아파트를 집중조사 분석한 결과, 같은 아파트이더라도 혈지(혈판 위에 놓인 아파트 종면) 한쪽 라인 층은 이사 빈도가 거의 없었다.

건물주가 살고 있는 빈도는 79~82%로 10개 단지 × 2 = 20개 층 중 7단지에 12개 세로 층이 해당되었다. 반대쪽 라인 층은 주인이 자주 바뀌고 이사빈도가 잦은 종적 층은 67~72%로 20개 층 중 7개 세로 층이 해당되었다.

그리고 기타 사유가 내용을 메웠다. 이 지역은 강남 부유층이 살고 있는 아파트단지 현황을 5년 단위로 표본조사 분석한 자료를 통해 추정해 봤다.

해당 아파트단지의 지하를 안내받아 지맥이 뭉쳐 형성된 혈판의 위치를 조사해본 결과를 표본으로 했다.

양택지는 음택지에 비해 지맥이 큰 곳은 흔하지 않고, 여기저기 군데군데 소혈지들로 형성된 모습이 박산포지를 연상시킨다.

땅의 기운과 건물 안에 생활하는 사람들과 기운이 잘 호환되는 건물이 있다.

4) 반풍수, 패가망신(敗家亡身)시킨다?

옛말에 "풍수 잘못 만나면 집구석 망한다"라는 말이 있다. 이것은 꼭 맞는 말이다.

풍수사들이 터 잡는 실력이 어느 정도인지 알 수 없어 검증되지 않은 실력을 믿지 못한다는 뜻이다. 가령 믿었던 풍수를 모셔다 터를 봐달라고 했는데 집안에 우환이 나면, 터를 봐준 풍수가 그 원망을 고스란히 떠안고 소문만 고약하게 나돌아 반풍수로 내몰리기도 한다.

예를 들면 묘지의 경우 조상의 묘지를 이장할 때 이장 전보다 이장 후의 묘 터가 최소 10배 이상 땅의 기운이 좋은 터에 모셔야 하는데 그렇지 못해 탈이 난 것이다.

실력을 갖추지 못한 풍수가 얼렁뚱땅 대충 폼만 잡고 묘 터를 봐주고, 한정된 땅에 묘 터를 봐달라고 의뢰받으면 그냥 대충 이곳저곳 둘러보다가 적당한 곳에 묘를 쓰고 만다.

돈에 눈이 멀어 뒷감당은 뒤로 한 채 일단 복채만 챙기고 보자는 생각에 그냥 대충 어림잡아 묘를 쓴 결과다.

과감하게 "이곳은 묘지 터가 아닙니다. 묘를 쓸 수 없는 곳입니다."라고 직언할 줄 아는 풍수가 되어야 한다.

그런데 금전의 유혹을 놓칠까 봐, 아니면 허탕을 칠까 봐, 능력이 모자라는 풍수로 오인될까 봐 우물쭈물하다가 지기는 없고 그냥 양지 바른 가장자리에 터를 잡아 준다.

의뢰인에게 과감히 또 다른 땅을 내놓으라고 요구할 수 있는 실력을 갖춘 풍수가 진정한 풍수이다. 어영부영 대충 묏자리를 봐주고 그 자리만 모면하고 복채만 챙겨 보자는 어리석은 풍수도 있다.

'명풍수'는 천안통이나 천목이 열려 법안과 도안으로 구분하고 있다. 법안(法眼)은 전문적인 풍수 이론을 현장과 상통하여 자유롭게 응용하는 풍수이론(氣感·形氣·理氣 風水 등)을 뜻한다.

도안(道眼)은 법안을 토대로 염력(念力)과 함께 육통(六通)의 하나인 천안통(天眼通·天目)이 열려 땅의 기운을 읽어 앞날을 예언하거나 좋은 기운을 감지하고 부실한 기운을 피하며, 좋은 기(氣)를 다스리고 구분할 줄 아는 풍수를 말한다.

여기서 한술 더 떠 현장 체험상 얼풍수, 일반풍수, 작대기풍수, 명풍수를 짚고 넘어간다.

'얼풍수'는 글자 그대로 얼렁뚱땅 대충 터를 봐주는 풍수를 속된 말로 그렇게 부른다. 얼풍수는 산일에 경험이 전혀 없고, 풍수에 대한 풍류를 귀동냥으로 주워들은 얇은 지식을 사실인 것처럼 풍자하는 사람이다.

  즉 입담으로 자기가 최고의 풍수 지식을 알고 있는 것처럼 허풍이 센 가짜 풍수를 말한다. 일종의 사기꾼 냄새가 나는 사람이다. 즉 얼풍수는 묏자리가 흠잡을 데 없는 명당인 줄 알면서 어려운 풍수용어를 써가며 없는 허물을 잡아낸다.

  그러면 묘 주인은 발복에 초조해져 대개 고개를 끄덕이며 나온다. 마치 허풍과 허무맹랑한 과장된 말과 그럴 듯한 사실이 눈앞에 다가오고 있는 것처럼 속 시끄럽게 불안을 조장하는 사람이다.

  '반풍수'는 묘지 이장 일이나 산일(묘지 일)을 하면서 풍수의 입담을 주워들어 어깨 너머 풍수 일을 익힌 지사로 사람들에게 접근하여 인심을 얻은 다음 이장하게 만들 핑계거리를 찾아낸다. 그 집안에 고질병 환자라도 있으면 반풍수는 무턱대고 조상의 묘 탓만 하고 나선다.

  논두렁 기운이라도 타고나야 부자가 되듯이, 조상의 묏자리가 좋아야 후손이 발복하는 것은 분명하지만 모든 것을 조상의 탓으로 돌리면 곤란하다. 사람들은 집안에 우환이라도 생기면 그냥 조상의 묘를 잘못 써서 그렇지 않느냐며 의문을 품고 '반풍수'들은 그 약점을 파고 들어간다.

  '일반풍수'는 반풍수보다 한수 위인 풍수전문학원을 나와 풍수이론을 익혀 오랜 내공이 쌓여 풍수 일을 한다.

  '작대기풍수'는 혈 자리에 대해 정확한 감평을 할 줄 모른다. 혈 자리를 보는 일은 여간 어려운 게 아니다. 그래서 산(山) 공부 3년, 혈(穴) 공부 10년이라는 말이 있을 정도이다. 그렇지 않으면 대다수가 작대기풍수로 비참한 말로를 걷는다.

'작대기풍수'들은 성급하게 산(山)·수(水)·화(火)·풍(風)·방위(方位)와 음양오행의 공식이나 외워 그나마 어설프기 짝이 없다. 그런데도 온갖 잡술이나 부려 알게 모르게 한 가문을 망하게 한다. 또한 사회와 나라를 병들게 하는 시행착오를 범해 용서받지 못할 악업과 함께 씻을 수 없는 죄를 짓는다.

요컨대 의사가 잘못 판단하여 환자 한 명을 오진하면 환자 한 사람만 죽는다. 그러나 풍수 한 사람이 어설프게 터를 봐주면 온 가족과 후손들의 풍파는 물론 질병에 시달려 죽고 경제적인 곤란에 겹쳐 패가망신한다.

얼풍수, 반풍수, 작대기풍수들은 금전에 눈이 멀어 그냥 무조건 터가 좋다고 하면 안 된다. 엉터리로 터를 봐준 그 후손들만 화를 입는 것이 아니다.

엉터리 풍수사에게 좋지 못한 기운이 침범하여 비참한 말로를 면치 못할 것이다. 즉 비명에 횡사한 작대기풍수가 한둘이 아니다.

'방안풍수'라는 말이 있다. 석·박사 과정이나 풍수전문학원을 나와 풍수 이론을 완성하고 책을 펴면 어느 한 구절도 막힌 곳 없이 많이 아는 사람도 현장(산이나 들판)에서 막상 터를 잡으려면 몸이 뻣뻣하게 굳어버리고 심리적으로 당황해 울렁증까지 겹쳐 '까막눈 풍수'가 되고 만다.

이런 풍수를 작대기처럼 몸이 굳어 버린다고 해서 작대기풍수라고 부른다. 이런 점을 경계하는 선사(先師; 풍수도사) 분들은 '까막눈 풍수'라고 했다.

'명장풍수'는 현장에 나가 그 자리를 보고 감정한 다음 길흉화복과 발복 기간을 거의 정확하게 맞혀낸다.

'명장풍수'는 석·박사, 전문학원 또는 이름난 스승을 따라 다니며 풍수를 전문적으로 익히고 혜안(慧眼)이 되어 천목·천안통(天目·天眼通)이 열려 경지를 넘어선 '풍수도사'란 호칭이 붙은 풍수사를 말한다.

하늘이 감추고 땅이 숨겨둔 땅, 즉 세상에 드러나지 않는 천장지비(天藏地祕)의 땅을 찾아낼 수 있는 풍수사를 '명장풍수'라고 부른다.

여기서 대풍수와 작대기풍수, 얼풍수와 반풍수의 소질과 역량에 따라 망하거나 아니면 대박의 판가름이 난다.

2. 한번 명당은 영원한 명당인가?

혈판이 지진·지각변동·풍화작용에 의해 변이가 생겨 영원한 명당자리는 유지하기 어렵다고 본다. 경주·포항 지진에 의해 땅이 흔들리고 갈라져 지각변동이 일어난다는 상식은 누구나 안다. 하지만 지질의 구조(혈판) 변이는 대개 풍화작용에 의해 지반구조가 변이된다는 사실은 모른다. 경과 상태에 따라서 혈판 유지상태가 달라질 뿐이다.

사람들은 한번 명당은 영원한 명당으로 고집한다. 과학적으로 증명되고 고증된 문헌을 들여다보면 그렇지 못한 것을 알 수 있다. 지진·지각변동·균열·풍화작용 등으로 풍수학의 혈판이 붕괴되어 탈이 났다.

탈이 난 이유는 지반구조가 변이현상을 일으켜 건물이 블랙홀 속으로 빨려 들어가고, 넘어지고, 기울어지고, 금이 간 것이다.

묘지는 지반구조에 변이를 일으켜 혈 도둑 현상이 일어나고, 수렴·목염·화염·풍렴·충렴이 들어 재패·인패(財敗·人敗)에 시달릴 것이다.

묘지를 이장하려면 봉분을 파서 유골을 수습해야 한다. 파헤친 광중의 관뿐만 아니라 유골이 봉분 속에 존재하지 않고, 땅속 지류에 밀려 봉분 밖에 관(棺)과 유골이 있는 경우를 종종 볼 수 있다. 풍수에서는 이것을 치욕적인 용어로 '혈 도둑'이라고 부른다. 이를 소점한 풍수를 반풍수라고 깎아내린다.

이것은 풍화작용에 의한 지반구조에 지류변이(地流變異)의 영향을 받아 땅이 물러진 틈(길)을 따라 봉분 밖으로 밀려 버린 것이다.

지질학적으로 들여다보면 지반구조(혈판)가 탈이 난 원인은 지진, 지각변동, 풍화작용 등에 의해 대부분 문제가 발생된다.

1) 풍화작용

풍화작용(風化作用)이란 지표의 암석이 제자리에서 파괴되는 일련의 과정을 말한다. 풍화작용은 흔히 암석이 물리적으로 부서지는 물리적 풍화작용, 암석을 구성하고 있는 각종 조암 광물에 화학적 변화가 일어나서 붕괴되는 화학적 풍화작용, 생물학적 풍화작용 등으로 구분한다.

A. 물리적 풍화작용(物理的風化作用)

기계적 풍화작용(機械的風化作用)이라고도 한다.

암석이 지표면에 노출될 때 압력이 감소함으로써 일어나는 팽창, 절리나 그 밖의 틈에서 진행되는 얼음이나 염류 같은 이질 결정체의 성장, 가열과 냉각이 반복될 때 조암광물 간에 일어나는 차별적 팽창과 수축의 반복 때문에 주로 발생한다.

물리적 풍화작용은 지표면에 노출된 암석이 개개의 구성 광물로 분리되거나 분쇄되고 조금 작은 조각으로 깨지는 작용을 말한다. 아주 추운 겨울의 동결융해작용과 열팽창 수축작용, 소금 성장 풍화작용, 젖음과 마름 작용, 하중압력의 감소작용, 박리작용 등이 있다.

B. 화학적 풍화작용(化學的風化作用)

하나의 원소나 기존광물이 산소와 결합하는 산화, 가용성 광물이 물에 녹는 용해, 광물이 물과 화합할 때 기존광물보다 안정성이 높은 2차 광물이 생성되는 가수분해 등의 작용에 의해 암석이 붕괴된다.

노출된 암석은 화학적 반응을 통해 용해되거나 구성 물질이 개별적으로 분리된다. 토양수에는 무기산과 유기산에서 유래된 수소이온이 풍부하다. 수소이온을 함유하는 풍화 용액이 맨 처음 암석에 접촉하는 곳은 암석에 생성된 틈을 통과하거나 구성 광물 결정의 경계부를 따라 일어난다. 수소이온은 결정의 내부 구조에 확산되어 들어가면서 결합력을 약화시키며 장석의 Na・K・Ca와 같은 원소들을 선택적으로 용출시킨다.

이러한 원소들이 빠져나가면 광물은 불안정해지고 점토광물과 같은 새로운 2차 광물이 생성된다. 무기・유기적인 착온은 그 입자가 커서 결정의 내부 구조로 확산되어 들어가지 못해 광물의 표면에서 용해작용과 2차 광물의 침전을 일으킨다.

이와 마찬가지로 미생물과 곰팡이류에서 유래되는 카르복실산과 다른 유기산들도 규산염 광물의 노출에 원소와 표면 화합물이 생성된다.

이러한 화합물질은 금속이온을 용액으로 방출시키는 역할에 도움이 된다. 수소이온이나 착이온의 작용에 의해 1차 조암광물들은 용해가 일어나고 새로운 광물이 생성된다.

퇴적암을 제외하고 풍화를 받는 원래의 모암에는 존재하지 않지만 풍화과정 중 이차적으로 생성되는 점토광물은 풍화대에서 일차 조암광물인 A1-규산염 광물의 변질로 많은 양이 만들어진다. 이들의 존재는 화학적 풍화가 일어났다는 것을 증명할 수 있다.

화학적 풍화가 잘 일어나려면 상당한 양의 비가 내려 많은 양의 산성을 띠는 토양수를 토양의 내부와 광물의 표면으로 운반시킬 수 있어야 한다.

토양 내에서 산성의 토양수가 만들어지기 위해서는 지속적으로 낙엽과 같은 식물과 미생물들이 공급되어야 한다. 이는 급곡 분해, 즉 산화작용이 일어나야 하기 때문이다.

이런 과정을 통해 토양의 유기물 층에서 유기산들이 만들어지기 때문이다. 이러한 조건을 가장 잘 갖춘 곳은 온대지방과 열대지방이다. 이렇게 토양 산성화는 생물체의 활동, 즉 식물에서 분비되는 유기산에 의해 조절되기 때문에 이로 인해 풍화작용이 진행된다.

그 반면 육상에 식생이 출현하기 이전(후기 실루리아 이전)에는 토양에 유기물질이 없어 토양수는 알칼리성을 띠었을 것이다. 이러한 조건은 현생에서 건조하여 식생을 지탱시켜 줄 수 없는 지대에서 알칼리성 토양을 관찰한 것으로 유추해 볼 수 있다.

풍화작용에서 온도가 상승할 경우 화학적 반응이 빨라진다. 이렇게 반응속도가 빠르면 화학적 풍화는 온대지방이나 한대지방보다 열대지방에서 훨씬 빠르게 진행될 것이다.

풍화를 받는 동일한 암석에서는 동일한 풍화의 산물이 생성될 것이다. 하지만 이차적으로 풍화작용 동안 생성된 물질의 양이나 이들이 풍화작용으로 생성되는 속도는 온도, 즉 기후에 영향받을 것이다.

풍화작용 기간에 생성되는 물질은 점토광물, 철의 산화물과 수화물, 그리고 용액으로 빠져나가 물질로 구분할 수 있다.

풍화작용이 진행되는 동안 모암에서 용액으로 빠져나가는 물질은 나트륨과 칼륨의 알칼리성 원소, 그리고 칼슘과 마그네슘의 알칼리토류 금속이다.

일반적으로 나트륨은 칼슘에 비해 더 쉽게 용탈(溶脫)된다. 또한 칼슘이 마그네슘보다 더 빨리 용액으로 빠져나가기 때문에 풍화작용 과정에서 생성되는 점토광물에는 마그네슘이 많이 함유되어 있다.

산화 상태의 철은 거의 녹지 않기 때문에 아주 강한 환원조건 하에서만 상당량의 철이 용액으로 빠져나간다. 풍화작용 중에 유래된 알루미늄의 대부분은 풍화대의 점토광물에 붙잡혀 있다.

석영은 거의 불용성이지만 규산염 광물이 부서지면 많은 이산화규소(실리카)가 유리되고 용해된 실리카는 그 장소로부터 제거된다. 이는 장석이 풍화를 받아 깁사이드 광물로 바뀌어 가는 것으로 보아 실리카의 제거가 일어났음을 알 수 있다.

이때 실리카의 제거는 수화(水化)된 콜로이드나 용해도가 높은 알칼리 규산염을 이루며 빠져나간다.

가) 점토광물

점토광물이 생성되는 데 가장 중요한 장소는 기반암과 미고결 퇴적물 위에 형성된 풍화대와 토양층이다. 토양은 물리화학적인 작용과 생물학적인 작용에 의해 생성되고, 수직적으로 독특한 층을 이루며 발달한다.

토양층에서 생성되는 점토광물은 스멕타이트(smectite; 화학조성이 아주 다양함), 일라이트(illite), 카올릴라이트(kaolinite; 고령토), 깁사이트(gibbstite) 등이 있다.

나) 철산화물과 함수산화물

철산화물과 함수산화물은 풍화작용에 의해 생성되는 두 번째로 중요한 물질이다. 함철 마그네슘 광물은 산화작용과 수산화작용에 의해 적철석(Fe_2O_3)과 갈철석(limonite, $FeO(OH) \cdot NH_2O$)을 가장 많이 형성한다. 이들 광물도 점토의 입자 크기를 이루기 때문에 감정이 어려운 편이다.

적철석은 건조기후대 풍화작용의 대표적인 산물이다. 갈철석이나 적철석과 갈철석의 혼합물은 습윤한 기후에 더 많이 나타나는 풍화 산물이다.

여기서 갈철석이란 여러 가지 서로 다른 광물의 혼합물이거나 비정질(非晶質) 물질의 혼합물을 가리키는 일반적인 용어이다.

다) 풍화작용과 퇴적물의 조성

기온이 낮은 사막 지대와 극지방의 기후대에서는 물리적 풍화
작용이 주로 일어난다. 빙하의 하부에서는 화학적 풍화작용이
거의 없다. 극지방과 사막지대에서는 매우 미약한 화학적 풍화
작용이 일어난다.

이곳의 토양은 질석, 스멕타이트, 철산화물(Fe-oxiders), 나트
륨염(Na-salt)이 빙하 말단 퇴적물인 빙퇴석에 발달한다.

온도가 점차 올라가고 습해지는 기후대로 갈수록 화학적 풍화
작용의 정도가 증가하면서 결과적으로 심하게 풍화작용을 받은
토양이 생성된다는 것을 알 수 있다. 지형이 가파른 곳에서는 풍
화작용의 기간이 짧아 화학적 풍화가 덜 일어나는 반면 지형이
완만한 곳에서 장기간 풍화작용을 받는다.

C. 생물학적 풍화작용(生物學的風化作用)

미생물과 곰팡이류는 규산염 광물의 풍화에 유기착이온과 수
소이온을 분비해 광물을 용해시키는 작용을 하는 것으로 알려져
있다.

보통 조광물이 미생물과 곰팡이류에 의해 풍화를 받는 것도
이들이 없을 때에는 아주 느리게 일어나는 반응을 중간에서 더
빠르게 일어나도록 조정하는 것으로 여길 수 있다.

이들 생물체들의 작용은 화학적 풍화를 간접적으로 증진시키
는 역할을 하는 것으로 보인다. 즉 반응이 일어나는 과정에서 박
테리아와 균류가 많은 양의 반응물을 생성하기 때문에 원칙적으
로 장석의 용해는 무기적으로 일어난다.

주사전자현미경으로 보면 균류의 필라멘트와 같은 것이 관찰된다. 또한 이 암석 피복이 이곳에서 채집되는 미생물의 배양을 통해 생성된 것으로 해석하고 있다.

크린즈리는 1998년 고분해 투과전자현미경으로 스트로마톨라이트의 층리를 보이는 것들이 일라이트·녹니스·스멕타이니스와 혼합층상 광물의 점토광물로 이루어진 것을 밝혀냈다.

박테리아와 균류 등이 암석 자체가 아닌 외부 기원의 철과 망간을 농집한 후 이들이 분해되면서 철과 망간을 이동시켜 점토광물에 흡착되는 것이다. 즉, 암석 피복물은 유기물에 의한 속성작용으로 생성된다.

지진, 물리적 풍화작용, 화학적 풍화작용, 생물학적 풍화작용, 지각변동에 의해 음택·양택의 지반구조가 균열과 뒤틀림, 압축팽창, 쪼개짐 등의 원인이 된다.

그런고로 풍수학에서 가장 중요한 혈판(지질의 지반구조), 즉 '혈판이 탈났다, 나갔다, 금이 갔다'고 부른다.

지반구조에 탈이 났을 때 틈새로 올라온 유해 기운(유해파, 지전류, 수맥, 대기장력)이 무덤 속으로 침범하거나 생활하고 있는 건축물에 스며든다.

이때 들어온 기운이 뇌에 영향을 주어 가족간에 갈등을 유발한다. 결국은 이혼을 준비 중이거나 뇌질환·간·폐·갑상선·위 등에 암을 유발시켜 건강을 해치고 인패를 재촉한다.

또한 사회적 갈등으로 소송에 휩쓸리고 임직원간에 회사와 갈등을 유발하고, 인패는 물론 재패까지 입어 패가망신한다. 즉, 빨리 다른 곳으로 묘지를 옮기거나 빠른 시일에 새로 이사하는 것이 상책이다.

2) 지반구조(혈판)의 탐사 방법

지반구조를 탐사하는 방법은 물리적 탐사법, 자력에 의한 탐사법 등이 있다.

여기서 필자가 땅속 혈판이 있는 곳을 직접 굴착해서 연구한 가칭 '직접지반구조(혈판) 탐사법'을 추가로 설명한 내용을 소개한다.

땅속 지반구조를 물리적탐사법에 의한 견고적인 검사로 지하에 대한 정보를 얻기 위해 직접 관찰하는 방법, 여러 종류 장비를 활용하는 물리탐사법, 위성(GPS)장비와 항공·위성사진을 이용하는 방법이 있다.

이 밖에도 여러 가지 방법을 활용할 수 있다. 퇴적물이나 암석 자체 혹은 층 단면을 관찰하거나 검층(檢層)을 통해 정보를 수집하는 직접 관찰법은 계약조건과 제한이 많아 필요한 정보를 수집하는 데 불충분하다.

여러 가지 장비를 사용하여 물질의 변화를 측정하고 그 결과로부터 구성물질의 특성과 지구 구조를 유추하는 탐사를 한다. 암석이나 퇴적물의 성분이 서로 다른 지층의 경계선에서는 전기비저항이 달라진다.

뿐만 아니라 탄성파의 전파속도가 변하거나 전자파 분포에 이상이 발생하며, 중력 가속도가 변하고, 지구자기장의 분포에도 이상이 발생한다. 이러한 방법을 물리탐사라고 한다. 이와 같은 측정의 변화를 용이하게 관찰하려면 지층구조에 커다란 이상이 있어야 한다.

이런 편차는 물질의 성질에 큰 변화를 일으켜 우리가 측정하는 물리량의 변화로 그 원인을 찾아낼 수 있다.

여러 종류의 탐사법은 제각각의 특징 때문에 때로는 상호보완

작용을 할 수 있다.

전기 비저항법으로 찾아낼 수는 없지만 탄성파 탐사법으로는 명확하게 찾아낼 수 있으며, 그 반대의 경우도 있다.

대부분의 물리탐사법은 탐사기 시스템이 커서 혼자 다루기 어렵고 조사할 지표면에 반드시 접촉시켜야 하는 문제점이 있다.

A. 자력탐사에 의한 지반 검사

자기장이 모든 물질에 대해 투명한 것은 장점이면서도 단점이다. 즉 모든 물질의 내부에 대한 정보를 얻지만 그런 과정이 매우 어려울 수도 있다.

특히 정보를 얻었더라도 그것을 정확하게 해석하는 것이 용이할 수 있다. 이처럼 강한 도구인 자기장과 자력이 탐사에 적극 활용되지 못하는 이유도 바로 이런 어려움 때문이다.

자력탐사는 감지 센서를 지표면에 접촉시키거나 지하에 묻어야 하는 전기 비저항 탐사나 탄성파 탐사와 달리 센서를 지표면에 접촉할 필요가 없다.

자력탐사는 2인 이상의 탐사자가 필요한 대부분의 탐사 방법과 달리 조작이 간단해 1인이 쉽게 운용할 수 있다.

지력탐사를 제외한 모든 탐사 방법은 발생원이 필요한 능동적 기술이므로 측정 위치로부터 대상체가 있는 곳까지 거리를 유추해낼 수 있다.

하지만 자력탐사 중에서 지구의 자장을 이용하는 자기탐사법은 지구가 만든 자력을 이용하는 수동적 기술이므로 대상처까지의 거리를 정확히 계산하기 어렵다.

대부분의 물질은 자기적 성질의 차이가 대단히 작기 때문에 아주 미세한 자력의 차이를 보인다.

그래서 자기탐사법은 미세한 차이의 자력을 감지해낼 수 있는 대단히 높은 감도의 고성능 센서가 필요하다.

이런 어려움을 해결할 경우 현존하는 도구들 중 가장 강력한 무기인 자력으로 지반구조를 조사하면 측정이 간단하고 어떤 매질이나 경계·내부 결함도 찾아낼 수 있다.

이문호 교수는 물리탐사법 중 자력탐사법(磁力探査法)인 전기 비저항 탐사법으로 음택이 있는 곳의 지반을 조사 분석했다.

이 결과 지반[穴板]이 좋고 나쁨을 판단하는 데 결정적인 단서를 제공했다고 밝혔다.

현대과학을 응용한 전기비저항 탐사법인 자력의 원리로 묘지 속을 엑스레이처럼 혈판의 현재 상태를 촬영한 성과는 틀림없다. 그런데 아쉬움이란 늘 존재한다.

묘지를 파헤쳐 육안으로 볼 수 없는 것과 현재 구덩이 속 사면의 벽면이나 바닥의 혈판 구조나 성분, 풍화 진행 시작(묘지 쓰기 전)부터 과정을 알 수 없다.

또한 풍화 진행과정의 자료를 얻기 어렵고, 구덩이 굴착 당시 땅속에서 올라온 기운(기화현상)을 볼 수 없고, 명당 특유의 땅의 향기를 맡을 수 없는 점이 아쉽다.

광중(壙中) 속이 왜 나빠졌는지 표출하는 데 한계점이 바로 그것이다.

그러면 여기서 지반구조가 어떻게 변이되어 파쇄됐는지 그 모습을 살펴본다.

B. 지반 지질구조가 파쇄된 혈판의 모습

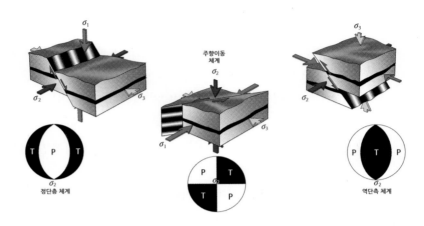

지질 혈판 파쇄대

지질 파쇄대는 단층이 한번 발달하면 그곳은 약대가 되어 다시 응력장이 걸릴 때 취약한 곳이 된다.

따라서 양택 건축에서 지반에 단층이 어떻게 분포하는지 조사하는 것이 요구될 때가 있다. 달리 말하면 한 번 지진이 일어나면 그곳에서 다시 지진이 발생하는 기작이 된다.

단층의 운동감각에 대한 것으로 기하하적 분석이 운동학적 모델로 어떻게 이어질 수 있는가를 보여주는 예이다.

〈그림 a〉는 단층을 가로질러 층서가 대비되지 않는 층(b, c) 단층 가까이에서 층의 회전이 관찰된다면 상대적인 운동이 결정될 수 있다.

〈그림 b〉의 형태는 정단층 운동을 입증하는 반면 〈그림 c)〉는 역단층을 따라 예상되는 형태를 보여준다.

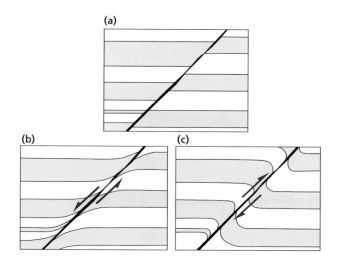

(a)

(b)   (c)

〈그림 a, b, c〉 지질 구조의 혈판 변형.

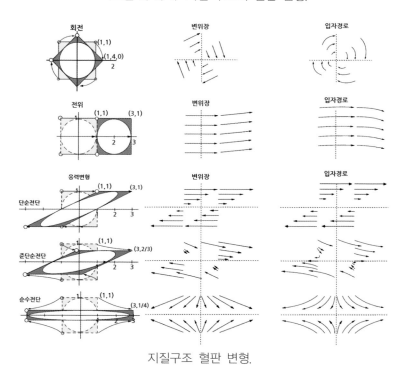

회전	변위장	입자경로
전위	변위장	입자경로
응력변형	변위장	입자경로

지질구조 혈판 변형.

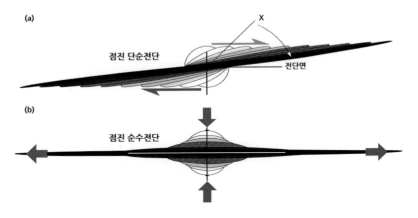

(a)

X

점진 단순전단

전단면

(b)

점진 순수전단

지질 혈판 뒤틀림 현상

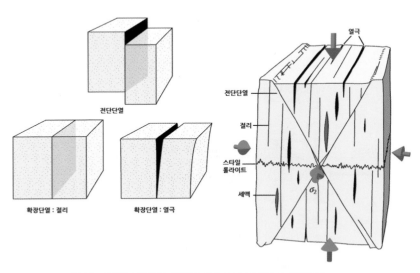

전단단열

확장단열 : 절리

확장단열 : 열극

열극

전단단열

절리

스타일
롤라이트

세맥

σ_2

암석·광물 매질의 영률(E)과 포이송비(V) 대푯값

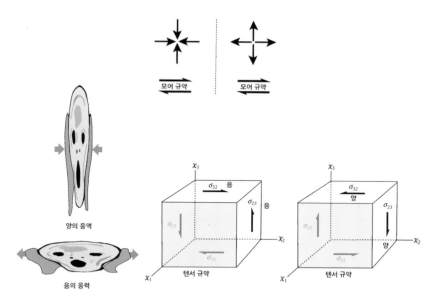

지질 혈판 압축·팽창 현상

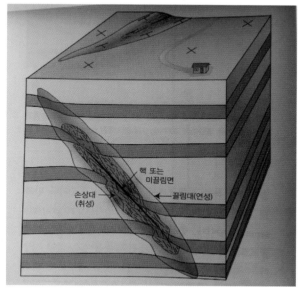

단층(혈판) 쪼개짐 현상

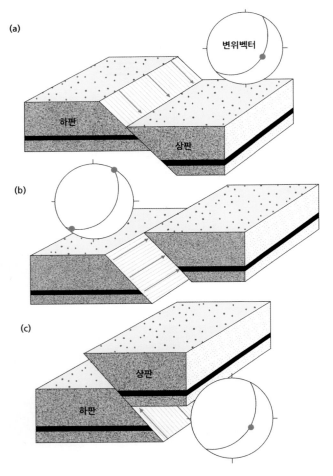

변위벡터

하판

상판

(b)

(c)

상판

하판

지질 단층(혈판) 이동 현상

　어쨌든 음택 단층은 암석의 균열과 비슷해 이 사이로 지하수
등 유체의 흐름이 보다 수월하다. 단층을 통해 나온 지하수는 음
택·양택에 모두 이롭지 못한 방해꾼으로 길흉화복의 근원이 되
는 일부이다.

부귀영화는 영화지지(榮華之地) 명당에 결말의 단계에 이른다. 단층은 이를 증명하듯이 혈판층 균열로 인한 틈새로 냉 기운을 수반한 물이 들어온다. 결국 지하층은 자연의 원리에 따라 뱀·다람쥐·쥐·곤충·지렁이·벌 등이 서식해 멧돼지가 땅을 파는 원인이 된다.

즉 집이나 건축물이 무너지거나 기울고, 묘지는 멧돼지가 봉분을 파헤치며 먹이를 찾는다. 흉지가 됨으로써 우환이 잦아지고 건강을 잃는다. 정신적 건강에 좋지 못한 파장이 가족, 이웃, 사회적으로 갈등을 일으키며 대패·인패로 패가망신한다.

음택의 경우 무덤 속에 탈이 나서 5렴이 든다. 5렴은 목렴(木廉)·수렴(水廉)·화렴(火廉)·풍렴(風廉)·충렴(蟲廉)으로 후손들에게 좋지 못한 기운이 전해진다.

3) 건강한 터와 병든 터

건강한 터

  지관(地官; 풍수)은 하나의 명당을 찾기 위해 산 공부 3년, 제혈(諸穴) 공부를 10년 해야 할 만큼 어렵다.

  풍수명장은 자기가 죽어서 묻힐 터(신후지지)를 찾기 위해 평생을 공부한다. 필자도 이미 봐둔 터가 있다.

  건강한 터는 산세가 수려하고 양명한 곳이다. 천하명당 천장지비(天藏地秘)는 지질구조와 화학적인 성분을 현대과학으로 분석해 보면 지질학적으로 몬모릴로나이트(montmorillonite), 일라이트(illite), 깁사이트(gibbsite), 카올리나이트(kaolinite), 석영(quartz, 石英) 등으로 되어 있다.

  화학적인 성분은 알루미늄(Aluminum), 규소(Silicon, 硅素), 칼륨(Potassium), 철(Iron, 鐵), 마그네슘(magnesium, Mg), 나트륨(Sodium, Na) 등으로 이루어져 있다.

  무덤 속에는 땅속 깊은 곳에서 솟구치는 지기 기운(에너지·마그마)이 묘지 속 체백에 지속적으로 융기(融氣)돼야 한다. 이 기운은 향나무, 편백나무, 오동나무 향 등 토질 특유의 향기를 품고 있다.

  이 향의 기운은 알칼리성 성분이 높은 몬모릴로나이트, 일라이트 등으로 지기와 외부의 기류가 상통하여 일정한 온도를 유지해야 한다. 하지만 그렇지 못하고 외부의 바람이 묘지 속으로 상통하여 바람이 든 병이다.

  묘지 속은 뱀, 다람쥐, 개미 등이 서식하기 좋은 조건으로 변해 먹이사슬에 따라 멧돼지까지 봉분을 파헤친다. 이런 곳은 불상사나 환자, 재화가 빈번하게 일어난다.

  지진, 지각변동, 풍화작용, 뒤틀림, 쪼개짐, 꺼짐, 기울어짐,

끊어짐 등으로 산사태가 일어난 후 토사가 밀려 들어와 계곡을 메워 지형이 변경된다. 수해로 자갈 모래가 쌓여 오랜 시간이 지나 산천이 변경되면 새로이 평평한 터가 형성된다.

지관을 잘못 만나 이런 곳에 묘를 쓰면 자연의 지류 흐름 원리에 따라 관이 밀려 봉분에서 3~4m 밀려나간 곳도 종종 볼 수 있다.

땅속에는 여러 가지 기운이 흐르고 있다. 좋은 기운이 흐르는가 하면 좋지 못한 기운이 흐르는 곳도 있다.

혈은 좋은 기운에 흐른다. 시신을 좋은 곳에 매장하면 혈에 흐르는 좋은 기운이 융화되어 근육은 소진되고 자색·황색 뼈만 깨끗하게 남는다. 이것을 자골(紫骨)·황골(黃骨)이라고 부른다.

어두침침하고 냉기가 감도는 곳은 양시(養尸)로 가장 꺼리고 피하는 터다. 양시는 땅의 생기와 맥이 없는 곳으로 이런 데 매장하면 백년이 지나도 시신이 탈골되지 않는다. 관 뚜껑을 열면 마치 사람이 살아 있는 것처럼 윤기가 나는데 이는 바람을 만나야 비로소 색깔이 변한다.

좋은 명당이 생기를 얻으면 곧 따뜻해져 살은 썩기 쉽고 뼈는 오래 남는다. 그래서 남겨진 뼈는 자손번창과 함께 발복한다.

땅속에는 여러 가지 기운이 흐르고 있다. 좋은 기운과 나쁜 기운이 혼재해 있다.

좋은 기운이 흐르는 곳이 혈이다. 시신을 이런 곳에 안치하면 시신이 매우 깨끗하게 탈골된다.

혈에는 피부나 근육이 일찍 탈골되어 깨끗한 황골의 뼈만 오랫동안 남는다. 산소 자리를 잘못 정리하면 좋지 못한 기운에 의해 피해를 입는 경우가 많다.

유골에 물이 차고, 나무뿌리·풀뿌리가 유골을 칭칭 감거나 쥐·뱀·곤충·벌레들이 관 속에 침입하고, 머리카락 등 모습을 한 여러 종류의 곰팡이가 핀다. 이것을 염(廉)이라고 한다.

병든 터와 5렴(五廉)

양택·음택 모두 지반구조층이 허약하고 병든 터는 지진, 지각변동, 풍화작용, 뒤틀림, 쪼개짐, 꺼짐, 기울어짐 등으로 좋지 못한 기운이 주거지에 들어와 가세(家勢)가 점점 기울고, 가족의 건강에 해를 끼친다.

틈새로 물이 스며들어와 탈이 나는 터를 패가망신(敗家亡身) 터, 또는 병든 터라고 한다. 원인은 목렴, 수렴, 화렴, 풍렴, 충렴 때문이다.

가) 목렴(木廉)

목렴(木廉)은 지진, 지각변동, 풍화작용, 뒤틀림, 쪼개짐, 꺼짐, 기울어짐 등 때문에 나무뿌리가 틈새로 침입하여 균형을 허물어뜨린다. 나무뿌리가 관속 시신이나 유골의 두개골과 뼛속까지 뚫고 들어가며, 명주실을 흩어놓은 듯이 하얗게 덮고 칭칭 감아 뼛속의 영양분을 가져간다.

이럴 경우 후손들 중에 뇌질환과 신경통으로 고생하는 사람이 생기고, 자손들이 이혼하거나 짝을 잃고 사업이 망하기도 한다. 또한 자손에게 재패와 불구자가 나온다.

나무뿌리가 감긴 위치에 따라 머리 부분을 감고 있으면 머리에 병이 나고, 눈에 침입해 있으면 안질·두통·정신질환 등을 앓는다. 허리를 감싸고 있으면 척추, 허리, 하반신 등 질병이 후손들에게 생긴다.

또한 묘소와 가깝게 나무들이 인접해 있으면 일단 목렴을 의심해 봐야 한다.

시신이나 유골에 나무뿌리·풀뿌리가 감겨 있는 것을 목렴이라고 한다. 기가 없고 땅이 무른 곳에서 자주 발생한다.

산형에 따라 다르지만 자손의 재산적인 손해와 불구자가 생긴
다. 나무뿌리가 침입한 위치에 따라 다르다.

머리 부분에 나무뿌리나 풀뿌리가 감싸고 있으면 눈 불치병,
두통, 정신질환을 앓는다.

허리부분을 감싸고 있으면 허리에 병이 나고, 다리를 감싸고
있으면 하반신이 나빠지는 후손들이 있다.

나무뿌리가 관 속으로 파고들어 발생하는 목렴(木廉)이 생기
면 후손들 중에서 정신병자가 나오거나 불구의 자손이 나온다.

나무뿌리가 두개골과 유골 전체에 침입했다.

그런데 그 산소(묘) 자리가 진짜 명당이라면 주위에 뿌리가 깊
은 아카시아 나무나 잡목이 아무리 많아도 나무뿌리는 관 속으
로 들어가지 않고, 관 주위를 감싸고 있을 뿐이다.

나무뿌리가 광중 속으로 내려가 체백(體魄)에서 영양분을 흡
수하거나 유골에 감긴 것을 목렴(木廉)이라고 한다.

나무뿌리가 영양분을 흡수하기 위해 광중이나 관곽(棺槨) 안

으로 파고들어가 시골을 휘감거나 시골(屍骨) 두상 속에 잔뿌리를 내려 둥글게 뭉치듯이 꽉 차 있다.

또한 묘소와 가깝게 소나무나 아카시아 등이 인접해 있으면 일단 목렴을 의심해 보아야 한다.

산형에 따라 다르겠지만 자손에게 재패와 불구자가 생긴다. 나무뿌리가 감긴 위치에 따라 머리 부분을 감고 있으면 머리에 병이 나고, 눈에 침입해 있으면 안질·두통·정신질환 등을 앓는다. 허리를 감싸고 있으면 척추, 허리, 하반신 등 질병이 후손들에게 생긴다.

나) 수렴(水廉)

수렴(水廉)은 배수되지 않는 토질의 무덤 위쪽 바위와 흙 경계 부분에서 주로 생긴다. 수맥이 지나가는 곳을 포함해 진흙바닥에 배수가 더디거나 물이 고이면 시신이 썩지 않고 온수가 나오며 녹아 사라진 경우가 종종 있다.

땅 위에서 물이 스며들면 관 속에 고여 따뜻해 녹아 없어지는 경우를 사토(死土)라고 한다. 간혹 복시혈(伏屍穴)이 되어 시신이 뒤집어진 경우도 볼 수 있다.

찬물이 나는 샘물 위나 냉기가 올라오는 곳은 냉장고처럼 땅속의 냉기가 유지되어 수십 년이 지나도 시신이 썩지 않는다. 이런 현상을 부골(腐骨)이라고 한다.

이런 터는 후손들이 이혼하거나 짝을 잃는 경우가 생기고 만성두통과 뇌질환 환자가 많이 발생한다. 이 경우 배수가 원활하지 못해 이끼류나 습기에서 잘 자라는 풀들이 무성하고 토질은 질퍽하다.

이에 대해 좀 더 현대과학으로 증명한 원인과 이유는 2장에서 살펴보기로 한다.

땅에 습기가 많아 관 속에 물이 차 있는 것을 수렴이라고 한다. 지하수나 배수되지 못한 물이 한곳으로 모이는 지형이나 냉골 지역에 따라 달라진다.

시신이 관 속에서 물 위에 둥둥 떠 있어 까맣게 되고 퉁퉁 불어 매우 흉하다. 이 경우 후손들에게 인패나 재패가 나고 부황병도 생긴다.

묘지 속의 관에 물이 가득 찬 모습.

특히 산소(묘터)에 수맥이 지나가면 봉분이 허물어져 내려앉기도 하고, 심어놓은 잔디가 말라 죽고, 관 속에 물이 차서 시신이 거꾸로 뒤집어져 있기도 한다.

지하수가 관 속으로 들어갈 경우 관 속의 시신은 몇 년이 지나도 금방 죽은 사람처럼 썩지 않고 그대로 있다. 지상에 있던 물이 관 속으로 스며들면 시신과 뼈가 2~3년 내에 악취를 풍기며 썩고 녹아 없어져 버린다.

이렇게 묘지에 수렴(水廉)이 들면 자손들은 여러 가지 알 수 없는 병이 생기고, 또한 가정에 우환이 자주 생기고, 자손이 음란해져 망신을 당하고, 익사하거나 물(水)로 인한 재난을 당한다.

체백이 물속에 잠겨 있는 것을 수렴(水廉)이라고 한다. 광중

안에 지하(地下)의 수기(水氣)가 스며들고 지상(地上)의 천수(天水)나 건수(乾水) 등이 들어가 일어나는 현상을 말한다.

지하수로와 강유(强柔)가 일정하지 못해 온수·냉수 차이도 있지만 산형에 따라 달라진다.

더러는 시신이 칠성판에 묶인 채 물 위에 떠 있다 엎어지는 복시(覆尸) 현상이 일어나거나 물에 뜬 두상이 아래쪽으로 이동하는 경우도 있다.

지표수(地表水)가 관에 스며들어 고여 있는 경우 관곽(棺槨)의 물이 똥물 같은 빛깔로 변해 악취를 풍긴다. 일반적인 수렴은 물이 관곽(棺槨) 안으로 스며드는 삼투(滲透) 현상이다.

즉 관의 바깥쪽은 물이 없고, 오직 관 안에만 물이 차는 현상은 삼투압(滲透壓) 때문이다. 삼투압이란 농도가 다른 두 액체 사이를 반투막(半透膜)으로 가로막으면 농도가 낮은 바깥쪽(건수 등 깨끗한 물)의 용매(溶媒)가 막을 통해 농도가 더 진하거나 높은 쪽(시신이 썩어 혼탁해진 물)으로 이동하는 것이다.

광중으로 물이 유입되면 거의 관곽 안에만 차 있는 것을 경험할 수 있다. 땅속의 관곽(棺槨)은 흙이 에워싸 한번 유입된 물은 쉽게 증발되거나 나가지 못하고 관 속에 계속 남아 있다.

건수 등이 광중으로 스며들면 삼투압 현상으로 관곽 안에 계속 공급되면서 시골(屍骨)이 쉽게 부식되지 못하고 그 상태를 유지한다.

즉 시골이 공기에 노출되기보다 물속에 잠겨 있으면 산소의 유입이 줄어들어 부식(腐蝕)의 속도가 떨어지면서 오랜 세월이 흘러도 거의 체백의 원형을 유지하고 있다.

이러한 곳은 대부분 혈장 주변의 지반이 약하고, 진흙 토양으로 배수가 잘 안 되는 경우가 많으며, 간혹 지하에 수맥대(水脈帶)가 지나는 수도 있다.

또한 무덤의 위쪽은 논·밭 등이 있고, 토양이 점토질(粘土質)인 경우 수렴이 많이 든다.

혈판은 땅이 숨쉬고 호흡하는 곳인데, 간혹 지관이 터 잡아 구덩이를 굴착하는 과정에 착오를 일으켜 썩돌(푸석한 암반)을 파내고 무덤을 쓴 경우가 흔히 나온다. 이런 경우 배수작용이 불가능한 속 물 웅덩이에 터를 잡아 화를 부른 셈이다.

수렴이 들면 그 후손들은 파산(破産)하거나 당뇨병(糖尿病) 우환이 따르고, 자녀들의 성정(性情)이 음란(淫亂)하며, 익사(溺死)하거나 수재(水災)를 당한다.

광중에 물이 차 간혹 봉분의 잔디가 고사하는 수도 있다. 하지만 실제 개장(改葬)해 보면 그렇지 않은 경우가 더 많다는 것을 체험할 수 있다. 인터넷상에 떠도는 확인되지 않은 설을 무작정 믿으면 안 된다.

또한 쥐나 개미가 집을 짓는 곳은 그 아래에 수맥이 지나가거나 수기가 많다. 개미나 쥐는 토양이 어느 정도 습기를 품어야 집을 짓는 습성이 있다.

다) 화렴(火廉)

화렴(火廉)은 묘지 속 지기와 외부의 기류가 상통하여 일정한 온도를 유지하지 못해 시신[體魄]이 불에 탄 듯이 검은색으로 변한 것을 말한다.

이것을 천목법으로 접근할 때 양택·음택에서 암적인 존재 같은 잡티, 대기장력, 유해파, 수맥, 지전류 중 지표면의 유해파와 지중의 지전류가 겹쳐 물리학적 플라스마(plasma) 현상(자유로이 운동하는 음양의 하전입자가 중성기체와 섞여 전체적으로 전기적인 중성 상태)으로 시신이나 유골이 불에 글린 것처럼 새카맣게 보인다.

수십 년이 지난 관 속 시신이 썩지 않고 시커멓게 탄 모습(화렴).

체백이나 유골이 불에 그을린 것처럼 새까맣게 변하는 것을 말한다.

팔 요풍이 광중에 스며들어 침입하고 규봉(窺峰)이 있는 곳이다.

후손들이 심하게 다치거나 죽고 검찰·경찰·법원과 관련된 소송에 연유되는 일이 일어나고 질병에 시달린다.

시신 중에 일부 또는 전체가 불에 탄 듯이 시커멓게 변한 것이 화렴(火廉)으로 가슴, 발, 다리 등은 물론 수의가 부분적으로 탄 것도 있다.

체백 일부 또는 전체가 불에 탄 것처럼 변한 것이 화렴이다. 가슴, 발 다리 등은 물론 수의가 부분적으로 타 있고, 다른 곳은 그대로 남아 있는 경우도 있다.

화렴을 이루는 토양을 보면 묘소 뒤쪽은 단단하지만 앞쪽이 무른 경우가 많다. 또한 묘지 사방이 골짜기를 이루면서 바람이 사방에서 들이닥치면 화렴이 든다.

그러면 그 자손들은 재산을 잃거나 중간에 벼슬을 파직당하기도 하고, 죽거나 감옥살이를 하는 경우도 있다.

화렴은 풍렴(風廉)과 같은 현상이 시골(屍骨)의 일부에서 일어나는 것으로 보기도 한다.

라) 풍렴(風廉)

풍렴(風廉)은 땅이 지진, 지각변동, 풍화작용, 뒤틀림, 쪼개짐, 꺼짐, 기울어짐, 끊어짐 등 때문에 틈새로 무덤 속에 바람이 상통해서 생기는 2차적 현상이다.

또한 땅이 퍼석거리거나 자갈과 모래로 이루어진 하천 땅에 바람이 상통해서 시신이나 유골에 곰팡이가 자라는 현상이다.

유골이 자골이나 황골을 유지하지 못하고 회색, 하얀색, 우중충한 색 등으로 변하고 유골이 푸석푸석한 형태를 말한다.

자손들은 간암, 폐암, 중풍 등의 신경계통의 병에 시달리고 정신질환으로 고생하기도 한다.

광중에 있는 시신이 없어지거나 두개골 등의 유골이 한쪽으로 몰리고, 뒤섞여 있는 상태를 말한다. 이런 현상은 진흙에 냉기가 스며드는 곳에서 발생한다.

주로 물길에 묘를 쓴 곳으로 비가 많이 오는 장마철에 물이 모이고 빠지기를 반복하면서 생긴 현상이다.

마치 무에 바람이 들 듯이 뼈가 푸석푸석하게 변질된 것을 풍렴이라고 한다.

산세가 한쪽으로 기울어 있는 곳에 무덤을 쓰면 반드시 바람을 맞는 풍렴(風廉)이 든다.

주위를 보면 바람의 영향을 받은 나무를 쉽게 발견한다. 또한 낙엽이나 풀과 나무들이 흙을 감싸지 못해 바람에 그대로 노출된 상태도 쉽게 볼 수 있다.

또한 땅이 퍼석거리거나 자갈 땅 또는 암반 위에 묘를 쓰면 풍렴(風廉)을 당하기 쉽다. 풍렴(風廉)이 들면 그 자손들은 중풍을 앓는 경우가 많다.

무덤 속에 나무뿌리가 침입하고 외부 공기가 유입되어 흰 곰팡이가 자란 백화현상(白化現象).

몰아치는 바람에 산체가 돌아가는 듯한 곳을 말한다. 각종 변태도 산형에 따라 다르지만 자손이 난폭해지고 재패와 도주를 한다.

풍렴이 들면 그 자손이 중풍(中風)이나 신경계통의 병을 앓고 정신질환(精神疾患) 등으로 고생한다. 또한 후손이 짝을 이루지 못한 경우도 있다.

또한 바람을 타는 음택을 보면 전순 앞쪽으로 축대 등을 쌓아 조성되거나 바람이 계곡을 통해 들이치는 능선 상의 무덤 등으로, 그 주변을 보면 나무 등이 세찬 골바람을 맞아 흙이 사라지고 파헤쳐져 뿌리를 지상으로 드러내기도 한다.

간혹 광중에 시신이 없어지거나 이동되는 '형도둑' 현상을 볼
수 있다.

마) 충렴(蟲廉)

충렴은 광중 안에 뱀·두더지·쥐·개구리·달팽이·거미·
벌레 등이 서식하는 것이다.

음절불배합(陰節不配合)으로 음기가 집중되어 있는 곳이다. 후손
들의 재산이 소진되고 먹고살기가 고달프고 질병 등에 시달린다.

묘의 관 속까지 갖가지 동물이나 곤충들이 침입하여 들어가
살고 있는 것이 충렴(蟲廉)이다.

충렴(蟲廉)이 들면 후손들은 재산을 잃고 병을 앓는다. 이런
충렴을 막으려고 보통 관 밑에 석회를 넣어 둔다.

묘 속에 갖가지 생명체들이 활동하면서 송판에 기생하는 자치
벌레가 들끓거나 뱀·쥐·왕거미·지렁이·개구리 등이 침입한
다. 무덤 주위가 습할 경우 봉분 안으로 물이 스며드는 경우가
많다.

묘 속에 뱀이나 구렁이는 말할 것도 없고 쥐들도 우글거린다.
심지어는 지네나 개구리, 거미 등이 집을 짓고 살기도 한다.

충렴이 드는 곳은 토양이 무기력(無氣力)하거나 무맥지(無脈
地), 또는 무덤 주위 봉분에 구멍이 송송 나 있는 경우가 많다.

또한 유기물과 습기 등이 많다면 지렁이 등 토양 생물이 이를
먹고 살면서 먹이사슬에 의한 생명체 등이 번식한다. 광중에

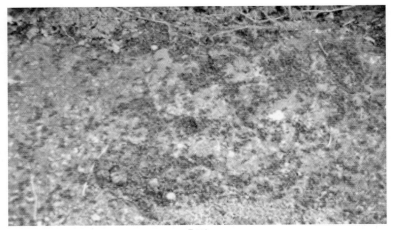
충렴.

뱀이나 개구리 등의 침입을 막으려면 동선(銅線)으로 촘촘하게 그물처럼 엮은 얼망을 광중 아래에 깔고, 석회를 관곽의 사방이나 칠성판 밑에 바르면 예방할 수 있다. 충렴이 들면 집안에 크고 작은 우환이 끊이지 않고 재물이 흩어지는 등 피해가 크다.

이렇게 5가지의 나쁜 현상이 나타나는 오렴(五廉)의 자리에 산소(묘터)를 쓴 후손들은 편안할 날이 없고 결국 후손의 대가 끊어진다.

이런 나쁜 것을 피하기 위해 우리 조상들은 미리 산소 자리를 정하고 난 후 동물의 뼈를 3~5년 정도 묻어 두었다.

그 후 파보고 동물의 살이 잘 썩어 있고 위에서 말한 5렴(五廉)의 현상이 없고, 뼈의 색깔이 노란 자색골(紫色骨)·황색골(黃色骨)이 되어 있으면 그 자리는 좋은 자리로 간주하고 조상의 무덤으로 사용했다.

아주 가까이에 있는 땅속에서도 어느 쪽은 이런 피해가 전혀 없이 유골이 황금색을 띠고 있다. 그 반면 바로 옆의 무덤에서는 오렴(五廉)의 피해를 당하기도 한다.

『금낭경』 '귀혈편(貴穴扁)'에는 "물기가 많아 땅속의 뼈가 썩으면 자손에게 해를 끼친다. 그래서 습하지 않고 윤기가 있어야 한다. 금기(金氣)가 응결(凝結)하면 백색, 목기(木氣)가 응결하면 청색, 수기(水氣)가 응결하면 흙색, 토기(土氣)가 응결하면 황색, 즉 흙의 강약과 빛깔을 구별할 줄 알아야 한다"고 밝혔다.

이런 곳은 잔병치레가 심하고 대를 잇기 어렵거나 수명이 짧다. 고독과 종교에 심하게 중독되고, 자식들은 방황과 골육상쟁, 주변 사람들과 다툼이 잦다. 자손이 귀하고 가난과 재물탕진, 재패, 간질환과 암 등 건강 질환 등 명폐에 시달린다. 부모에게 불효하고 고부지간, 시아버지와 며느리 갈등과 불화가 일어난다.

4) 혈의 종류

혈은 침구학에서 인체의 경혈과 같고 혈은 아주 작은 차이도 있어서는 안 된다. 머리카락 한 올의 차이로 화복이 정해진다.

고서에는 천리래용이 입수해서 여덟자(180cm) 구멍에서 화합한다고 기록되어 있다. 실제 풍수에서 한 뼘의 차이로 길이 변하여 흉이 된다고 한다.

의사가 환자 한명을 잘못 치료하면 그 환자 한명만 희생하지만, 풍수사가 잘못하면 온 가족이 고통을 당한다고 했다.

『청조경』의 필자인 양균송은 혈을 "수정을 햇빛에 반사시켜 거울의 물을 응집하는 것"으로 비유했다. 혈은 생기가 모이고 맺히는 곳이라며 거울의 반사경으로 볼록렌즈와 오목렌즈 기능을 적절히 표현했다.

정통풍수학의 혈은 크게 음혈과 양혈로 나눈다. 음혈은 와혈과 겸혈, 양혈은 유혈과 돌혈로 분류한다. 와혈과 겸혈은 음혈로 요(凹)자형, 유혈과 돌혈은 양혈로 철(凸)자형으로 보았다.

혈의 형태에 따라 볼록하게 생긴 것은 양혈(陽穴)이고, 움푹 들어 간곳은 음혈(陰穴)이라고 한다.

가) 와혈(窩穴)

지표면에서 보면 아래로 움푹 들어간 요(凹)형으로 입을 벌리고 있는 개구혈(開口穴)이고, 닭 둥지와 냄비의 밑바닥과 같은 형으로 입을 벌리고 좌우로 움켜쥐는 듯한 형태이다.

제비집과 같은 모양을 하고 입구 좌우에는 손으로 포옹을 하는 모습이다. 고산지는 움푹 파인 곳을 진혈로 하고, 평지는 돌기된 곳을 진혈로 하는데 주로 고산지역에 존재한다.

와혈에는 깊고, 얕고, 넓고, 좁아 구별이 된다. 좌우의 국세가 교차되듯이 넓게 벌어진 것은 장구와(臟口窩)이다.

엎드린 모양의 혈 안에 희미하게 유맥(乳脈)이 있고, 아우르는 모양의 혈 안에 희미하게 돌기(突起)가 있다.

와혈은 주룡에서 내려온 기운이 혈판에서 좌우로 각각 맥(脈)을 벌려 오목하게 소쿠리, 제비집, 닭둥지, 냄비 밑바닥과 같은 형으로 입을 벌리고 좌우로 움켜지는 형태를 하고 있다.

와혈의 특징은 제비집과 같이 입을 벌리고 좌우로 움켜쥐는 형태이다. 또한 평지에도 있지만 대부분 높은 산에서 발견된다.

혈장은 오목한데 그 중 약간 볼록한 부분이 혈이며 입안이 둥글다.

높은 산은 오목(凹)한 곳이 진혈(眞穴)이고, 평지는 볼록(凸)한 곳이 진혈이다.

와혈에서 한쪽이 층으로 되어 있고 한쪽이 길거나 짧으면 음란·요절·빈곤·절사의 가능성이 있어 높은 터로 피해야 한다.

깊은 와혈은 와구 내부가 깊은 곳으로 지나치게 깊어도 안 된다. 그리고 와구 안에 젖꼭지 모양의 돌기가 있어야 한다.

그런 모양이 없거나 좌우가 울퉁불퉁하게 불균형이고 편파적인 곳은 피하는 것이 좋다. 즉 혈처로 쓸모가 없다.

얕은 와혈은 와구 내부가 너무 얕고 평평한 터이거나 지나치게 넓으면 생기의 응집력이 약하다. 반대로 지나치게 좁으면 응집력이 강해 좋지 못하다.

와구의 형태에 걸맞게 균형과 조화가 적당하게 이루어져야 좋은 와혈이다.

나) 겸혈(鉗穴)

겸혈은 주룡(主龍)에서 내려온 기운이 혈판을 이루는 동시에 혈판(穴板) 양쪽 끝에 받쳐 주는 맥(脈)을 말한다. 겸혈은 높은 산이나 평지에 존재한다.

마치 소의 뿔과 같이 생겨 우각사(牛角砂)라고 한다. 곤충의 방아가리, 말의 발굽, 삼태기, 양다리 등과 주둥이를 벌린 것으로 특히 입속이 둥글지 않다. 이것을 일명 침구학에서는 합곡혈(合谷穴)이라고도 한다.

삼태기 모양으로 생긴 것이 좋으며, 물건을 사이에 끼워 넣는 두 다리처럼 되어 있다.

물의 상분하합(上分下合)이 분명해야 한다. 선궁(仙宮), 단제(單提), 단고(單股) 등이 있다.

개각혈(開脚穴)은 다리를 벌린 모습이고 집게처럼 가운데 것이 잘록하게 껴잡는 모습이다. 겸혈은 주룡에서 내려온 기운이 혈판을 이루는 동시에 혈판 양쪽 끝에서 받쳐주는 맥을 갖고 있다.

소뿔과 같은 모습을 해 우각(牛角)이라고 한다. 방아깨비와 같은 모양의 발굽과 비슷한 형태로 삼태기와 같은 침구학의 합곡

혈(合谷穴)과 비유된다. 양다리를 벌린 듯이 주둥이를 벌린 것으로 와혈은 입속이 둥글고 겸혈은 둥글지 않다.

주룡에서 내려온 기운이 혈판을 이루는 동시에 혈판 양쪽 끝이 받쳐주는 맥을 갖고 있어 두 다리를 벌린 것과 같다. 겸혈은 고산(高山)이나 평지에 모두 있다.

와혈은 입구가 둥근 반면 겸혈은 입구가 둥글지 않다. 겸혈은 곧고, 굽고, 길고, 짧고, 쌍겸의 다섯 가지 성격을 가졌다.

각각의 겸혈 내에 희미한 유맥과 돌기가 있는 것, 엎드린 모습과 아우르는 모양이 있다.

겸혈의 윗부분은 단정하고 둥글며 겸혈 안에 기를 감추듯 모이고, 활의 다리가 반드시 역수해야 좋다. 국의 다리가 너무 곧거나 길고, 윗부분에서 물이 새거나 흐르면 좋지 못하다. 만일 이런 터에 잘못 쓰면 재산이 흐트러지고, 질병과 고아가 난다.

겸혈은 좌우 다리가 곧은데 길고 딱딱한 것은 피해야 한다. 겸혈 앞에 옆으로 난간 모양으로 안산이 있으면 좋다.

만일 양다리가 길고 일직선이며 위가 둥글지 않고 아래쪽으로 그대로 뻗었다면 내외 기가 충화되지 않아 좋지 못하다.

굽은 겸혈은 양쪽다리가 만곡하여 안쪽으로 껴안거나 소뿔처럼 혈의 좌우로 안는 것이 가장 좋은 터다. 곧고, 굵고, 긴 것은 꺼린다.

다리가 부드럽게 곡선을 이루고 가까이 혈을 껴안고 있다면 다리가 좀 길어도 무방하다. 윗부분이 둥글고 겸혈 안에 기를 감추는 게 최고로 좋고, 양다리가 길고 안이 없으면 혈처가 아니다.

쌍겸(雙鉗)은 좌우 다리가 모두 3가지를 가진 모양이다. 이들 가지는 서로 치아가 맞물리듯이 있으면 좋은 터다.

이것도 변형이 있다. 위 쌍각이 일장일단에 양쪽 변이 고른 것, 하나는 앞에서 하나는 뒤에서 치아가 교쇄(交鎖)하듯이 안쪽

가지가 매우 짧은 것이 특징이다.

만곡되는 것이 다정하고 서로 시샘하지 않으면 좋고, 서로 빛을 비추지 않아 상충하지 않는 모습이다.

서로 빛을 반사하지 않은 곳을 찾지만 부득이한 곳은 인위적으로 말굽형을 만든다.

변곡·변직 겸혈이란 좌우 다리가 굽고 곧은 것으로 선궁(仙宮)이라고 한다.

굽은 다리가 물의 역방향에 있으면 좋고 순방향에 있으면 좋지 않다.

오른팔이 반궁이면 왼팔은 쏘듯 하면 좋다. 양쪽 어느 쪽 긴 다리가 길게 혈처를 감싸안고 물의 역방향에 있으면 좋다.

다) 유혈(乳穴)

유혈(乳穴)은 길게 뻗어 내려온 용이 여성의 젖가슴과 같다는 말이다.

마치 나무에 과일이 달린 것 같다고도 한다. 두 팔이 있고 중간에 달린 모습과 흡사하며 높은 산이나 평지에 존재한다.

양쪽 어깨와 팔을 두른 가운데 젖가슴이 달린 모습이다. 양팔이 있고 활처럼 포용하는 것이 원칙이다. 밖에서 보면 양팔로 맞잡고 있는 쪽이 길다.

둥글고, 길고, 크고, 작은 유형이 있다. 좌환우포(左環右抱), 일유정중(一乳正中)로 조잡하지 않고 험암하지 않아야 좋은 터라고 한다. 그렇지 못한 터는 신중하게 검토해야 한다.

장혈에 하관시 천지인(天·人·地) 세 가지 방법이 있다.

라) 돌혈(突穴)

돌혈(突穴)은 솥을 엎어 놓은 것처럼 중심 부분이 볼록하게 솟아오르고, 주변에는 솥발과 같이 솟아오른 모습이다.

우뚝하게 생긴 형태로 엎어놓은 솥처럼 중심 부분이 둥글게 솟아오르고, 그 주변에는 솥발과 같은 둥근 것이 가운데 볼록 튀어 올라온 돌출된 모습이다.

평지의 돌혈은 주변이 평탄해야 좋다. 물의 경계가 확연하게 다르고 수세가 혈전(穴前)에 모이고 둘러싸이면 좋다.

평지나 높은 산에 존재한다. 반드시 물의 경계가 명백하고 주산의 맥이 분명하면 평지에 부는 바람은 지면(地面)을 따라 지나므로 좌우가 평평하더라도(용호가 없더라도) 해가 되지 않는다.

돌혈인 경우 혈장에 서면 전혀 높지 않다는 느낌이 들어야 한다. 산곡 돌혈은 바람의 영향을 많이 받기 때문에 주위의 보호사가 있어야 한다.

평지의 돌혈에서 물의 분합(分合)이 중요하다. 산골짜기 돌혈은 바람을 감춰야 하므로 좌우가 둘러싸야 좋고 외롭게 드러나면 바람을 맞는다.

닭의 염통, 오리알, 용의 구슬, 자미왕룡 등의 형은 돌혈의 별명이다. 평평한 가운데 돌혈이 있는 것인데, 평지나 높은 산에 모두 있다.

반드시 물의 경계가 명백하고 내맥(來脈)이 분명하면 평지의 바람은 지면을 쫓아 지나므로 좌우가 평탄하더라도 무관하다.

돌혈은 주로 높은 산에 있고 좌우 양팔이 있고, 환포장풍하여 돌출이면 둥글고 형태가 빼어난 것이 가장 좋다.

위와 같이 혈의 외부적인 유형을 분석한 공부는 오래된 풍수에 관한 『청오경』・『금낭경』 등 서적에 수없이 등장하지만 어설프게 하드웨어적인 논리만 전개되는 것이 현실이다.

이런 내용을 갖추어진 조건에 터를 살핀다. 이때 폭포수가 높은 절벽에서 떨어져 부딪치는 순간 둥글게 펴지면서 뭉치는 '폭포낙지(瀑布洛池)', 매화꽃이 떨어져 환한 빛을 내는 '매화낙지(梅花落地)' 터를 찾는 것이 최상급의 명당이다.

폭포낙지는 고산지룡세(高山地龍勢)에서 주로 볼 수 있고, 매화낙지는 평지세(平地勢)에서 찾을 수 있다.

정작 가장 중요한 것은 소프트웨어다. 즉 산진처 명당 땅속을 들여다보는 것이다.

그 위에 음기와 천기가 융합되어 양기가 만들어지고 지표면에 인체의 혈관이나 도면 또는 가뭄 때 논바닥이 쩍쩍 갈라진 모습과 비슷하게 교감하는 빛으로 연출한다.

이 빛은 밝은 색의 빛과 크기로 혈판이 대혈급・중혈급・소혈급 혈판으로 분류한다. 여기서 특급, 1~9등급으로 조견표 안에 꼭지점과 일치할 때 명당・보통・비혈지로 구분한다.

특급지는 지맥이 20가닥 이상, 1급은 18가닥, 2급은 16가닥, 3급은 14가닥, 4급은 12가닥, 5급은 10가닥, 6급은 8가닥, 7급은 6가닥, 7급은 6가닥, 8급은 4가닥, 9급은 2가닥으로 분류한다.

혜안풍수의 천목(天目)

천목(天目)풍수는 혈처를 중심으로 사격(砂格)으로부터 혈처에 들어오는 각종 빛을 내면서 들어오는 띠의 색깔, 크기, 굵기, 다양한 모양 등을 세밀하게 분석하고 살펴본다.

이 빛의 띠는 지중의 음기 혈인 지기 혈과 지표면의 천기의 혈이 교감하면서 양기의 맥을 감응한다. 이때 생기의 핵심 기류가 띠 모습으로 변하고, 그 띠에 생기의 흡합에 따라 동화(同化)가 이루어지면서 여러 색의 빛을 낸다.

또한 주산에서 혈처로 들어오는 지맥의 크기와 여러 사격으로 부터 혈처로 유입되는 강력한 생기의 조건 유무에 따라 혈판의 등급이 좋고 나쁜지 정한다.

아무리 주산에서 들어오는 맥이 온화하고, 부드럽고, 크고, 힘차고, 강한 용이더라도 청룡·백호·안산 등 귀봉에서 유입되는 지맥이 없다면 혈판의 등급 순위는 뒤로 밀린다.

여기서 가장 중요한 것은 혈처를 중심으로 생기가 사격에서 들어오는 맥인지, 아니면 사격으로 나가는 맥인지 면밀히 살펴야 한다.

즉, 구심력의 원리처럼 혈처를 중심으로 사격에서 모이는 모습과 원심력의 원리와 같이 혈처에서 사격으로 펴져 나가는 지맥을 구분해야 한다.

유골 상태로 구별

또한 유골의 색깔을 자골(紫骨), 황골(黃骨), 흑골(黑骨), 회골(灰骨) 순으로 나열하면서 묘 자리의 좋고 나쁨을 구별한다.

그런데, 묘를 개장(改葬)해 보면 매장한 지 몇 년이 지나지 않았는데도 검게 썩거나 부패되지 않은 채 그대로 묘 속에 남아 있는 체백도 허다하다.

그러나 명혈에 있는 백골은 300년에서 1000년이 넘어도 황골 그대로 남아 있는 경우도 있다. 얼마 전에 북한에서 발견된 단군의 시골이 무려 5천 년이 지났는데도 뼈가 부식되지 않고 온전한 상태로 잘 보존된 것으로 전한다.

그렇지만 묘 속에 나무뿌리나 물, 벌레 등의 이물질이 들어가 유골의 상태가 흉하게 변했다면 몹시 좋지 않은 일이다. 이러한 여러 가지 현상을 흉렴(凶廉)이라고 한다.

5) 참 명당(明堂)이란?

명당을 찾고자 하는 마음이 앞설 때는 주로 큰 명당 터만 찾는데 연연한다. 비록 작은 아담한 명당 터라고 등한시하면 안 된다.

즉 무조건 크다고 좋은 것만 아니다. 작은 명당 터라도 혈의 융취와 생기, 혈판의 재질과 구성력, 그리고 토질에 따라 속발의 기운이 발복을 좌우한다.

풍수사들이 가장 중요시하는 것 중에 하나는 혈판을 찾는 데 있다. 핵심부인 혈판은 천태만상의 수많은 형태로 존재해서 모양과 생김새 등이 같은 곳은 없다.

현장 경험에 대입해 보면 혈판이 조건을 갖추고 왕성하며 혈판과 사신사, 혈판과 사격과 지맥이 서로 오고가는[照應] 기운의 통로, 그리고 기(氣)가 융합(融合)되어 마치 문어발이나 칡 줄기가 자연의 이치에 따라 뻗어 혈처로 집결되어 융취되는 명당에 볼록·오목렌즈 기능을 접하는 곳의 명당을 찾아야 한다.

짧은 생각에 대명당만 생각하다가 좋지 못한 터에 집·빌딩·건물·공장 등을 짓거나 조상을 모시려 하면 위험한 판단이다. 복을 찾아 나섰다가 도리어 화를 얻게 될 수도 있다. 이 대지(大地)는 천장지비(天藏地秘)이기 때문에 억지로 구할 수 없다.

일반적으로 명당(明堂)이란 길지명혈(吉地名穴)의 좋은 땅을 지칭하는 말이나 풍수지리에서 명당은 혈 앞에 펼쳐진 청룡 백호와 안산이 감싸준 공간 안의 평평한 땅을 말한다.

본래 명당이란 왕이 만조백관(滿朝百官)을 모아놓고 회의할 때

신하들이 도열하는 마당이다.

왕이 앉아 있는 자리가 혈(穴)이라면 신하들이 왕을 배알하기 위해 모여드는 자리가 명당이다. 집으로 보자면 주 건물이 들러선 곳이 혈이라면 마당은 명당에 해당된다.

혈의 생기를 보호하기 위해서 청룡·백호·안산·조산 등이 감싸준 공간 안의 땅은 평탄 원만하여 마치 궁전이나 집 마당과 같기 때문에 명당이라고 불렀다.

명당에는 내청룡·내백호와 안산이 감싸준 공간인 내명당(內明堂)과 외청룡·외백호·조산이 감싸준 공간인 외명당(外明堂)이 있다.

터의 혈은 천기·지기·양기의 각종 기맥이 결합하여 만들어진 혈을 명당이라 한다.

바람을 다스리고 물을 얻는 땅의 이치를 보아 고인에게는 명복을 빌며 후손에게는 발복을 기원하는 것으로 이에 풍수지리 명당을 찾는다고 할 수 있다. 풍수지리 명당을 구분한다는 것은 고차원의 능력이라 볼 수 있어 금방 혜안(慧眼)이 되는 것이 아니다.

명당의 색채

기운의 색이 밝고 환하면 그 주인이 잘 풀려 나가고, 어둡고 칙칙하면 퇴폐하게 된다. 밝고 붉은색을 띠면 거부(巨富)가 되고, 검은색이면 재난과 화를 부르고, 자줏빛이면 대귀(大貴)하게 된다.

색채에 윤기가 나지 않고 퇴색이거나 지표면의 빛의 색채 아래 구름이 지나가는 듯한 기운과 망사(網絲) 아래를 구름을 보듯이 훤히 내려다보이면 땅이 쇠해져 기운이 빠진 상태로 행운과 재물이 빠져나간다.

또한 안 좋은 기운이 인체에 스며들어 건강을 해치므로 다른 곳으로 이사를 가거나 또 다른 신축부지를 재선정하도록 조언하고 고민한다.

묘지 봉분에 이와 같은 빛의 색채가 형성될 경우 잘 판독해 이장을 권유한다. 대기장력·유해파·지전류·수맥 등이 존재할 때는 또 다른 곱지 못한 빛의 색채와 쇠한 기운 유골에 치명적인 악의 기운이 스며들면 유골의 DNA와 후손 DNA가 근접한 후손에게 영향을 미치는 것을 사전에 들여다보고 흥망성쇠(興亡興亡盛衰)를 고민한다.

지표면 위에 여러 종류 빛의 색채와 생기를 구별하고 연구 분석하면 성공과 실패, 길과 흉을 능히 알 수 있다.

명당이란 것은 산이 열려 천기를 얻는 것을 명(明)이라고 불렀고, 물을 얻는 것을 당(當)이라고 했다. 즉, 천기와 물이 조화를 이루어낸 터를 명당이라고 부른다.

내명당이 아담하고 알찬 명당은 속발한다. 속발은 주로 재산과 돈을 모이게 하는 반면 명당이 크고 넓으면 더디게 지연 발복해 출세와 권세를 누릴 수 있다. 차관급 이상 고위공직자 또는 재계에 대그룹 총수가 나는 명당 터이다.

생기는 용을 따라 가고 멈추고 모인다.

풍수에서는 생기가 모이는 곳을 혈(血)이고, 산세가 모이는 곳을 국(局)이라 한다. 생기가 모이는 곳을 결혈(結血)이라고 한다.

중요한 것은 화순과 화생이다. 시신이 생기가 왕성한 혈에 묻히더라도 땅속의 생기와 동화(同化)되지 않으면 아무런 소용이 없다.

풍수에서는 이런 유골이 생기를 가졌다고 논하며, 이런 유골의 생기와 흙속의 생기가 감응과 동화되어 화순과 화성이 된다.

음양 양기가 합치는 곳이 혈(穴)과 국으로 이 이치는 양변음합(陽變陰合)이다.

선익(蟬翼)

선익(蟬翼)은 꽃봉오리의 꽃받침대와 같은 것으로 혈판의 혈
을 중심으로 왼쪽과 오른쪽에 있는 부분을 말한다.

선익은 입수에 모인 기운을 가운데 일부가 좌우로 나누어 뻗
어나가 이루어진 것으로 지기(地氣) 혈에 모이도록 돕는다. 인체
에 비유한다면 갈비뼈가 주요 내장을 보호하는 것과 같은 맥락
이다.

선익은 매미 날개를 뜻하는 것처럼 투명한 매미 날개는 눈에
잘 띄지 않으므로 얼핏 보아 날개가 있는지 없는지를 판단하기
어렵다. 선익은 자세히 보면 풀의 색깔이 확연히 다르다.

선익은 혈의 기운을 보호해 주는 역할을 하므로 선익이 없는
경우 후손들의 건강이 염려된다.

전순(前脣)

전순(前脣)은 입수(入首) 기운이 혈(穴)과 선익(蟬翼)을 만든 뒤
꽃수술과 같이 남은 기운이 혈(穴) 아래로 평탄하게 모여 있는
공간이다.

전순은 혈판과 이어지는 지면을 이루며, 혈 앞에서는 마치 낚
시 바늘 모양이나 새의 주둥이와 같이 삼각혈(三角穴)을 이루는
것이 이상이다. 인체의 턱과 같이 비유하면 무난하다.

전순은 혈에 생기가 모이도록 한다. 평탄하고 단단한 토질이
어야 하며 기운을 모을 수 있어야 한다. 전순이 없거나 그 기운
이 약한 곳에서는 명당을 이루기 어렵다. 적격인 전순은 혈 앞에
서 기운이 끝나는 형태이다.

전순에서 생기는 기운은 재물을 만들어 주기 때문에 전순이

좋은 지세에서는 재벌을 배출한다.

전순은 평탄하고 넓어야 좋다. 전순의 기운이 강하면 재산이 많이 드러나고, 전순의 힘이 약하면 재산이 소진되어 가난에 이른다. 전순이 혈에서 멀거나 솟아오른 경우 후손이 하극상을 당하거나 감옥에 간다.

안산(案山)

풍수지리 기본 이론[陰宅風水]에서 사신사 중 주작에는 안산(案山)과 조산(朝山)이 있다. 안산은 '혈장 앞에 위치한 책상과 같은 산'이다. 만약 안산이 없으면 생기 응집이 어려워 견동토우(牽動土牛)로 빈곤하여 폐절(廢絶)한다.

견동토우(牽動土牛)는 물이 집이나 묘 앞을 곧게 나가는 것으로 '견우수(牽牛水)'라고도 한다. 소가 쟁기를 끌 때 앞으로만 곧장 가는 것을 빗댄 말이다.

또 안산이 너무 높게 가까이 있으면 압혈(壓穴)로 후손에게 기형이나 장님이 태어난다. 가장 이상적인 안산은 지나치게 높거나 낮아서도 안 된다.

높으면 눈썹 높이, 낮으면 가슴 높이여야 한다. 안산과의 거리는 손님과 마주할 때 찻상처럼 편안함을 느낄 정도의 거리에 위치해야 한다.

안산은 집터나 묏자리의 맞은편에 있는 산(山)으로 여러 산이 거듭하여 있을 경우 내안산과 외안산으로 구별한다.

아미사(蛾眉砂), 옥규사(玉圭砂), 관모사(冠毛砂), 고축사(誥軸砂, 경기도 시흥시)가 안산에 있으면 백의정승(장관)이 나온다.

일자문성 위에 산봉우리 3개가 나란히 있으면 군왕사라고 하여 총리·장관·국회의장·대법원장 등이 난다(국장급 고위공직자).

일자문성 위에 똑같은 산봉우리가 두 개 있는 경우 지사사(知事砂)라고 하여 광역시 도지사와 고위공직자, 국회의원, 고시합격자 등이 난다.

일자문성 위에 하나의 산봉우리가 있는 경우 자치단체장과 고위공직자를 배출한다.

일자문성만 있어도 출세의 기운은 열린다고 한다.

6) 혈판(당판)

혈판에서 윗부분은 입수, 중간부분은 혈, 아랫부분은 전순으로 상·중·하로 구분할 때 입수 기운이 강하면 장손이 발복한다.

혈판 중간 부분이 강하면 중간 자손이 발복하고, 전순 아랫부분이 강하면 막내가 크게 발복한다.

혈판은 평탄하고 안정된 지세가 적격이고, 지나치게 경사진 곳은 피하는 것이 자연의 이치이다.

천목풍수 입장에서 보면 좀 더 재미있다.

『금낭경』에는 기운이 물을 만나면 멈춘다고 했다. 이것은 지표면에 있는 천기(天氣)의 기운을 받은 양기(陽氣)의 기운이 물을 만나면 더 이상 앞으로 나가지 못하고 멈춘 것을 말한다.

간산해서 현지답사를 해보면 지중의 거대한 지맥이 들판이나 강을 가로질러 구불구불 흔들며 건너오는 커다란 띠를 종종 볼 수 있다. 그래서 지기의 지맥 기운은 지구 어디든지 혈관처럼 연결되어 있다고 본다.

혈판에서 첫 번째 가장 중요한 지맥은 래용의 지맥이다. 두 번째는 사신사에서 혈처로 유입되는 지맥이며, 세 번째는 사격에서 유입되는 지맥이다. 그리고 혈처 가장자리 아래에서 용암이 분출하듯이 지중에서 솟구치는 지맥이다.

이것을 두고 은용(隱龍)으로 깊은 지맥은 천목이 열리지 못하면 쉽게 감지하기 어렵고 지관의 눈을 속이고 만다.

이런 지맥이 혈처에 모여 뭉친 곳이 명당을 이룬다. 이 명당은 얼마나 좋은 지맥의 기운이 뭉치고 골고루 퍼져 있느냐에 달려 있다.

음택 터는 지형이 여건상 한계를 이루고 있는 지형으로 지맥이 단조롭게 형성된 곳을 말한다.

양택 터는 지형이 광활한 터 위에 지맥이 땅 위에 칡넝쿨처럼 골고루 쭉쭉 뻗다가 군데군데 골뱅이처럼 결혈지가 있는 터를 중심으로 양택지로 정한다.

이와 같이 혈이 맺힌 자리는 천상의 소리와 융합의 그 뜻을 감지하고 새겨 자리매김할 때 눈에 혈이 맺힌 곳이 훤히 비친 빛을 보게 된다.

혈판(血判)의 요소

용이 입수해서 좌우 아래로 벌린 것이 선익(蟬翼)이다. 고개를 살짝 쳐드는 데를 뇌두(腦頭・巒頭)라고 하며, 뇌두 아래 살짝 낮은 곳을 구(毬)라고 한다. 그리고 그 아래 약간 들어가거나 볼록하게 올라온 곳이 비석비토가 있는 혈처이다.

이 아래에는 위 지표면을 지탱해주는 원훈(圓暈)이란 천기가 있고, 그 아래 혈토를 받쳐주는 지기(地氣)가 있다. 그 안에 융취생기(融聚生氣)가 있다.

① 원진수(圓眞水); 수기(水氣, line)

둥근 무리(圓暈)를 둘러싸서 원훈을 이룬 밖의 둘레를 감쌈으로써 내부의 혈판을 만들어지게 한 일종의 테두리이다. 일명 원진수라고 한다. 의뢰받고 현장감정과 묘지 이장작업을 해보면 혈판을 벗어나 원진수에 땅을 굴착하고 무덤을 쓴 경우가 많다.

이런 흉지에 묘를 잘못 사용하면 재앙이 꼬리를 물고 후손이 끊어지는 음택지다. 지관이 터를 잘못 봐준 업보이다.

② 인목(印木)

인목이란 천광내(穿壙內) 혈판을 벽처럼 감싸주고 있는 일종의 단단한 땅이다. 이것은 나무뿌리, 풀뿌리, 벌, 쥐, 뱀, 개미 등 각종 해충 침입을 못하게 해준다.

지진, 지각변동, 풍화작용 등으로 인목 벽에 금이 가고 갈라진 틈 사이로 나무뿌리, 풀뿌리, 뱀, 쥐, 다람쥐 등이 침입하고 5렴(수렴·목렴·화렴·모렴·충렴)이 든다.

③ 상수(相水)

한 줄기 먹줄 같이 물길이 가느다랗게 혈판을 감싸 주는 것을 말한다. 이것은 인목(印木) 안에 형성된다. 이는 광중의 습도를 조절하고 유골을 보존하는 역할을 한다.

산의 형세

조산(祖山)은 큰 산이 모여 주산의 뒤에 있는 이다. 횡산(橫山)이 배산하고 목체(木體)·화체(火體)로 된 것을 누(樓)라고 한다. 토체(土體)·금체(金體)로 된 것을 전각(殿閣)이라고 부른다.

또한 배산이 토체(土體)로 된 것을 어병(御屛)이라고 한다.

조산으로부터 양쪽 어깨로 된 지각(枝脚)으로 둘러싸인 내부를 국(局)이라 한다. 이 국 내부 래용(來龍)에 와혈(窩穴)·겸혈(鉗穴)·유혈(乳穴)·돌혈(突穴)이 혈이 된다.

와혈(窩)은 얕고 깊고 둥글고 엎드린 모습으로 연출된다. 겸혈

(鉗穴)은 위에는 열고, 아래에는 합치고, 횡적으로 세운 모습이 특징이다. 유혈(乳穴)은 길고 짧고 절벽에 매달린 모습으로 구별할 수 있고, 돌혈은 크고 작고 높고 낮은 모습이다.

산에서 좌우로 어깨를 벌린 가지를 날개라 하고, 승금(乘錦; 灣頭)에 이르러 살짝 튀어 오른 부분을 뇌(腦)라고 한다. 뇌 아래 약간 높은 곳을 화생(化生; 胎生)이라 하고, 그 다음에 잘록한 곳은 사람의 결인(結咽)과 같다.

척추 모양의 아래 약간 둥근 테 모양의 빛이 형성된 곳을 구(毬)라고 한다. 그 아래 오목한 곳이 혈처(穴處; 小口, 穴莊)이다.

비석비토 안에 혈이 있고, 그 아래 갓 모양의 여기가 형성된다. 용의 마디 다음에 삿갓과 지각 모습은 귀(鬼)가 있고, 그 뒤에 멀리 병풍처럼 둘러싼 산을 낙산(樂山)이라고 한다.

청용과 백호 밖에 있는 지각을 요기(曜氣)라 하고, 적은 산이나 지각으로 된 산을 요(曜)의 기(氣)라고 한다. 혈 뒤에서 압박하는 것을 겁(劫), 안산에 놓여 있는 산을 궤(几)라고 한다.

혈 앞에 고인 물을 원진살수(元嗔煞水), 선익(蟬翼)의 양 끝에 맺힌 물의 모습을 진응수(眞應水)라 한다.

수구에 높고 큰 암석을 북신(北辰), 수구에 금성(金星)이 있는 것을 어쇄(魚鎖), 수구에 뾰쪽하게 솟은 산을 화표(華表), 수구에 양쪽 산이 있으면 한문(捍門), 양쪽 산에 엎드린 모습이면 귀사(龜砂)라고 한다.

그리고 고축(誥軸), 즉 일자문성(一字文星)만 있으면 3급 이하의 공직자가 배출된다. 다리를 벌린 것처럼 모습이 안산(案山)이면 축하 꽃바구니 또는 축분을 받는다.

뾰족한 산이 백호에 있으면 숨어서 활을 쏘는 일[暗箭]이 발생하고, 뾰족한 산이 청룡에 있으면 칼로 사람을 해치는 일(殺刀)이 생긴다. 백호에 한 사각(砂角)이 머리는 높고 꼬리가 가늘면

목호(木瓠) 또는 사약(死藥)이다.

생룡은 오행의 조건이 구비되어 오르고 내리기도 한다. 또한 크거나 작기도 하고, 보이거나 안 보이기도 하며 변화를 헤아릴 수 없다.

산이란 일어나고 엎드리고 끊어질 듯하면서 이어지고 강하기도 하고 부드럽기도 하며 한결같이 변하지 않는다. 용은 물과 함께 조화를 이루고, 산 또한 물에 가까이 도달해 맥이 머물고 물로 둘러싸여 혈을 맺는다.

산은 굽이굽이 타고 내려와 마디마디 일기일복(一起一伏)하며 밭을 지나고 물을 건넌다. 또한 거미줄 같기도 하고 풀밭을 지나는 뱀 같기도 하여 자취가 분명하지 않다.

매화가 만개한 꽃잎이 떨어져 있는 것처럼 터에 천을태을이 지켜보는 그곳에 맑고 서기(瑞氣)가 붉게 내린 곳이 명당이다. 즉 매화낙지(梅花洛池)이다.

멀리서 보면 군계일학(群鷄一鶴) 같고 가까이에서 보면 이인이 의자에 걸쳐 앉아 있는 것과 같은 터이다.

언덕 모양의 구룡(邱龍)이 일어날 듯 엎드린 듯하며 끊어질 듯 이어질 듯하며, 수십 리를 지나와서 갑자기 솟아 뭉치고 단정하게 앉아 있는 듯하고, 사신사가 머리를 돌려 모여드는 것 같은 곳이 명당이다.

날 듯 솟아오르고 뛰는 듯이 강을 건너 용이나 뱀 같은 모양의 산맥이 주산으로 사방이 병풍처럼 둘러싸여 수구가 굳게 닫혀 있고, 바다의 경관이 보이지 않는 산이 있는 곳으로 모든 조건을 갖춘 산이 귀룡(貴龍)이다.

앞에 흐르는 물이 꾸불꾸불 맑게 정돈되어 돌아가고 경사지가 없고 완만한 곳이 좋은 터이다. 생기의 지기(地氣)가 위에 모여 있다면 높은 곳을 선정하고, 중간에 모여 있다면 중간을 선정하고, 아래에 모여 있다면 아래를 선정한다.

이들 모두 장풍이 되는 곳을 택하는 것이 명당 터이다. 바람에 노출되지 않도록 하는 것이 최적격의 명당 터이다.

진용(眞龍) 기를 단단하게 묶는 용은 생(生)이고, 대소팔자(大小八字)·선익·용호·지현(之玄)의 용은 왕(王)이다. 이곳은 이미 생왕의 기운이 흐르고 물과 모든 사격이 조건을 갖춘 용이다.

생룡(生龍)의 혈이란 땅의 생기(生氣)가 있는지 없는지를 고민하고 살펴야 하는 것이 우선이다. 혈판이 크고 작은 것을 논할 때는 아니다.

또한 혈판이 작아도 혈판의 구조와 생김새·토질을 우선해서 논해야 한다. 기운의 유무를 분별하고 그 진가를 알아내는 것이 풍수사의 최대 고민이다.

세상에서 가장 고귀한 것은 내 몸이고, 산중(山中)에서 가장 중한 것은 혈판(穴坂)이다. 혈판이 완성되어 있어야 주산(主山)의 영기(靈氣)도 살펴볼 필요가 있다. 먼 산에서 들어오는 형세와 용호, 그리고 멀고 가까운 사격(沙格)을 살펴봐야 한다.

■ 용의 입수(入首)

① 직룡입수(直龍入首)

직룡입수는 주산에서 혈에 곧게 들어오는 용이다. 정돌취기 입수를 말한다.

② 횡룡입수(橫龍入首)

횡룡입수는 혈처를 기준으로 좌우를 타고 선회하면서 입수하는 것이다. 이는 혈처 뒤의 낙산(樂山)이 있어야 좋다.

③ 비룡입수(飛龍入首)

비룡입수는 뱀이 상하고저(上下高低) 또는 지현(之玄)으로 입수하는 용이다. 높이 솟았다가 엎드렸다 반복하고, 좌우를 흔들면서 마치 뱀이 구불구불 기어 들어오는 모양을 비룡입수라고 한다. 혈 앞이 가파르면 재산은 풍족하게 가지지 못하나 개혁적인 혁명가를 배출한다.

④ 잠룡입수(潛龍入首)

잠룡입수는 입수가 평지로 래용하여 결혈되는 용을 말한다. 일명 섬용이라고 한다.

천전과협(穿田過峽)으로 용이 지나는 부분이 말의 발자국과 같은 흔적이 있다. 그렇게 연결된 모습은 마치 뱀이 풀 사이를 돌면서 기어가는 흔적처럼 보인다.

혈은 평지에서 약간 돌출된 부분에 물이 상분하합(上分下合)하는 곳에 결혈된다. 이곳은 재산이 쌓일 수 있으나 귀(貴)는 어렵다.

크고 넓은 용맥은 얼핏 보기에 평평하게 보인다. 그러나 자세히 상하좌우를 보면 넓고 평평한 용에서도 마치 뱀이 풀밭을 기어가는 것 같은 족적을 남긴다. 이 흔적이 정맥(正脈)이다.

⑤ 회룡입수(回龍入首)

회룡고조(回龍顧組)형으로 혈이 주산 또는 조산을 돌아보는 용으로 부귀(富貴)를 동시에 얻을 수 있다. 조산은 안산(案山)이 된다.

혈처(穴處)

터는 먼 곳에서 보면 좋고 가까이 가보면 흉한 곳은 피한다.

가까이 가서 보면 좋고 멀리서 보면 좋지 못한 곳은 터로서 손색이 없다.

터를 잡을 때는 가장 먼저 산세를 멀리서 살피고 그 다음에 명당이 형성될 만한 곳의 현장을 답사하고 혈처를 찾아야 한다.

혈의 역량(力量)

진혈(眞穴)이 결지(結地)될 때는 그 역량이 먼 거리에서부터 본혈(本穴)의 본신(本身)이 될수 있다. 혈의 역량에 따라 명당의 빛은 발복에 영향이 크다.

정혈(定穴)의 중점(重點)

정혈은 주산에 대한 산진처(山盡處)의 음양극(陰陽極) 원리에 따라 비껴지면 바르게, 굽으면 곧게, 곧으면 굽게, 급하면 완만하게, 완만하면 급하게, 높으면 낮은 곳에, 낮으면 높은 곳에 정혈이 존재한다. 이런 곳은 일정불변의 이치이다.

언뜻 보면 형(形)이 있거나 없는 것 같기도 하고, 멀리서 보면 있는 것 같고 가까이에서 보면 없는 것 같고, 옆에서 보면 나타나고 바로 앞에서 보면 애매모호하여 분간하기 어렵기만 한 곳이다.

형화기정(形華氣正), 즉 좌우상하가 균형과 조화로우며 기울어짐과 움푹 파인 곳이 없고 기(氣)가 충만한 곳이 명당이다.

혈(穴)을 찾는 방법

혈은 우리 인간에게 백해구공(百骸九空)이 있지만 땅에도 만수천산(萬水千山)이 있고, 어떤 것은 얽혀져 있다. 사람의 몸에 뼈의 마디마디가 있으며 보이는 구멍이 있는가 하면, 육안으로 볼 수 없는 혈(穴)이 있듯이 땅에도 숨쉬고 호흡하는 곳이 있다.

단지 혈판이 작고 크며, 지맥의 개수가 많고 적을 뿐이다. 조건이 갖춰지고 땅이 숨쉬고 호흡하는 곳이 명당이다.

단지 그곳이 명당이 갖춰야 할 품위, 즉 지기가 풍만한 명당 '천장지비(天藏地秘)'를 찾아 평생 공부하는 것이다.

풍수이론에서는 궁극적으로 혈처에 생기응결지(生氣凝結地)를 찾아내는 것을 심혈(尋穴)이라고 한다. 그곳은 주산의 용이 행룡(行龍)하다가 멈춘 곳으로 산진처·용진처(龍盡處)에 명당이 평탄해서 둥근 테 모양의 원훈(圓暈)을 형성한다.

여러 곳에서 물이 명당 앞에 모여들고, 용호가 환포하고 안산이 아름답고, 수구는 한문(捍門)이 되는 곳에 명당이 결지를 이룬다.

심혈은 먼저 주산의 기세가 장엄한지 확인하고 혈처가 모일 만한 곳을 현지간산으로 보국의 세, 주위의 사격, 물의 흐름을 살펴 혈처를 찾아낸다. 여기서 사신사와 사격에서 혈처로 생기가 모이는 양기의 띠 형성 여부가 가장 중요하다. 양기는 물을 만나면 멈추지만, 지중(地中)의 기(氣)는 땅속으로 연결되어 바다와 강을 건너 혈처로 유입된다.

식별 방법은 지중의 독자적인 생기가 새로운 DNA와 융합되어 동화(同化)와 화순(化順)의 과정을 거치며 새로운 생기가 만들어진다. 결국 이런 화생(化生) 현상을 음택에 적용하는 이론이다.

또 양택의 법칙은 지중의 독자적인 기운이 표면 위에서 생활하는 공간 속의 사람이 가진 생체 DNA와 융합되어 교감함으로써 새로운 화생이 이루어지는 에너지를 지속적으로 공급하고 전달한다.

좋은 기운은 사람의 눈에 보이지 않는 화생의 기운을 꾸준히 전달해 활력소란 새로운 화생으로 가정의 행운과 사업 번창에 중요한 역할을 한다. 이런 것을 양택 발복이라고 한다.

　다시 말하면 음택과 양택은 일치된 하나의 터이다. 즉 생기가 충만하고 활기가 넘친 토지와 지중에 조상을 모시면 음택이 되고, 그 땅 지표면 위에 집·빌딩·건물·공장·아파트 등을 지으면 양택이 된다. 양택과 음택을 따로 놓고 생각하는 것은 위험한 발상이다.

　좋은 터와 피해야 할 터를 식별하는 방법은 다음과 같다.

　지중의 새로운 생기가 융합되어 만들어진 화생(化生)은 지중(地中)의 지기(地氣)이다. 이 지기가 지표면의 천기(天氣)와 융합되면 새로운 양기의 기운이 생긴다. 이때 자연 고유의 색깔을 내는데, 여러 가지 빛과 모양이 자연의 흐름에 따라 칡 줄기가 지표면에 뻗고 휘어지며 뭉치고 흩어진다.

　이와 같은 고운 빛의 띠를 눈으로 보고 혈처의 메인 포인트가 어디인지 판단한다.

　밝고 뭉친 곳, 골고루 배열이 잘되고 아늑하며 온기가 있는 곳은 터로 잡는다. 어둡고 칙칙하며 냉기가 있는 곳은 피한다.

　풍수에서 가장 중요한 것, 즉 인체의 뇌와 오장육부를 한 곳으로 묶어 찾는다고 보는 것이 적당한 표현이다.

　물론 외형적인 하드웨어 부분도 중요하다. 내부적인 것에서부터 시작된다고 본다. 다음의 순서에 따라 찾아야 한다.

1. 혈판을 둘러싸고 있는 원진수를 먼저 찾고 원진수를 에워싸고 있는 선익이 있는지 살펴본다. 그 후 선익을 감싸고 있는 상수가 있는지 보고, 상수 바깥을 감싸고 있는 내 팔자수를 찾는다.

2. 전순(氈脣)이 반듯하게 예쁘고, 끝부분이 낚시 바늘 갈퀴처럼 힘차게 감아 생기가 빠져나가지 못하도록 형성되어 있

는지 살펴야 한다.

3. 암석이 있는 경우 위치와 생김새를 살펴 아담하고, 둥글고, 반듯하고, 네모지고, 평평하고, 동물의 모양과 예쁜 암석 (80kg 정도)의 배치 모습을 살핀다.

   혈판에 억눌린 큰 암석이나 뾰족하고 모양이 좋지 못한 암석이 혈처 주변에 있는지 보고, 기운이 잘 어울리는 조화인지 살핀다. 이는 기운이 혈처에 좋지 못한 기운을 상충하므로 좋지 못하다.

4. 혈판의 면적과 모양을 살펴본다.

5. 혈판 가장자리(포인트)를 찾는다.

6. 땅의 지질구조와 토질을 분석한다.

7) 혈을 찾는 기준

풍수사들이 혈을 찾는 데는 두 가지 방법이 있다. 통념적인 일반적인 방법과 고수의 천목(天目) 방법에 의한다.

1. 일반적인 방법

이는 고서(古書)를 근거로 사회통념상 풍수사들의 보편적인 구전 등으로 전해 내려오는 혈을 찾는 방법이다.

① 안산 기준

풍수사들이 가장 첫 번째로 초점을 맞추는 방법이다. 즉 안산이 높으면 혈은 높은 곳에서, 안산이 낮으면 낮은 곳에서, 안산이 우측에 있으면 오른쪽에서, 안산이 좌측에 있으면 왼쪽에서 혈을 찾는다.

안산이 높고 가까운 데 장엄한 안산이 있으면 혈은 고지에 있는데, 이것을 천혈(天穴)이라고 한다. 안산은 원형, 사각형, 오각형, 팔각형, 요철형(凹凸形), 아미형(蛾眉形), 일자형(一字形) 등이 으뜸이다.

② 형화기정(形化氣精)

하남 장용덕 선생은 형화기정 법칙에 따라 명당의 주변은 좌우상하가 기울지 않고, 움푹 파인 곳 없이 주변과 조화를 이루고, 생기가 흐르는 터와 자연환경이 조화를 잘 이룬 데를 찾는다.

혈은 은쟁반에 잔을 올려놓은 듯한 형태라고 명당론에서는 소개하고 있다.

③ 물의 수세(手勢)

혈을 맺기 위해서는 물이 명당 가까이 모이고, 물이 혈처를 향해 들어오는 곳에 혈을 맺는다고 한다. 그만큼 물을 알지 못하면 혈을 찾지 못한다.

④ 낙산(樂山)과 귀성(鬼星)

횡룡(橫龍)으로 혈이 맺으면 혈 뒤에 거리를 두고 주산을 에워싸고 있는 산을 낙산이라고 한다. 혈 뒤에 두툼하게 혹처럼 붙어 받쳐준 맥을 귀성(鬼星)이라고 한다.

낙산은 혈 뒤가 허약해서 지기의 기운이 빠져나가지 못하게 하고, 외부에서 불어오는 강한 바람은 방패 역할을 한다.

귀성(鬼星)은 용과 혈을 지탱해주고 기운을 밀어주는 역할을 한다. 그래서 지나치게 길고 살아 움직이면 용이 입수할 때 입수룡과 혈의 생기(生氣)가 빠져나가 분산돼 좋지 않다.

귀성은 부사(富砂)로 갑부가 나온다. 이 귀성이 좌측에 있으면 왼쪽에, 우측에 있으면 오른쪽에, 그리고 양쪽에 있으면 혈처를 중앙에 맺는다.

가) 낙산은 혈에서 최대한 가깝고 적당하게 높아야 좋다. 너무 멀고 낮으면 충분히 생기를 혈에 받쳐주지 못해 좋지 않다.

혈처의 뒤쪽이 움푹 들어간 듯 들어가거나 파여 있으면 패가망신할 가능성이 높다. 최대한 가까이 있어야 으뜸이다. 100m 이내에 있으면 좋고, 150m가 넘으면 혈처에 지탱해주는 힘이 약해 나쁘다.

나) 횡룡하는 지맥에 귀성(鬼星)이 필요하지만, 혈판 뒤에 등을 밀고 나오듯 한 귀성은 낙산과 달리 직접 혈처 뒤에 혹처럼 붙어 있는 언덕(丘)이다. 이것은 주로 암석(巖石)으로 혹처럼 붙은 언덕을 이루고 있으며, 지맥과 혈처를 지탱해주고 힘을 받쳐주는 역할을 한다.

⑤ 용호(龍虎) 기준

용호가 멈춘 모습대로 혈의 좋고 나쁨을 살핀다. 용호의 앞뒤가 감싸주는 방향으로 볼 때 혈처의 좌우가 정해진다. 혈이 맺혀진 용은 고요한 가운데 움직인다(正中動). 청룡이 빼어나면 혈이 청룡 쪽에 있고, 백호가 빼어나면 혈이 백호 쪽에 있다.

용호가 얕으면 지혈(地穴)은 얕은 곳에 혈처를 맺고, 높지도 얕지도 않은 곳이면 중간에 혈처(人血)를 맺고, 높으면 높은 곳(天穴)에 지기(地氣)가 응취(凝聚)해 혈처를 맺는다.

용호가 대칭한 위치나 현무·용호·안산의 사신사 사각(砂角)

의 천심십도(天心十道)에서 혈처를 찾아야 한다.

　※ 천심십도 정혈법(天心十道 定穴法)은 혈을 중심으로 전후좌
　우 사방에 있는 산을 연결하면 십자형(十字形)으로 서로 응
　하는 경우를 말한다.

　　뒤에는 주산 또는 현무봉과 앞에는 안산, 좌측에는 청룡협
　이봉(夾耳峰), 우측에는 백호협이봉(夾耳 峰)이 크기·높이
　·거리가 비슷해 그 정상을 이으면 십자(十字) 모양이 된다.
　혈은 두 선이 교차하는 지점에 점혈(點穴)하는 방법을 천심
　십도정혈법(天心十道 定穴法)이라 한다.

　　이때 산의 모양과 형상은 상관없으나 4개의 산을 연결했을
　때 정확하게 십자(十字)가 이뤄지지 않으면 진혈(眞穴)이 아
　니다. 용진혈적(龍盡穴的)하고 천심십도(天心十道)가 정확하
　면 발복(發福)이 크고 오래 간다.

　※ 풍수지리학에서 각종 기맥(氣脈)이 결한 명당 혈(穴)은 천
　혈(天穴; 상단혈), 인혈(人穴; 중단혈), 지혈(地穴; 하단혈)로
　나눈다. 혈(穴)은 음양오행(陰陽五行)의 성질로 각기 작용
　해 다른 결과로 나타난다.

⑥ 수사(手砂) 기준

　용호가 혈처를 향해 위에서 거두는 사각(砂角)을 상수사(上手
砂), 아래서 거두는 것을 하수사(下手砂)라고 한다. 상수사를 중
심으로 혈처를 찾는 것이 원칙이다.

　하수사가 더 크고 길게 감싸줘야 최고로 좋은 길사(吉砂)이다.
혈판 아래에 팔처럼 붙어 있다고 해서 하비사(下臂砂)라고 한다.

　또 다른 말로 낚시 바늘처럼 붙어 조수사(釣手砂), 활대처럼 붙
어 궁수사(弓手砂)라고 한다. 이들의 위 가장자리에 혈처를 맺는다.

⑦ 단제(單提) 기준

단제는 다른 말로 좌선용(左旋龍), 우선용(右旋龍)이라고 한다. 혈은 좌선으로 변화하는 용이나 우선으로 변화하는 용 위에 있다. 진혈을 판단하려면 혈판이 좌선인지 우선인지 반드시 확인해야 한다.

좌우선 변화가 있는 혈판에서는 높은 쪽이 혈의 바깥쪽이 되고 낮은 쪽이 혈의 안쪽이 된다. 혈이 우선이면 청룡이 있어야 하고, 혈이 좌선이면 백호가 있어야 한다.

혈판이 좌선하거나 우선할 경우 혈판 바깥쪽은 단단한 암석질로 되어 있고, 안쪽은 부드러운 흙으로 되어 있다. 부드러운 쪽이 용의 앞면이 되며, 단단하고 높은 쪽이 용의 뒷부분이 되는 것이다.

혈판이 우선할 때 왼쪽의 물이 혈판을 만들어 준다. 왼쪽 물이 처음 시작되는 위치가 득수(得水)이며, 왼쪽물이 흘러가 안산을 감아 돌아 흘러나가는 모습이 보이지 않는 지점이 파구(破口)이다.

혈판이 우선할 때 득수는 왼쪽에서 시작되고, 파구는 오른쪽에 위치한다. 그러므로 용의 진행 방향과 물의 흐르는 방향이 서로 마주친다.

혈판이 좌선할 때 물이 오른쪽에서 득수를 이루고 좌선의 용에서 득수 지점은 오른쪽 윗부분이며 파구는 왼쪽에 나타난다.

이러한 지세에서 용과 물의 진행 방향이 서로 마주쳐 혈을 이룬다.

⑧ 평야결혈지(平野結穴地)

한 줄기 미미한 지맥이 줄기를 이뤄 꿈틀거리고 뱀이 기어가
듯이 구불거리며 용의 맥이 뭉치면서 지기(地氣)가 왕성하게 치
솟는 혈처를 찾는다. 이런 곳에 터를 잡으면 부자가 난다.

내맥(來脈)이 끝나는 곳에 취결(聚結)해 물이 감아 돌면 음택지
(陰宅地)가 되고, 산골을 따라 올라가면 골짜기가 끝나는 낙맥(落
脈)인 곳에 평지의 양택지(陽宅地)가 형성된다. 내맥의 근원처(根
源處)까지 확인하면 명당의 대소를 구별할 수 있다.

명당 터에는 대다수가 소나무 숲으로 이루어져 있다. 소나무
는 배수가 잘되는 곳에서 자생하고 있다.

여기에는 잡목이 성장할 수 없다. 이것은 지기(地氣)의 영향을
받는다. 이와 비슷한 원리로 망개나무가 잘 자라는 곳이 주로 혈
처를 이루는 경우가 많다. 이것도 배수가 잘되는 터다.

⑨ 만두(승금 · 뇌두)

과협처(過峽處) 영봉(迎逢)에서 만두(蠻頭)가 형성되어 있다.
그 만두의 약간 아래에 혈처가 있다.

⑩ 나오는 장소

정면으로 나오는 혈처는 정면에서 찾고, 측면에서 나오는 혈
처는 선회하는 길목의 가장자리 둔덕에서 찾는다.

혈처가 높은 곳에서는 장풍(藏風)의 용호가 환포되는 곳을 찾
아야 한다. 혈처가 낮은 평지에서는 맥이 벗어나지 않는가를 찾
고 융취된 곳이 어디인지 살펴본다.

2. 천목(天目) 방법

대각을 이룬 스님들은 전생의 삶에서 못다 이룬 일을 환생해 나머지 과업을 수행하는 과정이라고 한다. 그들은 평범한 사람이 볼 수 있는 한계를 넘어 특수한 빛을 보는 감각이 있다.

다른 분은 우주공간과 상통하는 특수 공능(功能)을 가진 특별한 인간의 통찰력으로 천목이 열린 풍수 도사도 있다.

또한 일반 사람들이 가지지 않은 뇌의 '솔방울샘'으로 특이하게 빛의 움직임을 관찰할 수 있는 별도의 기능을 가진 초능력자로 좋게 평가하는 이도 있다.

혹자들은 정신병원의 진찰을 요하는 분들이 있어 대학병원 전문교수를 찾아 전문인 검사와 MRI 판독 등을 거쳐 정신건강에는 이상이 없고, 간혹 유리 겔라처럼 특수 부분에 초능력을 타고난 사람들이 태어날 때부터 소질이 각별하다고 진단받은 적이 있다.

이런 특수 시야와 감각이 발달한 원인은 현대의학과 과학이 풀어야 할 과제라는 의견을 덧붙였다.

간산지에서 지중(地中)의 지기지맥(地氣地脈)이 지표면의 천기지맥(天氣地脈)을 만나 교감되면 새로운 발아양기(發芽陽氣)가 만들어진다.

필자에게는 그 모습이 마치 혈관과 도면처럼 보였다. 지맥(地脈)의 길목과 위치, 크기, 움직임, 속도 등 색으로 보이는 것을 눈으로 읽어 명당을 소점해 발복하는 천목풍수 이론을 적립했다.

땅에는 생명체와 같이 영양을 공급하는 기능과 수많은 근육에 피를 공급하는 혈관 모양의 지맥이 흐른다.

특히 혈처를 중심으로 자연의 흐름에 순응하듯이 크고 작은 지맥이 복잡하게 뻗어 말미잘, 밤송이, 어름, 쓴 오이 등 제각각의 자연 모양 그대로 지맥이 형성된다.

혈은 지중(地中)에서 상승하는 지기와 지표에 하림(下臨)하는 천기(天氣)에 의해 생기를 융취(融聚)하여 결지한다. 주룡(主龍)을 따라 지중에 흐르는 생기(生氣)와 지기(地氣)이고, 물과 바람에 의해 흐르는 생기(生氣)는 천기(天氣)이다.

천기(天氣)는 땅의 지표면에 흐르는 양기의 기운이 여러 곳으로부터 모여 뭉친 장소이고, 지기(地氣)는 깊은 지중에 흐르는 음기의 기운이 여러 곳으로부터 모여 뭉친 곳이다.

이 지중의 음기 기운과 지표면의 양기 기운이 상하로 일치되는 곳에 새로운 생기가 융취된다. 이것을 양혈처(兩穴處)라고 한다.

정통풍수학은 연역적인 방법에 의한 학설이 대부분이다.

필자는 최근 이런 곳을 따라 땅속 명당이란 곳에 지하 구덩이의 4면(좌우상하) 지질층과 바닥면(혈판)의 구조와 모습, 그리고 토질[穴土]은 어떤 화학적인 성분과 점토 구조로 되어 있는지 연구했다.

이를 위해 지표면에 그려진 빛의 줄기가 모여지고 화려한 색의 조화가 이루어진 생지(生地)를 찾아[陰宅] 지맥 흐름도를 그려 놓고 관 하나 들어갈 정도(가로 1m, 세로 2m)를 직접 삽과 곡괭이로 염력(念力)에 의해 예상한 깊이를 굴착한다.

그 후 혈판의 구조와 모습, 색채의 조화를 촬영한 다음 혈판에 움푹 파여 부드러운 혈토(흙)를 시료 채취해 전문연구원에 자료 분석을 의뢰했다.

그 결과 귀납적 이론에 적립해 채취한 흙을 풍수사상에 입각한 지질학과 화학적 성분 분석으로 중요한 점토 광물의 구조적 특징과 성분을 정밀하게 연구한 자료를 필자의 풍수학 박사 논문에 반영했다.

이를 바탕으로 「풍수사상에 입각한 명당의 지질구조와 토질의 성분 분석」 이란 주제로 박사학위 논문에 반영했다.

그동안 풍수학에서 현대과학에 접근한 것은 이문호 교수의 자력탐사법(현재 존재하는 묘지 표면을 자력으로 명당 여부를 탐사)이 전부다.

이 방법은 조선시대의 유명한 분들을 기준으로 현재 시점에서 자력파를 무덤 속에 쏘아 그 파장 분포도를 그려 소개하고 있다. 하지만 그동안 지각변동, 균열, 지진, 풍화작용 등을 반영하지 못한 점이 아쉽다.

8) 잡티

필자가 천목기법으로 묘지 또는 집, 공장, 빌딩, 아파트 등에 감정한 결과를 의뢰한 분들에게 조언하면 반신반의한다.

풍수기법으로 자연에서 일어날 수 있는 가능성을 설명하면 "나는 종교가 다르다. 미신이다"라고 부정한다.

지진이 일어나고 땅 꺼짐 현상과 지각변동이 진행되고, 자식들이 풍파를 겪고 있는데도 받아들이지 않으려고 하는 것이 인간이다. 이미 과학적으로 증명되어 학문적으로 연구 결과가 표출되는 자연재앙을 사전에 방지하고, 풍수사의 조언을 무시해 자연의 순리를 받아들이지 않아 결국은 패가망신한다.

종교와 관계없는 것이 풍수이론이다.

인패(人敗)·재패(再敗) 등 집안에 패가망신을 주는 여운이다.

이런 곳은 피하거나 자리를 띄워 건물을 짓거나 다른 곳으로 이사를 권유하고 묘를 이장하게 도와 화를 면하도록 권장한다.

천목론은 겉으로 드러나지 않는 유해파·대기장력·지전류· 수맥을 완벽하게 찾아낸다. 표면상으로 찾을 수 있는 고압선, 마을 가운데 옥상이나 전봇대에 설치된 전파기지국 등까지 찾아 다른 곳으로 피하도록 적극 권유한다.

인근 마을 한가운데 고압선, 전봇대와 건물 옥상에 설치된 전파기지국, 채석 발파장, 유해파·대기장력·지전류·수맥·방사능파 등이 드리운 인근에 묘지가 있으면 유골에 나쁜 기운의 파장이 침투한다. 결국 그것이 그대로 후손에게 전달돼 관재수, 인패, 재패, 이혼 등의 풍파를 입힌다.

집, 아파트, 빌딩, 공장 등이 들어서면 건축물 내에서 생활하는 사람들은 눈에 보이지 않는 방사능, 무선기 주파수, 전기 등 파장이 사람의 인체에 바로 침투되어 정신적 교란과 인체 기능을 무기력하게 만든다. 세포조직을 파괴시켜 사람의 중요한 부위의 면역성을 떨어뜨리고 지속적으로 오랫동안 파장에 노출되면 고질병이 든다.

특히 노약자들은 심혈관질환, 정신질환, 뇌종양, 갑상선암, 간암, 폐암, 불임 등 각종 질병을 일으키고 병마에 시달린다. 결국 건강을 잃음으로써 현대사회에서 눈에 보이지 않는 최고로 무서운 존재이다.

재물을 잃고 각종 재판에 시달리는 등 인패·재패를 겪는다. 뇌에 오랫동안 노출되면 뇌질환을 일으켜 뇌졸중·뇌종양은 물론 이혼·살인·폭력을 만나고, 승승장구한 기업가는 질병에 시달리고 건강을 잃어 부도 위기에 직면한다.

수맥(水脈)이란 땅속을 흐르는 지하수의 줄기이다. 이는 다시 땅속 물길, 땅속 물줄기, 물길로 순화되어 쓰인다.

수맥은 지질학에서 땅속에서 물이 흐르는 물줄기로 유체적인 냉습(冷濕)인데, 수맥·유해파·지전류·대기장력은 물리학에서 파장·진동으로 논하고 있다. 너무 다른 용어를 통칭해 사용하는 것은 학문 세계화에 고민할 문제이다.

풍수에서는 수맥·지전류·대기장력·유해파를 하나로 묶어 수맥이 흐른다고 부른다. 너무 많이 헷갈리는 학문이다. 이제는 현대과학에 따른 풍수 용어를 구분하고 조정할 필요가 있다.

외국 학자들이 100년 전부터 '진동·파장'을 놓고 치열한 학문적 대립을 한다. 풍수학의 '수맥'이란 용어를 지금이라도 현대과학에 알맞은 용어를 준용(準用)해 고증할 필요가 있다.

풍수사는 이것만은 꼭 구분해 분류하고 위험한 터는 피해 소점할 줄 아는 참다운 풍수가 돼야 한다. 왜냐하면 사전에 풍파를 피할 수 있기 때문이다. 세상에는 공짜가 없듯이 자연의 흐름과 법칙에도 마찬가지다. 자연의 순리를 거스를 수는 없다.

가) 지전류

지전류는 발전소 전기처럼 땅 가장자리에는 마이너스(-) 전기가 뭉쳐 혈처 인근에 줄기처럼 기생하고, 울타리와 같이 혈처를 보호하는 역할을 한다.

이런 곳에 혜안을 갖지 못한 풍수사가 혈처로 착각해서 터를 잡으면 풍파를 면하지 못해 반드시 띄워 소점해야 미리 풍파를 방지할 수 있다.

사람의 머리와 인체가 지전류 위에 놓이면 정신병자나 악성 종양이 생길 가능성이 높고, 인체에 악영향을 끼쳐 건강에 이상이 올 수 있다.

현대적·과학적 근거를 준용하면 지구 내부의 마그마(고온핵 반응) 활동, 단층 균열, 지구 격자(global grid) 등에서 중성자가 발생한다. 또한 지전류 자체 주변에 형성되는 전자기계(극성과 자성을 지님)를 지나면서 인체와 모든 생물체에 치명적인 파장(감마선 이상 마이크로파에 가까운 것)을 보낸다.

지전류의 특성·극성으로 적혈구의 철 성분이 지전류에 대전·자화되고, DNA의 손상과 치환·변형으로 세포가 불안해져 적혈구(산소 운반)와 백혈구(살균) 기능이 현저히 저하되어 각종 질병을 유발한다.

나) 수맥

수맥은 구옥을 헐고 건물이나 주택을 건축할 때 현존하고 있는 우물을 메우거나 묻지 말아야 한다. 이것은 자연의 법칙을 역행하는 것으로 절대 금물이다. 우물 주변을 깊이 파서 배수관을 묻어 물길을 밖으로 내어 물이 잘 빠지도록 해야 한다.

물길을 막으면 기존의 물길이 역류해 건물이나 집터 아래로 스며 냉습이 인체에 악영향을 줘 몸이 아플 가능성이 높고, 건물에 금이 가고 틈이 생겨 기울어질 위험이 도사리고 있다.

양택·음택 지하에 일정한 방향성을 가진 수맥이 존재하며, 이 수맥은 인체의 혈관처럼 땅속을 흐르는 물줄기로 지하 10~40m에 많이 분포되어 평균 13~14℃를 유지하고 있다.

수맥은 순환작용으로 지표로부터 일정한 양의 물을 받아들이기 위해 자체적인 힘을 발휘한다. 흙과 흙 틈새로 수분을 받으려는 힘이 방해하려는 물체를 파괴하는 중력에 의해 움직이므로 지상의 지표 높이와 상관없이 지속적으로 흐른다. 그래서 수맥은 산 정상은 물론 바다 한가운데에도 있을 수 있다.

다) 대기장력

대기장력은 기상학과 지질학을 준용하면 지구와 달이 중력을 유지하기 위해 서로가 당기는 기류이다. 이는 사람의 힘줄과 같은 역할을 한다. 그러나 대기장력 위에 사람의 인체가 놓이면 해를 입는다. 기류에 휩쓸려 피해를 볼 필요는 없다.

역시 대기장력이 지나는 위치를 잘 읽어 양택·음택 모두 띄워 소점하는 것이 최상의 방법이다.

풍수사는 꼭 명심해야 할 일이다. 대기장력은 2000m 상공의 비행기, 선박, 자동차에서 포착될 만큼 강력하다. 대기장력은 수직 대기장력에 의한 해를 막기 위해 대기장력을 찾아 그 자리를 피하는 것이 가장 좋다.

대기장력은 현대과학으로는 차단할 수 없으며, 대기장력파는 저주파로서 진행 속도가 늦기 때문에 서서히 나타난다.

라) 유해파

유해파는 땅의 표면에 혈처가 성립되지 않는 터에 형성한다. 마그마의 기운이 천기 기운과 교감을 이루지 못하고, 마치 고기 비늘 눈이 지표면 위를 날리는 것처럼 보인다.

이 터에 결혈이 완성된 것처럼 보이는 곳이나 지맥이 없는 천기와 지기가 존재하지 않는 무정란과 같은 터이다(밀양 솔방마을 뒤).

고압선 인근, 방송국 송신탑, 휴대폰 중개기지국·레이더기지국·채석장 등이 유해파 발생의 근원지이다.

이를 뒷받침할 현대과학적 근거를 정립할 때 서양에서는 유해파를 종파나 횡파로 밝혀지지 않은 제3의 파장으로 규정해 유해방사성(harmful radiation)이라고 표현한다. 건축물에도 유해파에 노출되면 지속적인 유해파의 영향으로 틈이 발생하며, 전자제품에도 명확한 이유 없이 고장을 일으킨다.

산진처 혈처는 가장 중요한 대목이다. 이런 묘지로 사용하거나 건물을 신축할 때는 반드시 띄워 소점하는 것이 현명하고 우환을 피할 수 있다.

풍수에서는 정상적인 자장(磁場)을 교란하는 전자파가 방출되는 지역을 매우 꺼린다. 이는 건강과 직결되기 때문이다.

특히 고압 철탑이나 변전소가 방출하는 전자파는 주변에 거주하는 사람들의 정서나 건강에 큰 피해를 입히기 쉽다. 지붕 위로 고압선이 통과하는 것 또한 마찬가지다.

따라서 이러한 터에 둥지를 틀면 쉽게 불화가 발생하고, 사업이나 재운에 좋지 않은 영향을 미친다. 주택일 경우 가족 모두에게 좋지 않으며 자녀의 학업 성적이나 학습 정서에도 악영향을 준다.

일단 나침반의 자침이 잘 정지하지 않는 지역은 일단 위험지대로 간주하는 게 좋다. 자장을 문란하게 하는 것은 철로나 지하도도 마찬가지로 대문 앞에 있으면 기장(氣場)이 흐트러져 건강, 생육(生育), 작업이 모두 불안정해진다. 또한 인사 분야에 영향을 미쳐 승진이 잘되지 않는다.

많은 양의 전파를 방사하는 변전소나 변전기, 전파 송출탑, 방송국의 안테나, 위성 안테나 등은 모두 인체의 건강이나 정서에 악영향을 끼쳐 부부나 가정이 화목을 깨는 요인이 된다.

9) 특수 혈판

1. 천교혈(天巧穴)

천교혈은 높은 산 정상에 있는 혈을 말한다. 높은 곳이라도 평평하여 높은 감이 없다. 이런 곳에 조상을 모시면 신동이 탄생하고 고시에 수석합격하며 후손들이 높은 지위의 관료를 맡는다.

산 높은 곳에 높이 솟고, 하늘 가까이 있다고 하여 천교혈이라 한다. 천교혈은 산 아래 자락에서 위로 보고 우러러보는 것처럼 보이는 존경하는 혈처로 산꼭대기에서 약간 아래로 내려와 주산에 덧붙여 형성된 빙고혈(憑高穴)이다.

천교혈은 주로 한 가족 한 사람만 출세를 기원하는 염원인데 한 사람을 받들기 위해서 나머지 가족은 희생해야 할 터이다. 즉 고민해야 할 형태의 가족사이다.

2. 기마혈(騎馬穴)

일명 기룡혈(騎龍穴) 또는 말 안장사(鞍裝砂)라고 부르기도 한다. 과룡에서 혈처를 맺지 못하고 높은 산 능선에 지세가 왕성하여 진행하던 용이 잠시 머뭇거리듯 주저앉아 지기가 응취된 곳에서 혈처를 맺고, 용의 등을 타고 앉은 모습의 혈처를 말한다.

3. 회룡고조혈(回龍顧祖穴)

회룡고조혈은 안산이 주산보다 크거나 높고 또 다른 조산보다 보편적으로 수려하고 단정한 것이이 일반적이다. 이런 혈은 주산의 지세가 왕성하므로 웅장하게 꼬리 부분에서 주산을 다시 되돌아보는 혈처다. 이런 용은 생기가 왕성하고 힘차게 변화하여 혈처를 크게 잡는다. 발복이 크고 큰 부자가 난다.

4. 호혈석(護穴石; 石中穴)

특이한 돌이 혈처에 버티고 있을 때 빼어내고 혈토가 나올 때까지 판다. 용이 아름답고 참되며 주변의 산이 범, 표범, 곰, 큰 곰 모습으로 둘러싸여 있을 경우 넓은 암석을 깨뜨리고 파보면 그 아래에 혈토가 나온다. 이것이 산진처(山盡處) 진혈이다.

5. 명안(明眼)

용입수(龍入首)에 허상(虛像)을 놓고 번개처럼 일맥이 나와 실이 북에서 풀려 나오듯이 가느다란 용맥이 쫓아 나오듯, 새가 구름 사이를 빠져나오듯, 멀리서 보면 보일 듯 말 듯 희미하고 가까이 가서 보면 흔적은 확실하다(잠룡). 예쁜 모습을 품은 채 새롭고 참스러운 생기만 갖고 정밀하고, 여러 곳의 기가 한쪽으로 융합되어 내려와 맺은 그 터에 진혈이 터전을 잡는다.

6. 자웅교합(雌雄交合)

산에도 음양이 있듯이 혈(穴)에도 여성격인 자(雌)의 혈(穴)과 남성격인 웅(雄)이 혈처 주변에 조화를 이루고 있다. 높고 큰 것은 웅(雄)이고 낮고 적은 것은 자(雌)다. 이것이 융합과 자웅이 교합되어 혈처를 맺는다.

좋은 현무로서 둥글게 솟고 단정하며 용호·현무·안산(주작)이 분명하게 혈처를 감싸고 있다. 이것이 음양의 조화이고 신비한 자연의 원리이다.

혈토(穴土)

혈토는 암석으로 된 입수와 선익, 전순으로 에워싸여 있으나 혈 자체는 특수한 토질로 구성되어 있다.

혈을 구성하고 있는 혈토는 토질이 미세하고 부드러우며 습기가 적당하게 유지하고 있다. 그 단면에 윤기가 나고 광택이 있어 일반 흙과 모양새가 다르다.

토질은 피토(皮土), 단토(斷土), 혈토(穴土) 등 세층으로 되어 있다.

혈토는 겉에서 보기에는 마치 바위와 같으나 실제로는 바위와 흙의 중간 성분을 갖고 있는 비석비토(非石非土)다.

비석비토는 삽 또는 곡괭이와 같은 가벼운 도구로 손쉽게 파낼 수 있으며, 혈토 덩어리는 바위같이 결이 촘촘하게 이루어져 있는 것이 일반적이다.

혈토는 구성이 매우 치밀한 구조를 이뤄 외부에서 물이 스며들지 못하고 나무뿌리, 벌레, 뱀, 쥐 등이 침투하지 못하면서 신비(神祕)한 기운을 모으고 있다.

이러한 혈토에 시신을 안장하면 외부의 나쁜 기운이 접근하지 못하고 혈토에서 발생하는 생기가 시신을 안전하게 감싸 보전한다.

혈에서는 땅의 기운과 하늘의 기운이 동일한 지점에서 발아기운에 의해 빛의 조화(調和)를 이뤄 열과 빛을 발산한다.

화순(化醇)과 화생(化生)을 거쳐 동화(同化)됨으로써 발아생기(發芽生氣)가 만들어져 온화한 생기에 의해 다른 장소보다 따뜻하고 양명한 명당을 이룬다.

천목풍수이론은 현장경험을 토대로 사진 촬영을 했는데 장소와 시간을 기준으로 이 사진을 공개한다.

색은 풍수지리사가 천목이 열려야 명당을 소점(所占)할 수 있는 비취옥(翡翠玉) 색혈토, 백금 빛 같은 밝은 색채를 띠고 있는 것과 시루떡, 무지개떡처럼 층마다 색이 달라 오색토라고 부른다. 좀 더 색채를 깊이 분석해 보면 9색토 이상까지 분류할 수 있는 토질도 있다.

이 혈토는 바닥에 평탄작업을 하고 깨끗하게 정리하면 혈판에는 천기(天氣)가 내려진 흔적이 남는다. 이 흔적은 마치 사람의 얼굴, 봉황, 비룡 등 각종 모습을 뚜렷하게 라문(羅紋)으로 볼 수 있다.

지중의 지기(地氣) 맥과 지표면의 천기(天氣) 지맥이 동화(同化)와 화순(化醇), 그리고 화생(化生)의 기운이 발복하면서 새로운 양기의 기운이 만들어져 교감으로 생성된 발아생기(生氣發芽)의 기운이 자연 이치(理致)에 맞게 빛을 반사한다.

이 모습은 마치 오로라와 은하수 레이져쇼를 하는 것처럼 볼 수 있다. 그 신비와 아름다움은 하늘이 내려준 천광이다. 이런 곳을 찾아 조상을 모시고 집, 건물, 빌딩을 지으면 발복한다.

혈토(穴土)

① 혈토는 계란의 노른자와 흰자가 구별하듯이 분리된 듯한 토질이 광중에 천기 형상과 원훈이 구별돼 자국 형상이 특이한 무늬 모양이 수놓아 있음을 확인해야 한다.

② 토질의 생기(生氣)는 토색(土色)으로 구별이 가능하고 그 토색의 최상급은 비취색토(翡翠色土), 9~3색토 순으로 하고 빗살무늬 토, 무지개무늬 토 등도 밝은 토색을 기준으로 순을 정한다.

③ 토질은 비석비토(非石非土) 흙 같은데 흙은 아니고, 돌 같은데 돌은 아닌 혈토를 말한다.

④ 좋은 혈토는 붉고 누렇게 환한 빛이 나면서 윤기가 있다. 통칭 오색토(紅·黃·靑·黑·白)를 이룬다고 하지만 홍황색(紅黃色)이 주가 되고 단색이 혈토가 된 것도 있다. 오색토라고 해서 항상 똑같지 않으며 제각각 다른 혈토로 구성과 조화로 혈토 색을 이룬다.

⑤ 흙의 조직은 떡가루처럼 미세한 분말 같으며 밝은 색과 윤기가 나는 홍황색(紅黃色) 혹은 황백색(黃白色)이고, 지질은 생기를 품은 토질이어야 한다.

그러나 지역의 특성상 제주도나 강원도처럼 검은색의 혈토
가 있고, 경기 남부 일부지역의 백토는 혼돈하기 쉬워 손으
로 만져 확인할 필요가 있다.

⑥ 보기 드문 비취토색의 경우 마치 우주공간의 별들이 쇼를
하는 것처럼 보인다. 좌우상하 측면에는 영상 쇼를 하는 것
처럼 연출되는 모습이다.

혈토를 밖으로 퍼내면 토질이 품고 있는 열기가 공기와 융
합되면 머금고 있는 생기를 지표면에 표출한다. 이것이 마
치 수증기를 품는 기화현상으로 보이는데 착각할 수 있다.

성분 분석에 사용된 명당의 혈토.

성분 분석에 사용된 명당의 혈토.

E. 혈판의 모습

혈판은 밝고 양명해야 한다. 광중에는 넓은 멍석, 함지박, 소구시, 소반 등 여러 가지 형태로 구성하고 있다.

단단하고 볼록한 부분은 혈판을 지탱해주는 대들보 같은 역할

지인, 명당 광중 단면도

산진처 지중 단면도

을 하는 철(凸) 부분과 부드럽고 움푹 파인 곳은 요(凹) 부분으로 구분한다. 특히 요(凹) 부분은 광중에 수분이 많으면 혈처 밖으로 내보내고 수분이 모자라면 혈처 밖에서 광중으로 보충하는 통로 역할을 한다.

수만~수천m 깊은 곳에서 여러 지기 기운(에너지·마그마)이
광중에 모여 뭉치고, 뭉친 기운이 혈처 밖으로 빠져나가지 못하
도록 조절하는 중요한 기능을 한다는 것이 풍수학의 통설이다.

명당 묘소 역삼각형 지반 구조.

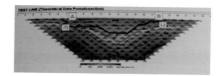

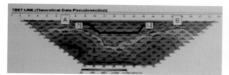

명당 묘소 역삼각형 지반구조학.

태극(太極) 용지지혈(龍之地穴).

　태극원훈(太極圓暈)을 중심으로 용이 좌우로 기어가는 흔적을 남긴 혈판 터를 잡을 때 중심 혈토를 기준으로 너무 높거나 낮아서는 안 된다.

　좌측이나 우측으로 치우치는 것은 좋지 못하고 혈판이 조금이라도 손상되어서는 안 된다는 것이 통설적인 원리다.

　천목(天木) 풍수이론에 적립해 보면 지맥은 혈관이나 복잡한 설계도면과 같다. 약간 낮게 파인 부분은 수십~백여 가닥이 넘는 지맥이 지하 수백m에서부터 수만m 더 먼 곳에서 이 통로로 모여 혈처(산진처)를 만드는 기로(氣路)이며, 땅이 숨 쉬는 터전이다.

즉 인체의 콧구멍과 같은 역할을 하는 곳이며, 명당(용진처)이 존재하기 위한 필요조건으로 본다.

이런 조건을 갖춘 산진처 명당은 굴착을 하는 도중에 땅속에 모인 기운(에너지)은 외부 기운(공기)과 교감하면 연무(煙霧·해무(海霧)·수증기 같은 기화현상(氣化現像)을 종종 볼 수 있다. 물론 땅속에서 올라오는 특유의 향긋한 향기를 체험할 수 있다.

이와 같이 현장 체험을 통해 산진처의 특유한 향기는 자연이 명당임을 증명하고 있다. 이것을 증명하기 위해 현대 과학적으로 고증된 관련 자료는 책의 중간 부분에서 상세히 다루었다.

지금까지 산진처(용진처) 형성이 되기까지는 지맥이 산 능선을 타고 내려가다 박덩굴처럼 군데군데 지맥이 뭉쳐 하나의 혈처를 만든다고 알고 있는 것이 고서나 풍수학자들의 통설이다.

그러나 이는 좀 다르다고 본다. 그 이유는 박사학위 논문을 준비하는 중에 혈판을 찾기 위해 지관 김만희 선생과 현장에서 지맥도를 그려보면 같은 능선 인근에 여러 개의 혈처를 발견했기 때문이다.

지맥도를 각각 그려보면 산진처를 중심으로 모인 지맥은 각각 다른 지맥들이 래용에서 또 다른 능선을 타고 내려온 지맥은 사격(沙格), 여러 방향에서 혈관처럼 모여 혈처를 이룬 것으로 지면에 그려진다.

지맥도에 그려진 모습은 마치 말미잘 촉수, 밤송이 가시 같이 혈판 위에 그려진다. 이런 지맥이 생기를 품고 생명체의 세포막을 형성하듯 한다. 현장에서 나문혈, 토축혈, 진토혈, 호피혈, 나문 축토혈 등이 골격처럼 연출되고 있는 장면을 종종 볼 수 있다.

혈판에 비치는 무늬[羅紋]와 화려하고 은은한 빛은 찬란하기 그지없고 마치 레이저쇼를 보는 듯하다. 관념에 따라 다르지만 자연의 원리에 따라 새겨진 각종 태극(太極), 용지지혈(龍之地穴), 족적나문혈(足炙羅紋穴), 토축혈판(土縮穴板), 진토영상나문혈판(眞土靈像羅紋穴板), 호피형상나문혈판(虎皮形象羅紋穴板), 영상나문혈판(靈像羅紋穴板), 빗살무늬토축혈판(土築穴板), 자색나문혈판(紫色羅紋穴板), 자궁나문혈판(子宮羅紋穴板) 등을 볼 수 있다.

가. 족적나문혈판(足炙羅紋穴板)

족적 나문혈.

혈판 바닥에 움푹움푹 수 개의 새 발자국을 찍어 놓은 것 같이 무늬가 새겨져 있어 족적나문혈이라고 한다. 움푹 파인 장소가 땅이 숨쉬는 곳으로 지기 생기가 들어오는 통로이고, 볼록한 곳은 대들보와 같은 역할을 한다.

소음지혈(少陰之穴)에 사선 또는 여러 개의 빗금무늬가 차곡차곡 겹쳐 한 폭의 그림처럼 모양을 이룬 그 무늬가 손바닥 정도의 둥근 무늬를 말한다.

이곳에 매장이나 이장해온 조상의 유골을 재혈(裁穴)할 때 무늬의 하부가 손상되지 않도록 해야 한다. 지기(地氣)의 중심 부분이고 돌기(突起)다.

나. 토축혈판(土縮穴板)

소양지혈(少陽之穴)에 단단하게 압축된 흙과 같고, 그 가운데에 작게 쌓인 무더기가 볼록하게 돌출된 여러 형상이 있다. 이때

장사하면서 상부가 훼손되
지 않도록 주의해야 한다.

　이것은 지기의 증표이고
중심축이다. 오랜 풍화 작
용에 의해 정수된 흙으로
생기를 머금고 있는 혈토
다. 지중의 지기가 융취된 혈토는 정수(精粹)된 것이다.

다. 진토영상나문혈판(眞土靈像羅紋穴板)

　혈에 양각 또는 음
각의 비단 무늬가 있
다. 단단하고 견고한
토질이 윤기가 나고
선명하다.

　하회탈과 같은 모습
으로 진흙 토질이 압
축된 것으로 사람의 얼굴을 닮은 모습의 무늬가 새겨져 있다.
　주위의 토질과 확연히 다르고, 토색은 비취빛을 내면서 우주
공간에 별들의 쇼를 보는 듯 화려하고 신비롭다.

라. 호피형상나문혈판(虎皮形象羅紋穴板)

　혈의 바닥 전체가 음각
·양각의 자연전인 조화
를 이룬다. 마치 호랑이
가죽과 같이 색의 조화를
이루고 알록달록 여러 무
늬를 만들고 화려한 색의

밝은 빛을 낸다. 우주공간의 천연 별들의 쇼를 하는 것 같은 분위기를 연출하고 있다.

호랑이 가죽같이 알록달록하며 환하게 밝은 빛을 내는 것이 특징이다.

마. 영상나문혈판(靈像羅紋穴板)

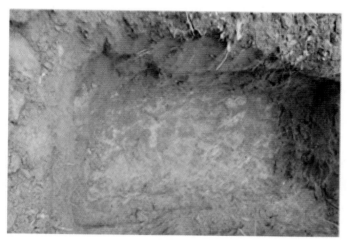

바닥에 영매 형상과 4개 발자욱이 새겨져 있는 혈판.

바. 빗살무늬 토축혈판(土築穴板)

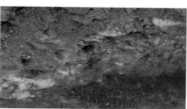

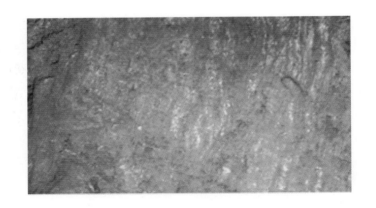

사. 비취나문혈판(翡翠羅紋穴板)

아. 패총나문혈판(貝塚羅紋穴板)

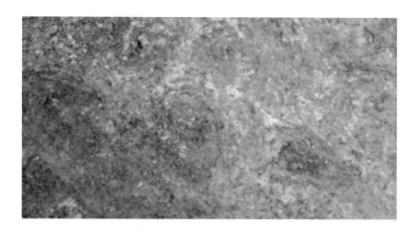

자. 자궁나문혈판(子宮羅紋穴板)

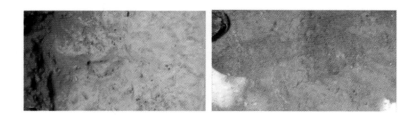

　광중에 빗살무늬 공처럼 단단한 둥근 무늬와 한 공간에 문어, 토끼, 곰, 용, 호랑이 등 여러 무늬가 조화를 이루며 배치된 형상을 말한다.
　현장의 경험을 토대로 적립해 볼 때 명당마다 제각각 다른 특유의 무늬나 형상을 하고 있으나 똑같은 태극 반질석은 찾기 어렵다.
　태극 반질석은 풍수사들이 평생 한번만 재혈하면 그때부터 하늘이 신명한 풍수사라고 전해오고 있다. 넓은 산과 들에서 명당 찾기란 하늘에 별을 붙이는 것보다 더 어렵다고 한다. 이것은 경지를 넘어선 분들에게 풍수사라고 천명하기 때문이다.

이런 혈토 위에 조상의 유골을 안장한 결과 후손의 음덕(陰德)을 받는 것을 현응(玄應)이라고 한다.

그리고 이 혈토 위에 집과 건물을 세우고, 공장을 건립하여 생활하는 사람은 양덕(陽德)을 입어 명석한 두뇌에 전달된다.

이에 따라 학생과 기업가의 인체에 생기와 활력을 줘 건강하고 행복한 삶을 추구한다.

어떤 서적은 양택과 음택을 따로 분리해 해석하고 있는데 이는 위험천만한 생각이다. 명당의 터 아래에 조상을 모셔 후손 발복하는 것은 현응적(玄應的) 결과이다.

유골이 황골(黃骨)·비취(翡翠)로 바뀌어 오랫동안 보존되고 이 생기의 기운이 DNA 법칙의 동기감응이란 원리에 따라 후손에게 전달되어 발복된다.

이 땅 위에 집, 공장, 건물, 아파트 등을 짓고 생활함으로써 지중의 지기와 지표면의 천기가 융취되어 감응이 화생(化生)과 동화(同化)를 거치면서 발아생기(發芽生氣)가 이뤄진다.

이것이 사람의 인체에 융합되어 동기감응의 법칙이 발복을 이뤄 양택 터의 원리가 된다. 그래서 양택과 음택을 하나로 봐야 타당하다. 이른바 현대 과학의 접목(樑木)이다.

10) 수구사(水口砂)

수구사란 명당 내에 모든 물이 합쳐 흘러간 파구에 있는 여러 희귀한 모양의 산이다. 이는 혈처를 중심으로 물이 직수를 못하도록 막아 명당의 생기를 보호하는 역할을 한다.

그 모습은 용호 끝이 교차하거나 입구에 암석 등이 있는 형태이다. 오래 전부터 풍수사들이 간산할 때 먼저 수구를 바라보라는 말이 있다.

이는 대체로 수구의 양 끝에 가장 긴밀한 관계가 있기 때문이다. 중첩이 되면 혈처가 크고 그렇지 못할 경우 결지(結地)가 없는 터다.

수구사가 주밀(周密)하게 감싸 좁게 막혀 있는 모습이 좋은 파구이고, 자물쇠로 문을 잠그고 베를 짜듯이 물 흐르는 잔잔한 모습을 교쇄직결(交鎖直結)이라고 한다.

수구의 암석은 인(印), 홀(笏), 수(獸), 금(禽), 구(龜), 사(蛇), 어(魚), 순(筍) 등과 같은 형상이다.

수구의 교쇄직결(交鎖植結)

교(交)란 물이 양쪽에서 흘러나와 서로 만나 교류하는 것이다. 쇄(鎖)란 물이 나가는 곳에 사(砂)가 있어 자물쇠처럼 막아주는 것이다.

물이 오고가는 모습이 마치 베를 짜는 듯하다. 결(結)이란 여러 물이 모여지는 것을 말한다.

청룡과 백호 사이에 물이 흘러나가는 곳을 수구라고 하는데, 수구 양안(兩岸)에 있는 산을 수구사라고 한다. 수구사는 한문(捍門), 화표(華表), 북신(北辰), 나성(羅星)으로 분류한다.

화표(華表), 나성(羅星), 북신 등의 사가 있으면 큰 명당으로 한문이라고 한다. 한쪽이 사자 형상이고 다른 한쪽이 코끼리 형상과 같으면 사상한문(獅象捍門)이라 한다.

또한 모습에 따라 귀사한문(龜砂捍門), 일월한문(日月捍門), 기고한문(旗鼓捍門) 등으로 나눈다. 물이 빠져나가는 용호 끝에 우뚝 솟은 산봉우리와 바위, 물 가운데 있는 암석을 말한다.

1. 한문(捍門)

물이 빠져나가는 용호 끝에 특별하게 생긴 목산(木山)이 양쪽에 우뚝 솟은 산봉우리를 한문이라고 한다.

한문(捍門)은 수구의 양쪽 끝자락에 산이 도끼, 북, 문무관, 일월, 천마, 종, 용, 거북 등 형상을 한 모습을 말한다.

수구를 막는다는 뜻으로 해석하면 된다. 이러한 한문이 존재한다면 왕비, 공경, 신선, 장원급제를 배출한다.

2. 화표(華表)

용호 끝자락의 버티고 맞서 있는 사(獅), 상(象), 기(旗), 고(鼓) 모양으로 중첩되게 에워싸고 있다.

화표(華表)는 수구 중간에 기봉(奇峰)이 솟아 있는 산과 물이 그 사이를 휘돌아 흐르는 모습을 말한다.

대부호(大富豪)와 왕후장상(王侯將相), 즉 제왕(帝王), 제후(諸侯), 대장(大將), 재상(宰相)을 출산한다.

3. 북신(北辰)

물이 빠져나가는 용호 물 가운데 우뚝 솟은 산이나 거대한 암석을 말한다. 팔랑개비 모양 등을 한 북신은 가장 귀한 사격으로 군황지지(軍皇之地)이다.

북신(北辰)은 수구에 귀한 큰 암석이 우뚝 서 있는 것으로 입구는 좁고 그 안은 넓다.

4. 나성(羅城)

나성이란 토체(土體) · 화체(火體)의 사각이 혈을 중심으로 사신사(현무 · 청룡 · 백호 · 안산)를 둘러싸고 있는 모습이다. 나성은 혈과 보국내(保局內)의 생기를 보호하는 역할을 한다.

수구에 화표한문(華表捍門)이 있고 누대고각(樓臺鼓角)이 나성에 열립(列立)하면 재상에 가까운 인물이 난다.

수구에 산봉우리가 솟아 있으면 자손이 고시에 장원급제하고, 소 모양의 큰 바위가 있으면 귀한 자손이 나온다. 비석같이 큰 돌이 있으면 명성을 높이는 자손이 나오고, 많은 봉우리가 모여 좋은 모양새를 이루면 장관급 인물이 나온다. 성문 모습으로 배열되어 있으면 재력(財力)을 지닌 자손이 나온다.

나성(羅星)은 외수구에 존재하는 것으로 외수구 안에 둔덕이 있고 물이 둔덕을 돌아 흐른다. 토질은 돌이 가장 좋고 흙은 이에 상응하다.

이 둔덕은 머리와 꼬리가 뚜렷하게 있어야 한다. 반드시 머리 부분에는 물이 역류하고 꼬리 부분에는 순류하면 된다.

5. 나성사(羅星砂)

혈 주위에 사신사를 좇아 이를 보충하는 산이나 구릉을 말한다.

나성이란 고을을 에워싸고 있는 성벽이나 울타리를 뜻하고, 혈을 보호해 주는 역할을 한다.

나성사 가운데 혈장 뒤에서 베개 역할은 하는 것을 낙산(樂山) 탁산(託山), 고산(靠山), 요산(曜山)이라고 부른다.

낙산은 래룡의 허함을 보강해 주는 역할을 하고, 탁산은 의지하고, 고산은 기댄다는 내용을 갖고 있다.

※ 래용이 횡룡 형태로 입수하는 바깥쪽에 있는 것을 귀성(鬼城)이라 하고, 용의 꼬리이며 낙산의 베갯잇으로 본다.

※ 낙산(樂山)은 횡룡입수하는 혈의 뒤를 지탱해 주고 바람을 막아 주는 산을 말한다. 즉 입수하는 래용이 방향을 틀어 결혈하는 것을 횡룡입수(橫龍入首)라 하는데, 이때 혈 뒤에서 래용을 받쳐주는 산을 말한다.

※ 안산의 보조 산을 관성(官成)이라 부르기도 한다. 즉 보조 역할을 하는 산을 통칭 나성사라고 한다.

11) 발복

1. 금시발복(今時發福); 당대발복

당대 조상을 안장하거나 묘를 이장한 후 1년 6개월 ~ 5년 10개월 기간에 금전이 축척되고, 많은 재물을 쌓아 벼락부자가 되거나 벼슬자리에 오르고 출세해 권세를 누리는 터이다.

집, 빌딩, 건물, 아파트 등 주거지와 공장, 사무실, 식당 등 사업장 터는 금시발복 터로 우선 해당된다. 조상의 산소 터도 금시발복이 되는 경우가 다소 있다. 어느 것이 우선이라고 딱 꼬집어 말하기 어렵다.

2. 점차발복(點差發福)

말 그대로 5년 정도 지나 점차 조금씩 재산을 쌓아 부자가 되어 있고, 하는 일이 막힘없이 순탄하게 뻗어 순항한다.

돈이나 재물이 점차적으로 모이고 벼슬자리도 단계별로 올라 관직과 재물을 동시에 발복하는 터를 말한다. 권위와 출세 방향을 뜻한다.

그리고 제왕이나 높은 관직을 얻는 터는 적게 30~130년 정도 인내심이 필요하다. 유전자 DNA가 같은 후손에게 동기감응을 일으키는 최고의 벼슬을 얻는 경우가 있다.

　터를 소점하고 상당한 시일이 지나서 발복된다고 본다. 조상의 묘를 좋은 곳에 안장하면 점차 발복이 되는 경우가 많으나 금시발복이 되는 경우도 다소 있다.

　5색토나 7색토의 터는 금시발복이 되는 경우가 다수이고, 재물과 출세를 동시에 발복하는 경우도 있다.

　예를 들면 강원도 삼척에 있는 이성계 5대조 묘를 이곳에 쓰고 126년 후에 이성계가 왕이 되었다고 한다. 이 얼마나 인내와 고내가 필요한가를 고민해야 할 과제다.

　검게 변해 버린 조상의 유골을 명당의 혈처에 이장해 놓고 약 1년 6개월이 지나면 무슨 일이 일어나는가?

　믿기 어려울 것이다. 검은색 → 회색 → 부연색 → 우유색 → 누런 벽지색 → 노란 단풍색 → 황토색으로 변해가는 모습을 보면 기상천외한 신비의 터이다.

　땅속의 생기와 체백이 만나 조화를 일으킨다. 『금낭경』에는 "매장되는 자는 생기를 타야 하며, 이런 오기가 땅속에 흐르고 있기 때문이다."고 밝힌다.

　사람은 그 몸을 부모로부터 받지만, 그 몸이 기를 얻어야 하고 그런 기는 유해가 대지로부터 받는다.

　『금낭경』에도 부모의 기와 자식의 기가 서로 감응해야 귀신, 곧 자연의 복이 자손에게 미친다고 했다. 체백이 아무리 생기가 왕성한 곳(穴)에 매장되더라도 땅속의 생기와 교감되지 않으면 아무런 소용이 없다.

　풍수에서 이런 백골이 생기를 가졌다고 보는 것이다. 이런 백골과 흙속의 생기가 동화되어야 '계사전'의 화순, 화생, 동화, 발아생기가 되는 것이다.

12) 흙과 깊이

산은 생기(生氣)가 있으면서 토질이 밝고 환해야 한다. 풍수지리에서 밝은 것은 귀(貴)요 뭉쳐진 덩어리는 부(富)를 상징한다.

산은 중첩되어 산세가 비교적 몽글몽글하게 뭉쳐진 덩어리가 많고 소나무의 색깔이 황금 색깔을 띠고 있다.

산이란 토질이 밝고 양명하면 나무의 색깔도 따라서 밝고 흰하게 빛이 난다. 이것은 풍수지리를 공부하는 과정 중에서 가장 기초적인 부분이다. 산을 볼 때는 밝고 어두움을 잘 구분할 필요가 있다.

어떠한 곳은 침침하고 습기가 많아 나무나 풀의 색깔부터 검게 보인다.

그러한 곳은 대부분 햇빛이 잘 들지 않는 음지이다. 토질의 첫째 조건은 태양이 잘 들고 건조해야 하며, 흙색이 황금색을 띠고 있어야 한다. 토질이 좋으면 이것은 무해무덕하다 해서 무해지지(無害地支)라고 말한다.

묘를 썼다가 파서 옮겨간 자리를 파묘터 또는 구묘터라고 한다. 남이 묘지를 했던 곳으로 이장해 간 자리를 말한다. 대부분은 자리가 좋지 못해서 묘를 다른 데로 옮긴다. 자리가 좋다면 옮겨갈 이유가 없다.

그래서 묘지를 썼다가 파간 자리는 모두 안 좋은 자리로 생각하기 쉽다. 설령 명당이라도 먼저 쓴 사람이 발복(發福)을 다 받아가서 지기(地氣)가 없다고 생각하는 경우도 있다.

그런데 파묘터라도 명당에 혈(穴)이 되어 있다면 그곳에 유골을 묻고 나서 1년 이내에 뼈가 황골로 변한다. 그러므로 비록 묘를 파 나간 자리이더라도 뼈가 자색골이나 황골이 되었다면 그곳이 명당이라는 증거이다.

실제로 묘지를 했다가 사정에 의해 파간 자리에 시커먼 유골을 매장했다가 1년 후 파보니 황골로 변해 있더라는 얘기다. 황골로 변한다는 것은 땅의 지기(地氣)를 받았기 때문이다.

명당의 원리는 지기가 모여 감돌고 있는 곳을 말한다. 그래서 이러한 명당자리는 재매장해도 된다는 증거이다.

천태만상의 땅이 있고 언뜻 보기에 혈(穴)과 같이 생긴 땅도 너무 많아서 풍수지리를 오래 연구하고 경험이 많은 사람이 아니면 좋은 자리를 식별하기 어렵다.

그러나 뼈가 비취골, 황골로 변했다는 것은 두말할 나위 없이 명당임을 나타내는 것이다. 조상을 명당 길지에 안장하면 조상 뼈의 색이 누렇게 황금 덩어리처럼 생기를 받아 변한다.

조상의 뼈에 생기(生氣)가 충만하면 동기감응(同氣感應)으로 그 교감이 후손에게 전달되어 그 후손은 머리가 명석하고 건강해 매사에 올바른 생각을 가지는 것이다.

과거에는 명당에 모신 조상의 묘를 파서 옮긴 예가 매우 드물었고 대부분 옮겨간 자리라 하면 못쓰는 자리가 많아서 재매장하는 경우가 없었던 것이다.

그러나 요즘은 시대가 변해 조상들의 묘지가 사방팔방에 흩어져 있다 보니 관리하기 어려워 편리한 곳으로 이장하는 경우가 많이 있다.

명당의 혈판 폭은 보통 50cm부터 크게는 10m 정도로 볼 수 있으며 10~20m가 넘는 곳은 혈이 맺히는 곳을 찾기 어렵다.

방향 또한 북향을 보고 있거나 북서풍의 바람을 받는 방향이라면 좋지 않지만, 산이 에워싸 혈처의 조건을 갖춘 산이 있거나 장풍득수가 되는 터라면 피할 이유는 없다. 북향 명당의 조건을 갖춘 터도 상당하다.

산에서 명당을 찾아보면 편안하고 아늑하거나 온화하며, 오랫동안 머무르고 싶은 감동이 느껴지는 곳이 있다.

풍수사가 이런 곳에 혈판을 찾아 집, 건물, 아파트. 빌딩 등을 건축하여 사람이 생활하면 금시발복을 한다. 묘지로 쓰면 고인의 후손들에게 유전자(DNA)가 가장 가까운 자손들부터 금시발복 또는 점차 발복을 할 것이다.

본래 있었던 묘터 중에서는 참으로 좋은 명당이 간혹 있다는 것이다. 유골을 파낼 때 황골이 나왔다면 이것은 분명 명당(明堂)이므로 이장하지 않는 것이 좋다. 즉, 그대로 다시 덮어두어도 무방하다.

간혹 먼저 있었던 유골이 생기(生氣)를 다 받았다는 설도 있으나 땅의 지기는 항상 그 생기(生氣)가 감돌게 마련이다. 생땅은 아무리 풍수지리에 능한 사람이더라도 간혹 실수할 수 있어 이장해 간 자리 중 황골이 나온 곳은 명당으로 증명돼 진정한 명당자리이다. 그래서 그 자리에는 안심하고 묘를 쓸 수가 있다.

여기서 건물을 짓기 위해 토목공사를 하거나 묘지 일을 하기 위해 구덩이를 굴착할 때 흙 색깔의 조화에 따라 분위기가 바뀐다. 즉 혈판의 흙 색깔과 양명한 탓이다.

지질학에서는 이질암의 색이라고 한다. 퇴적암의 색은 왜 다양하게 나타나는지 오랫동안 의문을 가져왔다. 색 중에도 특히 적색층 지층은 어떻게 적색으로 형성되었는지 이에 대한 연구가 많이 이루어져 왔다.

퇴적물의 색은 초기 속성작용 과정 중에서 형성된다. 이질암의 색을 결정하는 데 속성과정 중의 지화학적인 조건과 생물의 작용에 의해 일어나는 것으로 종합할 수 있다.

이질암의 색 변화는 녹색-자주색-적색 계열과 녹색-회색-흑색 계열로 나눌 수 있다.

(1) 녹색-자주색-적색의 색 변이

이질암 내에 존재하는 3가철과 2가철의 상대적인 함량에 따라 달라지며 철의 총량에는 관련이 없다. Fe^{+3}/Fe^{+2}의 비율이 높고 낮음에 따라 암석의 색은 적색에서 자주색으로 바뀐다.

이때 색은 다양한 철산화물의 종류와 그 양에 따라 달라진다. 가끔 이질암은 황색과 갈색을 띠기도 하며, 이 역시 이질암 철산화물의 종류에 따라 나타난다.

황색은 갈철석[limonit, FeO(OH), NHO], 갈색은 침철석[goethite, FeO(OH)], 적색은 적철석(hematitc, Fe_2O_3)이 존재하기 때문에 보여진다.

이질암의 녹색은 녹니석과 일라이트, 그리고 약간의 해성 이질암은 해록석(glauconite) 등의 철분을 함유한 점토광물이 들어 있으면 나타난다.

적철석에 의한 이질암의 적색은 철분을 함류한 광물들이 퇴적 후 초기의 속성작용 중 산화 환경의 조건에서 다음과 같은 3가지의 유형에 의한 변질작용을 받아야 일어난다.

① 탈수 작용으로 퇴적물 입자에 피복한 갈철석이 적철석으로 변질이 일어나는 경우, ② 철을 함유한 규산염 광물의 용해가 일어나고 여기서 빠져나온 철 성분이 침전하는 경우, ③ 자철석과 티탄철석($FeTiO_3$)이 직접 산화되어 적철석으로 바뀌는 경우 등이다.

적색의 퇴적물은 다시 철 성분으로 환원되면 녹색으로 바뀌기도 한다. 두 가지 철 성분은 유동성이 높아 용액으로 빠져나가거나 다시 녹닉석과 같은 철 성분이 많은 점토광물로 재침전된다.

이러한 경우 적색이 이질암 내에 발달한 녹색의 환원 조건을 지시하는 부분들이 나타난다.

퇴적암에서 녹색이나 적색의 강도는 퇴적물 입자의 크기에 따라 달라진다. 즉 세립질의 암석일수록 철분의 함량이 높아 강한 적색을 나타낸다.

세립질 암석의 높은 철분 함량은 비결정이거나 결정도가 낮은 철산화물들이 점토에 많이 흡착되기 때문이다.

퇴적물이 지하수면 아래로 매몰되거나 철의 산화 상태의 변화가 일어난다. 이에 따라 퇴적물의 색이 변하기도 한다. 적색을 띠는 퇴적물들이 환원성을 띠는 지하수와 접촉하면 녹색으로 바뀐다.

특히 입자의 크기와 퇴적물의 색이 서로 상관관계를 가지고 있는 경우에 잘 설명할 수 있다. 세립 퇴적물은 적색을 띠더라도 조립질 퇴적물은 녹색을 나타나는 경우에 해당한다.

조립질 퇴적물은 투수성이 좋아 퇴적물이 지하수면 아래로 매몰될 경우 지하수의 유입으로 환원성 유체와 반응하여 철이 환원되기 때문이다.

(2) 녹색-회색-흑색의 색 변이

철분의 산화 정도에 상관없이 유기탄소의 함량과 관련이 있다. 총 유기탄소의 함량은 녹색-회색-흑색의 색 변이의 정도를 결정할 뿐만 아니라 궁극적으로 유기물의 양이 산화-환원 반응에 의한 $Fe+3/Fe+2$의 비율도 조절하므로 녹색에서 적색으로의 색 변이에도 결정한다.

퇴적물에서 유기물의 양은 다음에 의해 결정된다. 퇴적률, 유기물의 공급 정도, 퇴적물의 상부에서 유기물의 분해 정도이다.

어두운 색의 계열에서는 유기물의 함량에 따라 지배받고, 밝은 색의 계열에서는 처음 유기탄소의 산화 이후 환원되는 철의 산화작용으로 퇴적물의 색이 지배를 받는다.

13) 물

융취명당(融聚明堂)은 삼면이 물로 둘러싸여 있는 곳이다.

당초에는 산 가장자리에 산진처 명당이 존재한다. 댐이나 큰 저수지 등이 화산에 의해 자연적으로 산과 산 사이를 막아주고, 인위적으로 물을 막아 산진처 전체가 명당 가운데 놓고 들러싸인 것은 수취천심(水聚天心)이라고 부른다.

반대로 연못을 융취수(融聚水), 즉 작은 섬과 같은 곳이다. 산수융결을 음양의 조화로 보고 『금낭경』에서는 산과 물 중 물이 더 중요한 것으로 보고 있다. 물은 움직이므로 물이 멈춘 곳에서 혈이 맺힌다.

물은 길게 감돌아 싸안아 주는 곳이 좋고, 굽이굽이 돌아 겹겹이 쌓일수록 좋다. 물의 세(勢)는 평평하고 잔잔한 호수와 같이 다정하게 나가는 듯해야 한다.

주변 모든 산들이 혈을 중심축으로 감싸고 있어 산 따라 흐르는 모든 물은 혈 앞 명당에 모인다. 이를 명당수(明堂水)라고 하며, 음(陰)인 지중(地中)의 용혈(龍穴)과 음양 융합(融合) 하는 양(陽)의 기운이다.

명당은 평탄(平坦)하고 원만(圓滿)한 곳이 좋은 명당이다. 혈을 감싸주어 용혈의 생기를 보호하는 청룡 백호가 원만하고 다정하면 명당의 형태도 자연히 그렇게 되어 그 안에 있는 생기(生氣)도 순하고 부드럽다.

명당(明堂)은 멀고 가까운 모든 산과 물이 취합(聚合)하는 곳이다. 명당이 항상 평탄하고 원만해야 기가 융취(融聚)할 수 있다. 내

명당은 혈 앞에 펼쳐진 내청룡, 내백호, 내수구 사이의 원만한 공간으로 천심수(天心水; 骨肉水)와 혈 근처의 물이 모이는 곳이다.

천심수란 주산(主山)의 생기를 좌우에서 보호하면서 따라온 물이 승금(乘錦) 뒤에서 분수(分水)되었다가 양쪽 선익(蟬翼)을 따라 나누어진 다음 다시 전순(前脣) 앞에서 합수(合水)해 혈의 생기(生氣)를 보호하고 명당으로 흘러나오는 물이다.

외명당은 외청룡, 외백호, 외수구 사이에 펼쳐진 광활하고 넓은 들판으로 여러 산골짜기에서 흘러나온 물들이 모여드는 곳이다. 내명당을 소명당(小明堂) 또는 내당(內堂)이라고도 하며, 외명당은 대명당(大明堂) 또는 외당(外堂)이라고도 부른다.

명당에 모인 물은 반드시 흘러나가야 하며 그렇지 못하면 물이 섞여 보국(保局) 안의 생기를 혼탁하게 한다. 내명당의 물이 빠져나가는 곳을 내수구(內水口) 또는 내파(內破)라 하고, 외명당의 물이 빠져나가는 곳을 외수구(外水口) 또는 외파(外破)라 한다.

14) 바위와 생기

암석의 생기 에너지를 분석하면 기출암석(氣出岩石)과 기입암석(氣入岩石)으로 나눌 수 있다.

기출암석은 암석이 가지고 있는 생기 에너지를 밖으로 내뿜어 인체에 도움을 준다. 다이아몬드·금·은·동 등 보석 성분이 혼합된 암석과 에메랄드·옥·맥반석 등이 이에 속한다.

기입암석은 암석이 자체의 에너지로 주변의 생기를 흡수하는 기운을 가진 암석이다. 여기에는 화강암·현무암·석회암·편마암 등 잡석 종류의 암석이 주를 이룬다.

돌을 베개 삼아 자고났더니 입이 돌아갔다는 말은 잡석이 인체의 생기를 당겨 흡수했다는 말과 같은 맥락이다.

현지 출장하여 사람이 생활하는 거주지나 사찰 등을 감정할 경우가 있다. 배산임수(背山臨水) 아래의 사찰, 주택, 빌딩, 건물 등 주변을 살펴보면 생기가 아늑하고 편안한 기운을 느낄 수 있는 금·은·동·다이아몬드·에메랄드·옥·맥반석 등이 자체의 에너지를 밖으로 분출하고 있다.

그런가 하면 거칠고 억센 기운을 화강암·현무암·석회암·편무암 등의 암석이 지탱해 준다.

아늑하고 온화한 기운을 감지할 수 있는 사람과 융취되는 기운이 모여 화합과 집중력을 기한다. 사람과 기운이 융합되어 남을 배려하고 양보하는 기운이 조성되어 가정은 자연스럽게 화목해지고, 원활한 기순환이 활력소로 건강한 가정을 이룰 것이다.

사업하는 가장은 편안한 기운이 융취되어 통솔력과 지휘력이 충만과 소통으로 이어진다. 이에 따라 경영진과 사원간에 교감이 충만하고 원만한 소통을 이룬다.

그러므로 새로운 아이디어 창출이 사업에 반영되고 회사는 곧 발복되어 사업번창이란 행운이 따른다.

좋은 기운이 좋은 생각을 모이게 하고 이것이 결집력과 응집력을 취한다. 그래서 서로를 믿고 신뢰할 수 있는 기운이 재물을 모아 사업이 번창하고 안정된 기업을 운영한다.

또 공부하는 자식들은 이런 기운이 집중력을 충족시켜 학업성적이 상향되고, 원하는 좋은 학교에 들어가 공부하고 사회에 진출해 원하는 길을 간다.

이와 반대로 다른 사람이 생활하는 언덕 둔치 바위 아래와 거칠고 험한 잡석이 있는 인근 지역은 암석이 서로 상충하는 기운이 발기(發氣)한다.

그래서 생기의 변화가 잦아 거친 기운과 마주쳐 정서적으로 혼란스럽고 안정되지 못한 기운이 사람에게 전달되어 가정의 잦은 다툼과 불화가 심화된다.

거친 기운이 맴도는 터에 사는 사람들은 불안한 기운에 매료되어 서로를 이해하지 못한다. 이기심 때문에 화합과 양보를 기대하기 어렵고 불화를 자초한다.

저자의 눈에 생기가 뭉치는 형당의 모습(일궁혈)

4곳에 생기가 뭉친 빛의 조화(일궁사관형)

이런 터 위에 존재하는 회사, 기업, 금융, 사업, 장사 등을 하는 회사는 부도가 나거나 망한다.

이런 원인은 바위에도 각각의 에너지(생기)가 있다. 다이아몬드·금·은·동·에메랄드·맥반석·옥 등의 성분을 가진 암석은 인체에 이로운 에너지를 내뿜는다.

그 반면 대리석이나 잡석들은 인체에 이로운 생기를 흡수하거나 흐트러뜨려 사람들이 50세가 넘으면 세포 생성 기운이 점점 약화되고 늙어가는 원인이 된다.

되도록 잡석과 멀리하여 사람의 생기 기운이 돌에게 흡수되지 않는 것이 가장 좋은 지혜이다.

15) 오색토가 왜 좋은가?

오색토란 흙이나 모래가 풍화작용에 의해 단층별로 층을 이뤄 땅속에서 자연적인 발화현상을 거쳐 마그마 기운과 혼합돼 오랫동안 땅속에 파묻혀 있는 흙이다.

"그동안 어디 묘지에 안장하려고 천광(구덩이)을 했는데 오색토가 나왔다고 하더라."

"묘지 이장을 하려고 파묘를 하는 과정에서 오색토가 나와 그날 밤에 자식들을 데리고 낮에 지켜본 파묘 터에 마누라 묘를 몰래 이장하고 부자가 되었다더라."

"어느 창고 터를 지으려고 터를 파는데 거기서 김이 뭉게구름과 같이 올라오더라."

이렇게 입소문과 구전으로 전설처럼 오색토를 봤다고 하더라는 설이 많다.

그런데 구서적에는 현장을 증명할 사진과 전문서적이나 풍수 서적에 등재되어 있는 근거를 찾기 쉽지 않다.

천목 풍수는 항상 양택, 음택 터를 잡으러 갈 때 신기술 카메라와 스마트폰으로 현장을 촬영하고 기록한다.

필자는 스마트폰이 출현한 이후부터 사진 촬영을 수월하게 한다. 그래서 직접 터를 잡고 안장한 사진을 자신 있게 공개한다.

현장과 연계된 7색토 사진 10장, 5색토 사진 11장, 비취토 사진 3장, 호피토 사진 2장, 비트토 사진 2장, 혈판 단면도 사진 수장을 보유하고 있다.

사진을 보유한 풍수사는 드물 것이다. 더욱이 7색토, 5색토 사진을 소장하고 있는 풍수사는 찾기 어렵다.

계절과 시간대별 외부 온도와 하관 직전 광중의 온도와 습도를 충분히 기록하고 살핀다. 즉 명당의 조건에 적합한지 꼭 확인함으로써 좀 더 좋은 집과 묘지 터를 잡는다.

현장 설명이 적당한 곳에 삽입하여 이해를 높이고 책의 질도 업그레이드한다.

현장에서는 항상 토질을 손으로 직접 만져보고 상황 판단을 한다. 하급토에 생회를 사용하면 위험하다.

물이 광중에 들어가면 배수되지 않아 후손들에게 우환이 올 가능성이 높다. 즉 물이 찬다.

토질을 3가지로 분석하면 다음과 같다.
㉮ 최상급토 : 비취토(翡翠土), 9색토~3색토
㉯ 고급토 : 화산토, 홍마사토, 백마사토, 일반마사토
㉰ 일반토 : 황사질토, 흙사질토(여주·이천·안성 지방 일부)

제주도는 화산토로 단토에 속한다.

겨울에는 온화하고 따뜻한 기운이 그대로 유지되어 다른 곳보다 눈이 빨리 녹고 배수가 잘되어 비가 오고 나면 물기가 금방

없어지는 곳이다.

땅 아래에는 비석비토로 형성되어 나무뿌리, 풀뿌리, 벌레, 곤충, 뱀, 쥐 등이 자라지 못하고 서식하기 어려운 조건을 갖춰 지맥이 뭉쳐 있는 곳이다.

5가지 흙이 무지개떡이나 시루떡처럼 5가지 층을 이루고 층마다 흙빛이 제각기 밝은 색을 내고 있는 모습이다.

미술 학자들에게 의견을 들어보면 5색, 7색, 9색의 의견을 내놓기도 한다.

혈토 중에 자색토(紫色土)를 최고급 혈토로 하고, 비트색의 밝은 빛 토질을 우선하여 상급 순위에 올려놓는다.

PART

4

풍수사상에 입각한 명당의
지질구조와 토질성분 분석

제4장 풍수사상에 입각한 명당의 지질구조와 토질성분 분석

　필자는 능동적으로 현대과학을 풍수사상에 입각한 지질구조와 토질성분에 관한 고찰로 응용했다.

　또한 시료 채취를 위해 굴착과 동시에 지반구조와 풍화작용의 진행 과정, 혈판의 양명함, 쾌적한 혈토의 맛과 특유의 향기, 그리고 기화현상을 육안으로 확인할 수 있었다.

　직접탐사법에 의해 나문의 모습, 명당터와 비명당의 차이점, 풍수사상에 입각한 명당의 지질구조와 화학적인 성분을 분석했다.

　과학장비 FE-SEM(주사 전자 현미경)으로 수집된 토양의 표면을 관찰하기 위해 S-4700(Hitachi, Japan)을 이용했다. 시료는 오스뮴 코팅으로 5kV의 가속 전압을 사용해 일정 배율에서 분석했다.

　SEM-EDS(에너지 분산 분광분석법)으로 수집된 토양의 정량적인 원소를 관찰하기 위해 Bruker사의 energy-dispersive X-ray Spectrometer를 사용했다.

　X-선 회절 분석기(XRD)으로 토양 속 광물의 결정구조를 관찰하기 위해 Rigaku사 Smartlab X-ray diffractometer 장비로 40kV와 30mA 하에서 측정했다.

1. 연구 방법

· 현대과학과 연역법을 병행한 연구

* 연구 인력 : 6명
* 화학 박사 2명 : 양대수 · 송민영 박사(시료 실험, 연구 분석)
* 시료 채취 2명 : 필자, 김만희 선생
* 간산 : 심재열 박사(동국대학교 풍수학 교수), 백승헌 선생

가. 현대과학적 연구

시료 실험에 의한 분석 자료, 지질학적 성분 분석을 화학적으로 돌출

나. 정통풍수기법 연구

① 정통적인 풍수기법 : 형기법(形氣法)

하남 장용덕 선생의 명당론 : 흙, 물, 형세, 와겸유돌, 주산, 래용, 입수, 혈판, 득수, 파구, 보국, 길흉론

② 기감법(氣感法)

필자 : 천목 기감법(天目氣感法)
김만희 선생 : 수벽법

일반 사람들이 눈으로 감지할 수 없는 특수감각의 눈을 천목법이라고 한다. 풍수에서는 땅속에서 올라오는 기운(氣運; 에너지 · 마그마)을 지기(地氣) 기운이라고 한다.

지표면에 머무는 기운을 천기(天氣)라고 한다. 이 지기와 천기의 기운이 지표면에서 융취해 교감(交感)하면 새로운 곱고 아름다운 컬러 색을 연출한다. 이런 장관을 눈으로 볼 수 있는 특수 감각을 천목법이라고 한다.

'특수 시야 동아리' 활동을 통해 국내에 알려진 바에 의하면 대부분 검은 띠의 모습으로 보인다고 알려져 있다.

이런 컬러 색을 보는 이들은 극소수에 불과하다. 손바닥 도사로 불리는 김만희 선생은 그동안 기공수련을 해왔다.

그는 오른쪽 손바닥으로 지표면에 뭉친 지맥을 감지할 수 있는 특수감각을 가지고 있다. 크고 작은 나무가 호흡하는 폭을 감지하기도 한다.

이 천목 기감법과 손바닥 기감법으로 상호 크로스 체크(cross check)함으로써 메인 포인트를 확정한다.

풍수가 과학이라는 논리를 증명하려면?

A. 귀납법적 증명 필요

개인적인 특수한 사실이나 원리로부터 일반적이고 보편적인 명제와 법칙을 유도해 내는 일이나 추리와 사고방식으로 개연적인 확실설만 가진다. 이에 따른 귀납법은 개인적인 특수한 사실이나 원리로 결론을 이끌어내는 연구방법으로 특히 인과관계를 확정하는 데 사용된다.

보편적이고 타당해야 하며, 객관성과 재현성을 가져야 한다.

누가 관찰해도(객관성), 언제 어디서 관찰해도(보편성과 타당성), 항상 같은 현상으로(재현성) 기술되는 사실을 과학적인 논리전개인 귀납적인 방법으로 설명하면 풍수과학이 된다.

B. 연역법 추리

이는 연역에 따른 추리 방법으로 일반적인 사실이나 원리를 전제로 개별적인 특수한 사실과 원리를 이끌어낸다.

실험에 사용된 시료 보관 병들.

실험에 사용한 시료(혈토).

직접 탐사법의 장점은 명당이 갖추어야 할 토질의 구조와 성분을 사전에 파악하고, 집을 짓거나 조상의 묘지로 쓸 것인가를 결정한다.

천목이 열리고 혜안이 된 풍수사는 명당이란 곳을 좀 더 쉽게 찾을 수 있다.

또한 표본 자료를 기준으로 다른 자료와 비교 분석하고, 이를 매뉴얼화해 의뢰인들에게 설득력을 주고 즉석에서 현장을 확인할 수 있다.

그러나 단점은 모양과 지형 등을 파악해 시료를 채취해야 할 장소를 찾기 어렵다.

또한 시료 실험기간이 대체적으로 많이 소요되고 실험에 필요한 비용이 고민이다.

장비가 들어가기 어려운 여건일 경우 인력으로 구덩이를 파고, 토지 소유주의 굴착 협조가 유연하지 못했다.

다음에 땅의 생기 기운과 고인의 유골 그리고 후손의 기운이 호환되고 상충하는지를 접목해 최종 확정했다.

혈처 주변이 양명하고 형·화·기·정의 조건을 갖추었으나 혈처 주변이 넉넉하지 못하면 음택(묘지)지로 활용했다.

혈처 주변이 양명하고 넓은 명당의 조건을 갖춘 곳이면 양택·음택지로 겸용할 수 있음을 최종 판단했다.

2. 연구 목적

풍수학에서는 입지조건이 가장 중요하다. 풍수학은 모두 자연과 우주로부터 얻는 것이 음택과 양택이다. 토질과 지질의 구조와 지반층이 터를 지탱하는 기반이 된다.

땅·물·천연을 어떻게 이용하고 슬기롭게 활용하여 인체에 자연의 신비스러운 기운이 스며들도록 어떻게 이용할지 고민할 단계이다.

즉 땅속 깊은 곳에서 올라오는 기운과 여러 사격에서 한곳으로 모이는 지기의 기운이 모이는 곳에 집·아파트·빌딩·종교부지·공장 등 건축물을 짓고 생활함으로써 얻어지는 생기의 기운을 사람이 활용하는 것이다.

이런 명당에 조상의 유골을 모시면 땅속 깊은 곳에서 올라와 모인 천연의 기운과 유골이 명당이란 터전에서 생기발아란 소응(昭應)이 유골에 감응을 줘 후손의 유전자(DNA)에 동기감응을 일으켜 후손발복을 한다.

그러나 객관적인 자료에 의해 현대 과학적으로 증명하기 어려운 연역적인 논리에 만족하고 있다.

정통풍수학을 기반으로 객관적 방법에 의해 귀납적인 사실을 현대과학에 입각한 명당이란 터라고 잡았던 30여 곳을 사전에 직접 땅속을 굴착해 봄으로써 속 시원한 원리와 진리를 알고 싶었다.

풍수학이론으로 명당의 조건을 갖춘 '산진처'(용진처) 땅속을 파서 해부하고 시료를 채취해 성분 분석한 결과와 지질구조층의 자료를 근거로 풍수사상을 현대과학에 접목(接木)해 명당이 성립되기 위한 조건을 찾아 풍수학술(學術)에 반영하는 데 목적이 있었다.

이 명당 터의 아래에 조상(묘)을 모시거나 명당 터 위에 거주하는 사람이 집을 짓고 행복하게 살 수 있도록 터를 찾는 것이 목적이다.

풍수학의 새로운 기본원리를 적립했다. 입지 조건이 협소한 터면 음택(墓地) 적합하고, 입지 조건이 넓고 넉넉한 명당 터는 집을 짓거나 가족묘지로 쓰이면 무방하다. 사람은 좋은 명당 터에 발복(發福)을 기원한다.

좋은 명당 터는 어떤 곳에 위치하고 존재할까. 과연 명당이란 곳이 있을까. 명당이란 터는 어떤 흙으로 구성되었을까.

땅속에는 어떠한 기운이 터에 존재할까 등이 풍수학에 수수께끼로 전해 내려오고 있다.

명당은 존재하고 있다. 명당을 찾지 못하는 것뿐이다.

풍수를 학문(學文)으로만 길을 가고 있는 분들은 명당의 존재를 깨우치지 못함으로써 길을 헤매는 혼돈의 상태를 반복한다.

이는 본인의 기량에 맞지 않는 그릇 때문이다. 즉 학문적 측면에서 혼돈 속에 밑그림을 그릴 뿐이다.

명당의 존재를 느끼는 풍수사는 학술(學術)과 학문적으로 경지(境地)에 도달하고, 자연의 기운을 함께하며 크게 깨달은 그릇만큼의 큰 대혈지(大穴地)를 볼 수 있다.

큰 뜻을 이룬[大覺] 풍수사는 양명(陽明)하고 아름다운 명당, 즉 하늘이 감추어놓고 땅이 숨겨놓은 천장지비(天臟地秘) 명당 터를 찾는 것이 풍수사상의 이치(理致)이다.

이런 논리에 역행한 어떤 학자는 풍수를 학문과 학술을 별개의 관계로 혼돈의 상태에서 명당 터는 각자의 마음속에 있다고 엉뚱한 궤변을 강의했다. 결국 혼쭐나고 강단에서 내려오는 불운을 겪은 교수도 있다.

천목풍수론(天目風水論)은 자연 속에 풍수사상을 토대로 지질학, 물리, 화학을 접목(接木)해 더불어 만들어진 새로운 풍수과학이다. 풍수사상을 연역법적인 논리로 전개하는 것은 한계에 도달했다.

인문학적인 측면에서 연역법으로 접근해 소설적 기법으로 사실처럼 묘사해 기록하는 것이 풍수학문(風水學文)이라는 것, 과학적인 근거가 없다는 것 때문에 미신이라고 주장한다.

이론을 강의하는 교수는 교묘하게 학문을 연구하는 학자일 뿐이고, 야산·들·평지 등 현장에서 명당 터를 소점(所岾)하는 술사(術士)는 아니라고 궤변을 늘어놓는다.

어찌 현장을 모르는 풍수가 있겠는가?

풍수에서는 이론과 현장기술을 통달해서 경지에 오른 풍수사를 대풍수라고 부른다.

대풍수는 학술을 통달하고 경지를 넘어선 풍수사가 현실에 입각한 객관적인 자료를 과학적인 근거를 창출하는 내용을 학문적으로 기술하고, 자연 이치의 기운을 함께하고 크게 깨달은 큰 그릇의 지재기량(至材器量)을 가진 풍수사를 대풍수라고 부른다.

즉 큰 그릇 만큼 큰 대혈지(大穴地)를 볼 수 있는 능력을 갖춘 지관(地官)을 대풍수라고 부를 자격이 주어진다.

하늘이 숨기고 땅이 감춘 명당 터를 찾을 수 있는 지재력(至材力)을 가진 풍수사는 땅의 기운이 모이고 뭉친 곳을 찾아, 그곳에 구덩이를 사전에 파서 혈판과 혈토가 존재하고 있는지 구덩이 속 토질이 양명한지 확인한다.

그리고 토질, 구조층, 조화, 혈판의 모양과 혈점의 배치를 확인하고 사진과 동영상을 촬영한다. 그 후 혈토[非石非土]를 시료 채취해 연역법적인 연구와 귀납법적 방법으로 과학적인 연구 결과를 창출하는 것이 현대적 풍수학술이다.

풍화작용에 의해 진행된 명당 토질이 과연 무엇 때문에 좋고 나쁨을 연역적인 연구방법으로 판단해 왔는지 지질학과 화학적 연구방법으로 풍수학에 접목시켜 재조명해야 한다.

그러려면 명당의 산진처 가장자리에 구덩이를 굴착해 깊은 곳의 시료 흙을 연구 표본으로 채취해야 한다.

명당 터는 그 크기만큼 지표면에 흔적을 남긴다. 대개 볼록하고 도톰하게 솟구치거나 함지박 채반처럼 안쪽이 약간 얇고 테두리가 있으며, 평평한 곳은 돌기가 형성되어 있다.

이런 곳에는 저자의 시야가 남다르게 색채 조화를 이룬 모양의 빛을 볼 수 있는데, 이곳에 집을 짓거나 묘지로 터 잡는다.

이 흙을 시료 채취하는 방법은 땅속 깊이를 가늠하고, 모정의 깊은 구덩이에 단단한 토질이 맞닿는 혈판을 파악해야 한다.

혈판에 가장 널찍하게 움푹 꺼진 데가 가장 큰 지맥들이 뭉친 곳으로 부드러운 흙을 시료 채취해 연구용으로 사용한다.

채취한 흙을 풍수사상에 입각한 지질학과 화학적 성분분석으로 주요한 점토광물의 구조적 특징과 성분을 정밀하게 연구한다.

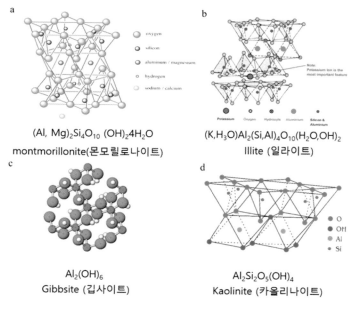

(Al, Mg)$_2$Si$_4$O$_{10}$ (OH)$_2$4H$_2$O
montmorillonite(몬모릴로나이트)

(K,H$_3$O)Al$_2$(Si,Al)$_4$O$_{10}$(H$_2$O,OH)$_2$
Illite (일라이트)

Al$_2$(OH)$_6$
Gibbsite (깁사이트)

Al$_2$Si$_2$O$_5$(OH)$_4$
Kaolinite (카올리나이트)

〈도표 1〉 대표적 점토광물의 화학적 구조

3. 점토광물이란?

점토광물이란 토양 중의 점토 부분을 이루는 주로 2차적으로 생성된, 극히 미세한 광물입자로 된 토상(土狀) 광물의 총칭이다. 토양은 풍화작용을 받은 암석에서 산출되며, 화산대가 발달한 지대의 화산재 등의 퇴적물이나 퇴적암에서 산출된다.

열수작용이나 풍화작용에 의해 쉽게 다른 광물로 변하며, 변화하는 과정에서 특이한 성질을 가진 광물을 형성한다. 중요한 점토광물로 카올린계 광물(카올리나이트, 디카이트, 핼로이사이트), 몬모릴로 나이트계 광물(몬모릴로나이트·벤토나이트·산성백토), 운모류(일라이트, 해녹석) 등이 있다. 점토광물은 층상구조를 가지고 있다. Si-O 사면체층과 Al-O 팔면체층의 교합 여부에 따라 1:1형, 2:1형, 혼합층형 등으로 나눈다.

1:1형 점토광물은 주로 카올린 광물이 대표이며, 점토의 일부가 되어 풍화적인 최종산물이라 추측되어지고 있으며 염기치환 용량은 낮다.

2:1형 점토광물은 팽윤성인 몬모릴로나이트형과 비팽윤성인 일라이트형으로 나뉜다. 몬모릴로나이트형은 바티솔 점토의 주성분이며, 염기치환 용량이 높다. 일라이트형은 함수운모(含水雲母)라고도 하여, 회갈색포졸토양 점토의 일부로 풍화의 비교적 초기의 것이다. 그 밖에 라트솔점토의 주성분을 차지하는 수산화철 및 수산화알루미늄이 있다. 이것들은 점착성이 없고 염기치환 용량도 낮다.

점토광물 분석법으로는 X선, 주사전자현미경, 시차열분석, 적외선 분석 등의 방법으로 연구된다. 본 연구에서는 X-ray, 주사전자현미경, 에너지분산분석기를 통해 토양의 기공도 결정모양,

화학적 구조와 원소 함량을 조사했다.

주요 점토광물의 구조적 특징

몬모릴로나이트 : 2:1 점토광물 구조를 가지며, 화학성분은 $(Al, Mg)_2Si_4O_{10}(OH)_2 \cdot 4H_2O$ 이다. 괴상(塊狀)·토상(土狀)을 이룬다. 굳기 1~1.5, 비중 2~2.5, 굴절률 1.48~1.6이다. 수분을 흡수하여 원래 부피의 7~10배로 팽윤하는 성질이 있다. 이온 교환성이 높다. 함수량 150%에서 점착력(粘着力)이 생기고 약 500%의 함수량에서 점착력을 잃으며, 내부마찰저항이 작은 점 등 특수한 성질을 가진 점토이다. 백색·회색·담홍색인 것이 많고, 때로 청색·녹색을 띠며 광택이 없다. 알루미늄이 풍부한 광물이나 암석의 변질로 인하여 생기며 점토가 함유된다.

일라이트 : 2:1 점토 광물구조를 가지며, $(K, H_3O)Al_2(Si, Al)_4$ $O_{10}(H_2O, OH)_2$ 화학 구조를 가진다. 일라이트는 층간에 존재하는 K+에 의한 강한 결합력으로 비팽창성이며 층 간격은 10 Å 이다. 1984년 국제점토연구연합이 팽윤층이 없는 2·8면체형 운모점토광물을 퇴적성이나 열수성의 산상과는 무관하게 일라이트종이라고 명명했다.

깁사이트 : 화학식은 $[Al(OH)_3]$이며 Al원자에 6개의 OH기가 배위한 8면체층이 수소결합에 의해 위아래로 결합하여 쌓인 구조를 가진다. 깁사이트의 비표면적은 적지만 결정 말단부에 노출된 Al-OH기의 H가 해리하거나 용액에서 H^+를 끌어들여 음 또는 양으로 하전하며, 양이온 또는 음이온 교환기로 작용한다.
토양 중에서는 점토부분에서 나타나며 배수가 불량한 토양에서는 생성되지 않는 경우가 많다.

카올리나이트 : 카올린 광물군의 대표군으로 화학식은 $[Al_2Si_2O_5(OH)_4]$이다. 규산 4면체판과 알루미늄 8면체판이 1:1로 결합된 것이며, 육각판상의 형태를 이룬다.

전하는 주로 가장자리 면이 깨져 형성되는 변두리 전하이고, 용액의 pH에 따라 음 또는 양으로 하전된다.

카올리나이트는 열수작용에 의해 생성되는 것 외에 풍화작용에 의해 장석 등의 1차광물 또는 2:1형 점토광물로부터 만들어지며, 토양이나 퇴적물 중에 널리 분포하고 있다. 특히 열대지역의 심하게 풍화된 토양에서 점토의 주종을 이룬다. 우리나라 토양의 대표적인 점토광물이다.

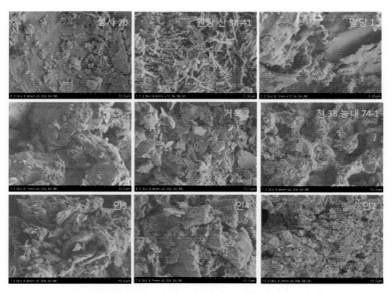

〈그림1〉 지역별로 분류된 전자주사현미경 이미지.

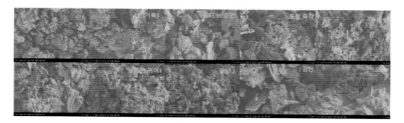

〈그림2〉 지역별로 분류된 전자주사현미경 이미지

	C (탄소)	O (산소)	Al (알루미늄)	Si (규소)	K (칼륨)	Fe (철)	Mg (마그네슘)	Na (나트륨)
원당 산	4.01	74.39	8.32	9.14	0.56	3.58		
팔당 1	1.31	72.28	11.48	11.69	0.79	2.45		
인 5	3.86	70.89	8.49	11.61	1.59	2.78	0.77	
거북 2	2.90	68.54	8.53	15.23	0.99	1.74	0.81	1.26
성사 20	14.64	62.95	7.14	10.94	2.59	1.73	-	
천 38	23.33	59.98	7.20	7.57	0.65	1.28		
인3	7.87	66.24	9.29	11.21	1.00	3.78	0.60	
인4	3.82	71.95	9.26	12.10	0.95	1.92		
인2	7.89	67.75	9.77	9.73	1.54	2.81	0.51	
인1	6.25	67.28	8.97	12.81	0.78	3.24	0.68	
거북1	5.97	70.97	9.86	10.96		1.55	0.68	
지 36 조안	1.37	74.51	10.18	11.53	0.29	1.68	0.42	
포항 축장	3.72	68.50	7.67	17.10	0.95	1.00	0.54	0.53
마재 1	4.79	64.27	8.93	17.23	0.80	3.41	0.57	
팔당3	4.51	63.32	9.81	19.85	1.37	1.13		
남종면 귀여	3.58	67.65	11.69	14.33	1.02	1.04	0.69	
팔당 2	3.63	69.06	10.20	10.23	0.53	6.34		
검천	1.31	71.18	12.48	10.59	0.79	2.45	0.10	1.20
오리	1.22	71.26	13.58	11.55	0.86	1.24	-	0.92

〈도표 1〉 다양한 지역의 에너지 분산 분석기를 통한 원소함량 지표
(전문연구원에 성분분석 의뢰한 자료 결과)

〈도표 2〉 지맥, 혈심·혈판의 크기

순번	명칭	지맥수 (혈점수)	혈심크기(평방미터)			혈판크기(평방미터)			전순 길이 (m)	지표 깊이 (cm)	혈판 뚜께 (cm)
			크기	가로 (m)	세로 (m)	크기	가로 (m)	세로 (m)			
1	명회	26	13,359	3,66	3,65	38.5	7	5.5	70	150	160
2	거북1	26	10,24	3,2	3,2	75,69	8.7	8.7	23	160	180
3	거북2	32	2,08	1,6	1,3	33,55	5.5	6.1	16	100	190
4	서오능 내각	24	9,61	3,1	3,1	65,6	8.2	8	90	160	130
5	서오능 외각	22	1,5625	1,25	1,25	12,96	3.6	3.6	12,3	170	150
6	인1	24	5,52	2,4	2,3	108.48	9.6	11.3	7	160	185
7	인2	30	3,61	1,9	1,9	18,49	4.3	4.3	11,5	100	170
8	인3	26	6,25	2,5	2,5	25	5	5	13,5	100	140
9	인4	24	2,56	1,6	1,6	18,49	4.3	4.3	9,2	140	180
10	인5	30	6,1875	2,75	2,25	13,94	4.1	3.4	24	100	190
11	인6	24	12,6	3,6	3,5	33,64	5.8	5.8	14	130	180
12	인7	32	5,76	2,4	2,4	17,2	4.3	4	19	100	195
13	인8	26	2,24	1,6	1,4	12,96	3.6	3.6	11	110	160
14	능내	32	12,24	3,6	3,4	32,76	6.3	5.2	24	150	190
15	강상	72	23,5	4,7	5	35,99	6.1	5.9	14,7	100	170
16	강상2	164	23,04	4,8	4,8	169	13	13	9,5	96	340
17	팔당	24	56,24	7,4	7,6	93,1	9.5	9.8	25	145	195
18	팔당2	42	7,54	2,6	2,9	31,5	5	6.3	31	140	210
19	팔당3	44	54,76	7,4	7,4	96,04	9.8	9.8	35	145	195
20	죽장	32	37,44	5,2	7,2	75,33	8.1	9.3	11,7	140	195
21	마재2	38	15,19	4,9	3,1	82,17	9.9	8.3	9,2	140	230
22	마재3	46	34,22	5,8	5,9	105	10	10.5	11,9	120	230
23	귀여	60	9,24	3,3	2,8	25	5	5	11,2	135	225
24	오리1	84	19,74	4,7	4,2	3,196	1.88	1.7	35	140	290
25	오리2	96	33	5,5	6	72	9.6	7.5	19	135	260
26	오리3	152	9	3	3	241.8	15.6	15.5	7,5	120	350
27	검천	124	27,55	4,75	5,8	38,16	7.2	5.3	21	150	290
28	사노	20	1,08	0,9	1,2	2,7	1.5	1.8	3,5	140	90
29	원당	30	2,08	1,3	1,6	38,61	11.7	3.3	3,7	100	110
30	창수	58	9	3	3	15,58	4.1	3.8	16	120	190
31	토끼	44	28,32	4,8	5,9	27,5	5.5	5	15	80	180
32	토끼2	162	4	2	2	67,2	7	9.6	16	350	3.5
33	천38	128	338,56	18,4	18,4	6400	80	80	發源地	90	210
34	지32	116	196	14	14	3600	60	60	發源地	100	190

1. 원당 터

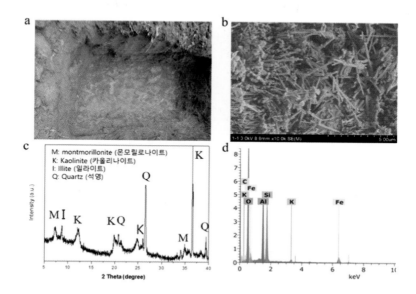

〈그림 1〉 원당 산의 a) 현장사진, b) 전자주사현미경(SEM), c) X-ray
회절분석법(XRD), d) 에너지 분산분석기(EDX) 결과

〈표1〉 원당 산 지역의 원소 분석   %

	C (탄소)	O (산소)	Al (알루미늄)	Si (규소)	K (칼륨)	Fe (철)	Mg (마그네슘)	Na (나트륨)
원당 산	4.01	74.39	8.32	9.14	0.56	3.58	-	-

〈그림1-e〉 지맥도 밑그림

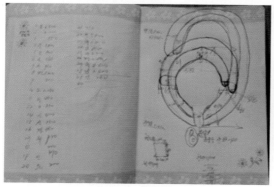
〈그림1-f〉 지맥도

〈그림1-g〉 시료 채취

　　현재 땅 소유주의 요청에 의해 전곡에서 이곳으로 묘지를 이장했다.

　　산진처(山盡處) 소점(所岾)은 장비 진입이 어려워 인력으로 손 좌건향(巽坐乾向) 가로 1m 세로 2m 깊이 1.4m 정도 굴착, 혈판에 맞닿는(그림1-a) 혈토층으로 단단한 비석비토(非石非土)가 표면에 혈판을 유지한 상태이다.

　　혈판 사이에 부드러운 혈토를 시료 채취해서 연구 목적에 필요한 성분 분석을 했다. 시료는 바닥표면 무늬와 무늬 사이에 부드러운 혈토(흙)를 실험용 시료 채취 병에 담았다.

　시료 채취한 흙을 분석한 결과 카올리나이트와 석영 성분이 많이 함유되었는데 〈그림 1-b・c・d〉를 분석해 보면 알 수 있다.

　1차 확인은 피트병 물 1.8리터를 광중(壙中) 바닥에 솟아 물이 사라지는 현상을 육안으로 확인할 수 있었다.

A. 정통 풍수학적 연구(연역법)

땅속에서 올라오는 기운을 지기(地氣) 기운, 지표면의 기운(에너지, 마그마)을 천기(天氣) 또는 양기(陽氣)라고 한다. 지기의 기운이 천기의 기운과 교감할 때 지표면에 각종 색의 빛을 내는 모습을 필자는 지재(至材)의 특수감각 눈으로 볼 수 있고, 동행한 지인은 손바닥 표면 특수감지 능력이 상통하는 일치점에서 크로스체크(cross-check) 방법으로 응용했다.

산진처 혈판을 찾는 것은 전통풍수에서는 정혈법(定穴法) 또는 심혈법(尋穴法)이라고 하는데 가장 중요한 핵심 포인트이다. 즉 명당을 찾는 것은 발복(發福)을 염원(念願)하는 소망이다.

산진처 혈처(穴處)는 땅의 지표면에 ① '솥'을 엎어놓은 것처럼 볼록하게 솟구친 철(凸) 돌기, ② 반대로 함지 모양처럼 움푹 파인 요(凹) 돌기 ③ 솟구치는 지기(地氣)와 하림(下臨; 하늘에서 내려오는 기운) 기운이 팽팽히 맞닿아 산진처를 이룬 평지 돌기 등이 있다. 이곳의 원당 명당은 평지 돌기 기운이 융취(融聚)한 명당이다.

이곳 30개의 지맥(地脈)이 한 곳에 융취(融聚; 땅의 기운이 모이는 곳)되는 모습을 볼 수 있다. 마치 잘 익어 벌어진 밤송이, 말미잘처럼 한 가닥씩의 지맥이 혈판의 혈심을 중심으로 모이는 모습을 연출한다. 혈심(穴心)은 여러 개의 지맥이 모여 뭉친 곳을 혈심(穴心)이라고 하는데, 혈점은 한 개의 지맥이 명당에 머무른 끝 지점을 혈점(血點)이라고 한다.

혈판의 크기와 모양은 가로 330cm 세로 470cm의 직사각형 모습이고, 혈심의 크기와 모양은 상부 가로 160cm 하부 130cm로 길쭉한 부정형 직사각형 모습이다. 〈그림 1-f〉의 천체를 보면 4방향에 40cm 크기의 손가락 모양을 하고 있는데 가로세로 방향으로 점선을 연결할 때 십자(+) 맥(脈)을 연상한다. 십자 맥이 형성할 때 풍수사상에서는 가장 으뜸으로 인정한다.

〈그림 1-a〉의 구덩이 속 단단한 혈판을 자세하게 살펴보면 홍색 혈판 위에 영혼의 모습이 그려져 있는 모습을 볼 수 있는데, 풍수학에서는 영상나문혈(靈像羅紋穴)이라고 한다. 혈판은 양명하고 밝아야 하는데, 혈판은 단단한 철(凸) 부분과 부드러운 요(凹) 부분으로 구별되어야 한다. 만일 그냥 전체가 단단하게 되어 있으면 혈판이라고 할 수 없고 그냥 암반층이다.

첫째 혈판에 단단한 나문(羅紋)이 형성된 철(凸) 부분은 혈판을 지탱하고 유지할 수 있도록 대들보 역할을 한다.

두 번째 나문과 나문 사이 여기저기 군데군데 움푹 들어가거나 파인 요(凹)부분은 부드러운 흙이 혈토(穴土)인데, 이것을 비석비토(非石非土) 또는 풍화토(風化土)라고 한다.

이 혈토는 광중(壙中)에 수분이 많으면 밖으로 내 보내고 반대로 수분이 부족하면 들여오는 수분조절 기능을 하고, 땅속 깊은 곳에서 솟구쳐 올라와 들어온 지기를 밖으로 빠져나가지 못하도록 지탱하고, 땅이 숨쉬고 호흡하는 곳이다.

화순(化醇)과 화생(化生)·동화(同化)의 과정을 거치면서 생기감응(生氣感應)에서 응기(應氣)되어 새로운 발아생기(發芽生氣)가 만들어지는 항아리 역할을 하는 곳이다. 즉 땅이 숨 쉬고 호흡하는 명당이다.

필자의 염력(念力)으로 기운을 땅 아래로 내려서 기운이 반사되어 되돌아오는 기법인 '염력반사기감법(念力反射氣感法)'과 김만희 선생의 솟구치는 지맥을 손바닥으로 감지하는 수벽기감법(手擗氣感法palm)과 땅속 깊이를 측정하는 'Y로드' 염력법을 병행한 크로스체크(cross-check) 이후 의견 일치가 공감된다. 그 선상에서 볼 때, 혈판까지 깊이와 혈판의 두께를 감지된 거리를 기준으로 삽과 곡괭이로 광중을 파고들어가 혈판이 닿는 곳에서 줄자로 측정하면 근사치에 이르는 것을 확인할 수 있었다.

이 명당은 지진의 영향을 피할 수 있는 곳으로 오랫동안 지각 변동이나 혈판파쇄, 균열, 뒤틀림, 풍화작용은 아주 더디게 진행하는 것으로 추정된다.

산진처 열매를 맺은 30가닥의 지맥은 각각 다른 방향에서 용진처에 명당을 만든다.

용호(龍虎)는 양쪽 팔을 길게 펴 안은 활대 모양을 이루어 혈처를 포옹하고 있는 모습이다.

혈처 명당의 모습은 〈그림 1-a〉와 같이 사면의 벽은 시루떡이나 무지개떡처럼 한 층 한 층 옆으로 차곡차곡 쌓아올린 것처럼 5색의 무지개떡 모습으로 토질이 각각 다른 예쁜 모습의 색의 조화를 이루고 있다.

〈그림 1-e〉의 혈판(血判)은 농부들이 곡식을 담는 타원형 '함지' 모습과 흡사하게 생긴 것이 땅속 구덩이에 존재하는 것을 말한다. 혈판은 약간 낮고 테두리는 소쿠리처럼 두툼하게 약간 올라온 모양을 이루고 있는 약 가로 1.2m, 세로 2.5m, 높이 5cm의 아담한 혈판(血判)이다.

혈판 바닥의 나문(羅紋)은 삽과 곡괭이로 바닥을 굴착하는 과정에서 혈판이 단단해서 튕겨지고, 무늬와 무늬 사이는 부분적으로 지맥이 맺히는 혈토인데 부드럽고 양명하다. 이 혈토를 시료로 채취해서 명당 토질 성분 분석한 흙이다.

이 명당 혈처는 혈판 바닥은 마치 영화 속에 산신령 모습이나 사람 얼굴 모습을 하고 있다.

혈판에는 단단한 곳과 부드러운 곳이 있는데 단단한 곳은 흙은 비석비토이고 부드러운 지하에서 올라오는 30개의 마그마 기운이 한 곳으로 명당 터다.

또 5년 정도가 지나면 여자 후손이 부(富)의 행운을 감지할 수 있는 곳으로 추정되는 터이다.

B. 현대 과학적 연구(귀납법)

〈그림 1-b〉는 XRD 분석법을 통하여 토양의 구조적 성질을 관찰했다. 전자주사현미경(SEM)을 사용하여 10,000배 확대한 사진이다.

확대된 혈토는 사구체(絲球體) 또는 성냥개비 예술작품처럼 보이는 모습은 긴 막대가 불규칙적으로 배열된 사진을 보여주며, 입자와 입자 사이가 일정한 간격을 두고 배열되어 있음을 보여준다.

〈그림 1-c〉는 원당동 산 토양의 성분분석 결과 화학적인 O_2(산소 74.39%), C(탄소 4.01%), Al(알루미늄 8.32%), Si(규소 9.14%), K(칼륨 0.56%)로 주성분을 이루고 있다.

〈그림 1-d〉는 주로 점토광물로 이루어져 있으며 몬모릴로나이트, 일라이트, 카올리나이트, 석영이 주를 이루는 것이 관찰되었다.

에너지 분산 분석을 통하여 원소의 함량을 정량적으로 분석되고, 예상한 대로 규소와 알루미늄 산소가 주로 관찰됨으로써 배수 작용이 용이하게 됨을 입증할 수 있다.

그리고 이들은 알칼리계 주성분으로 식물이 자라기 어려운 토질로 나무뿌리, 풀뿌리, 쥐, 다람쥐, 뱀, 곤충 등이 서식하기 불편한 곳으로 음택지로 적당한 조건을 갖추고 있다.

예지력으로 볼 때 후손의 맥을 잇지 못한(잉태가 안 되는) 가정은 효험이 있는 기운을 품고 있다. 가족간의 갈등을 겪고 있는 가족은 점차 화해와 왕래를, 침체된 사업은 바닥을 차고 상승기류를 타고 오를 기운이 갖춰진 터이다.

2. 팔당 1

팔당 1은 명당을 중심으로 3면이 물로 둘러싸여 있는 융취명당(融聚明堂)이다.

동행한 지인과 지맥도 도면을 그리고, 약 3시간 동안 삽과 곡괭이로 직접 굴착해서 혈판을 확인하고 혈토를 실험용 용기에 담았다.

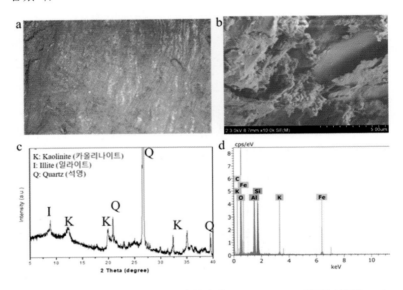

〈그림 2〉 팔당 1 지역의 a) 전자주사현미경(SEM), b) X-ray 회절분석법(XRD), c) 에너지분산분석기(EDX) 결과

〈표 2〉 팔당 1 지역의 원소 분석

	C (탄소)	O (산소)	Al (알루미늄)	Si (규소)	K (칼륨)	Fe (철)	Mg (마그네슘)	Na (나트륨)
팔당 1	1.31	72.28	11.48	11.69	0.79	2.45		

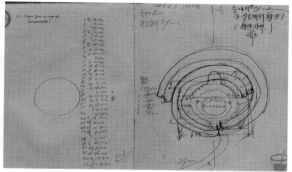

〈그림 2-e〉 시료 채취.　　　　　　　　〈그림 2-f〉 지맥도면.

A. 정통 풍수학적 연구

풍수학에서는 명당을 중심으로 3면이 물로 둘러싸인 곳을 융취명당(融聚明堂)이라고 부른다. 청룡과 백호는 쇠사슬을 엮어 놓은 것처럼 산등성이가 끊어질 듯 이어진 모습이 반복되어 혈처를 둘러싸 안아 환포(環抱)한다.

혈처 앞에는 모인 물은 물이 흐르는 모습은 보일 듯 말 듯 물이 움직이는 모습이 배를 짜서 펼쳐놓은 것처럼 잔잔한 호수와 같은 교쇄직결(交鎖織結) 형국을 이룬다.

또 다른 모습으로 볼 때 동물의 음낭(陰囊) 같은 곳, 또는 거북이가 날개를 펴고 머리를 올린 채 물속으로 들어가는 모습이다. 거북의 머리 위 가장자리 명당 터다.

〈그림 2-f〉의 지맥도면에서 보면 지맥은 24가닥의 지맥이 산진처 명당에 골뱅이처럼 기운이 뭉친 모습을 볼 수 있다. 혈판의 크기는 가로 7.4m와 세로 7.6m로 둥근 모양에 세로가 20cm 정도 긴 모습이다. 상하좌우 끝부분에 폭 30cm 정도 4개가 앞면에서 볼 때 동서남북으로 이어진 꽃잎 모양을 하고 있다.

가로와 세로로 중심에 선을 연결하면 십자(+) 모양이어서 일명 '십자맥(十字脈)' 또는 '왕상맥(王象脈)'으로 부른다.

혈판의 기운이 외부로 빠져 나가지 못하도록 튼튼히 싸매고 있는 명당 터의 표본을 볼 수 있다.

혈판층은 〈그림 2-a〉에서 살펴보면 구덩이 내부와 바닥의 지층은 시루떡을 세로형으로 세워놓은 것처럼 양봉의 벌통을 보는 듯한 층층이 압축된 모습이다. 구덩이 속에 환하게 광체가 나는 일명 오색토(五色土)로 이루어져 있다.

풍수학에는 자색토(紫色土)와 오색토(五色土) 틈 사이로 묘지 속에 수분이 많으면 외부로 내보낸다. 수분이 적거나 겉마르게 되면 외부에서 광중(묘지 속) 내부로 들이는 역할과 땅속 깊은 곳에서 올라와 들어온 지기의 기운을 밖으로 빠져나가지 못하도록 일정하게 유지하는 데 중요한 역할을 한다.

이 기운과 조상의 유골이 감응을 도와주는 화순(化醇)과 화생(化生)의 과정을 거치면서 동화(同化)를 이루고 새로운 생기발아(生氣發芽)가 소응(昭應)이 후손의 유전자(DNA)가 가장 가까운 후손에게 동기감을 일으켜 발복(發福)하게 한다.

이곳의 이 기운을 받아 뭉친 혈처는 예쁘게 잘 생긴 소반(小盤)과 같은 평지 위에 명당이 놓이고 명당 앞 강물은 달빛에 비단을 펼쳐놓은 완사명월(浣紗明月) 형국이고 조건을 골고루 갖춘 특급 명당이다.

B. 현대 과학적 연구

〈그림 2-a〉는 광물의 반짝이는 모습과 적황색의 모습의 토양 질이 관찰됨을 확인할 수 있다.

〈그림 2-b〉는 원소를 10000배 확대된 이미지에는 스펀지와 같은 구조를 가지며 배수가 원활한 구조를 확인했다.

〈그림 2-c〉는 X-선 분석법을 통하여 토양의 결정구조와 구성 성분을 관찰했다. Si-O 사면체 층과 Al-O 팔면체 층의 1:1 구조 인 카올릴계 그리고 1:2 구조인 일라이트 구조를 확인했다.

카올릴나이트, 석영, 일라이트 구조 사이의 칼슘이 강하게 화학적 결합을 하고 있어 단단한 구조를 갖는다. 이러한 구조는 배수를 원활하게 하는 데 도움을 줄 수 있다.

〈그림 2-c〉는 원소 분석을 통해 탄소 1.31, 규소 11.69, 알루미늄 11.48, 칼륨 0.79, 철 2.45을 확인했다. 이 결과 대표적인 점토 광물 구조의 성분과 함량은 알칼리성 성분으로 식물이 자라기 어려운 황무지나 이를 풍수사상에 응용한다면 음택지로 적합한 곳임을 확인했다.

감지력과 예지력으로 판단해 볼 때 이런 터에는 부자지간의 갈등, 부부간의 갈등, 사회적으로 많은 갈등을 겪고 있는 가족의 묘지로 적합하다. 화해의 기운이 용서를 품는 기운이 있는 터이다. 기업을 운영하는 사업가는 새로운 승천의 국면에 접할 수 있는 기로인 듯하다.

3. 인 5

토지 주인의 의뢰를 받아 가로 1.2m, 세로 2m, 깊이 약 1.2m의 연구용 구덩이를 인력으로 굴착했다. 충분한 연구와 협의를 한 다음 특수감각의 눈으로 살펴보기 시작했다.

지표면에 모여 뭉친 빛을 컬러 색으로 감지하고, 김만희 선생의 특수 감각의 손바닥으로 땅속에서 올라오는 지맥 기운을 감지한 밑그림을 그렸다.

두 사람의 특수 기능을 크로스 체크한 후 공통된 그림을 지표면 바닥에 막대기를 이용해 그려 놓고 패철을 중심 혈판에 정하고 줄자 간격을 확인한 후 노트에 그대로 옮겨 기록한다.

이때 감지된 지맥 한 가닥씩 시계방향으로 지맥의 기운을 측정하고, 노트에 깊이를 미터 단위로 기한다. 최종 순번 지맥이 혈판에 뭉친 가닥의 '총지맥의 개수'로 표시된다.

현장보존과 연구 자료를 확보하기 위해 동영상과 사진 자료를 보관한다.

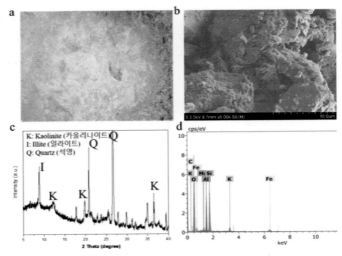

〈그림 3〉 인 5의 a) 현장사진, b) 전자주사현미경(SEM), c) X-ray 회절분석법(XRD), d) 에너지 분산분석기(EDX) 결과.

	C (탄소)	O (산소)	Al (알루미늄)	Si (규소)	K (칼륨)	Fe (철)	Mg (마그네슘)	Na (나트륨)
인 5	3.86	70.89	8.49	11.61	1.59	2.78	0.77	

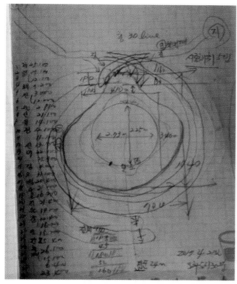

〈그림 3-e〉지맥도   〈그림 3-f〉시료 채취

A. 정통 풍수학적 연구

〈그림 3-e〉의 지맥도 윗부분을 하남 장용덕 선생의 형기론(形氣論)으로 연구해 보면 주능선 낙산(洛山)은 양쪽 산 능선이 높고 '인 5' 지역에 두 기운이 교차해서 한 곳으로 모인 곳으로 산진처는 완만한 경사를 이룬다.

지표면은 함지박 모양으로 움푹 파인 요혈지(凹穴地)에 30개의 크고 작은 지맥이 지하 4,000~26,100m에서 솟구쳐 올라온 지맥이 산진처를 중심으로 큰 말미잘 촉수, 밤송이 가시 모습과 같이 한 가닥씩 선회하고 구불구불 명당으로 기운이 모인 곳이다.

혈판의 모습은 오뚝이와 흡사한 모양을 취하고, 입수 부분은 좁고 아래 부분으로 내려가면서 점점 넓어지는 안정적인 명당이다.

혈판의 크기는 가로 약 4.1m 세로 3.4m, 가운데 중심 부분인 혈심의 크기는 가로 2.75m 세로 2.25m로 약간 가로 부분이 큰 원형의 모습이다.

좌향은 자좌오향(子坐午向) 정남향이다.

땅을 굴착해서 줄자로 측정해 보면 혈판은 지표면으로부터 약 1.2m 지점에 곡괭이가 튕길 정도로 단단해서 삽으로 바닥을 고르면 삽의 날 부분이 겉돌아 날카로운 소리를 냈다.

바닥은 단단한 부분과 부드러운 곳이 있다. 단단한 곳은 혈판의 대들보 역할을 한다.

부드러운 부분은 지기의 기운이 모이는 곳으로 푸석푸석한 데는 막대기로 쉽게 땅을 걸러낼 수 있다.

부드럽고 푸석푸석한 흙은 혈토(穴土)이다. 이 혈토를 준비한 실험용 용기(병)에 우선 시료로 채취해 보관한다.

막대기 또는 신 주걱 같은 것으로 부드러운 흙을 파내면 딱딱한 양각(陽刻)과 움푹 파인 음각(陰角) 모습을 볼 수 있다.

마치 사자의 얼굴 모습을 닮아 이것을 사자상나문혈(獅子像羅紋穴)이라고 한다.

여기서 가장 중요한 것 중에 하나는 함지박 모양의 혈판 내부의 양각 부분과 음각 부분의 혈토이다. 양각 부분은 혈판을 지탱해주는 역할을 한다.

음각 부분은 토양 성분 일라이트, 카올리나이트, 석영으로 구성되어 배수를 도와주고 일정한 수분조절과 지기의 기운이 모이는 통로 역할을 한다.

화학적인 탄소, 알루미늄, 규소, 칼륨, 철, 마그네슘은 구덩이 속에 나무뿌리, 뱀, 쥐, 다람쥐, 지렁이, 곤충 등이 침범하지 못하도록 하고 지기를 위하는 주성분이다.

또 이곳 명당에 조상의 유골을 모시면 지기의 기운인 유골이 화순(化醇)과 화생(化生)의 과정을 거치면서 조상의 유전자(DNA)와 가장 가까운 후손부터 점차 행운의 부귀영화를 준다. 즉 발복이란 염원을 준다.

혈판을 중심으로 에워싸고 있는 입수의 좌측 청룡 기운(빨간색) 2줄기는 패철을 놓는 기준으로 자(子; 12시)에서 시작해서 안쪽 가닥은 경(庚; 9시) 방향까지 감았고, 바깥쪽 한 가닥은 신(辛; 10시) 방향까지 감쌌다.

〈그림 3-e〉의 지맥도에서 입수 우측 백호 기운은 패철자(子) 방향에서 시작해 시계 역방향으로 두 가닥 지맥 중 안쪽 가닥은 미(未; 7시)방향 지점까지 감싸 안았다.

바깥쪽 한 가닥은 내쪽 가닥을 등에 업은 채 오(午; 12시)까지 이중으로 감싸 백호 기운이 혈판의 기운이 외부로 빠져나가지 못하도록 양배추 모양을 형성하고 있는 모습이다.

청룡 자락과 백호 자락은 높이와 크기가 기둥처럼 일정하게 우자(又子) 형세로 청룡자락 능선은 일정한 높이와 굵기로 길게 감싸 주밀명당(柱密明堂) 국세를 취하고, 안산은 길게 뻗어 요대(腰帶) 모양으로 휘어 안은 능선이 청룡 안산이다

B. 현대 과학적 연구

〈그림 3〉은 인 5 지역의 현장사진, 5000배 확대 이미지, 원소 구조를 보여준다.

〈그림 3-a〉 현장사진에서는 탄탄한 형태와 적갈색의 모습의

토양 질이 관찰됐다.

5000배 확대된 이미지에는 팔면체 구조를 가지는 광물을 확인할 수 있다(3-b).

〈그림 3-c〉는 X-선 분석법을 통해 토양의 결정구조와 구성성분을 관찰했다. 주요 성분은 일라이트, 카올리나이트, 석영으로 구성되어 있다.

특히 1:2 광물인 일라이트 피크의 강도가 월등히 강한 것으로 봐 일라이트 함유량이 높은 것으로 추측된다.

앞에서 언급한 것처럼 배수에 도움을 주는 일라이트 성분과 석영이 다량 함유돼 좋은 음택지 성분으로 적합함을 확인했다.

분석을 통해 산소 70.89%, 탄소 3.86%, 규소 11.61%, 알루미늄 8.49%, 칼륨1.59%, 철 2.78%, 마그네슘 0.77%를 확인했다.

그 결과 대표적인 점토광물 구조의 성분과 함량은 식물이 자라기 어려운 알칼리 성분이 주성분을 이룬 곳으로 풍수학에 대입해 준용한다면 최고의 음택지로 손상이 없다(3-d, 표 3).

이 터를 통찰적으로 본다면 중소기업인이 대기업으로 말을 바꿔 탈 수 있는 전환의 기회가 올 가능성이 높은 명당이다.

남자 끝손이 출세할 기운을 품고 있어 최고 재벌의 기운을 품고 있는 명당이다.

4. 거북 2

땅 소유주의 비공개를 원칙으로 굴착 허가를 받은 곳이다.

풍수사상에 입각한 두 사람의 크로스체크 방식으로 혈처의 혈심(포인트)을 표시하고 지맥도를 지표면에 그리기 위한 기초 작업을 마쳤다. 지기의 기운에 따라 밑그림을 그린 다음 땅바닥에 그려진 표시에 따라 줄자로 간격을 수치로 확인한 것을 그대로 노트에 옮겨 그렸다.

가로 1m, 세로 2m, 앞쪽 1.6m, 뒤쪽 1.7m 구덩이를 곡괭이와 삽으로 굴착했다. 물론 사전 혈판이 존재한 위치를 특수 감각으로 찾아내 정확했다. 지표면으로부터 아래로 파내려 가던 중 1.6m 지점에서 단단한 흙과 암반의 중간 상태에 닿는 곡괭이가 튕겨 더 이상 굴착하지 못한 지점에 딱딱하고 견고한 혈판이 나왔다.

혈판 위를 소나무 가지로 말끔히 쓸어내고 깨끗하게 정리한 다음 도구로 부드럽고 푹신푹신한 혈토를 파내 실험용 용기(병)에 담았다. 혈판을 정리하면 부드러운 부분과 딱딱한 부분이 연출하는데, 요철(凹凸) 부분 중 움푹 들어간 요(凹) 부분의 혈토를 연구한 것이다.

〈표 4〉 거북 2 지역의 원소 분석

	C (탄소)	O (산소)	Al (알루미늄)	Si (규소)	K (칼륨)	Fe (철)	Mg (마그네슘)	Na (나트륨)
거북 2	2.90	68.54	8.53	15.23	0.99	1.74	0.81	1.26

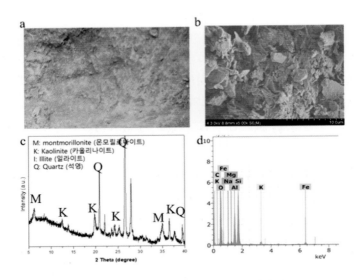

〈그림 4〉 '거북 2'의 a) 현장사진, b) 전자주사현미경(SEM), c) X–ray 회절분석법(XRD), d) 에너지 분산분석기(EDX) 결과.

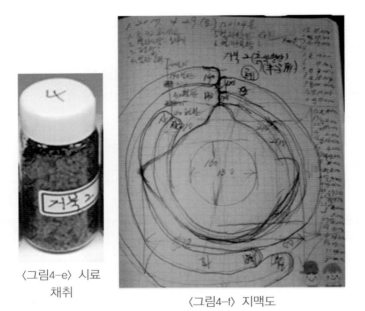

〈그림4-e〉 시료 채취

〈그림4-f〉 지맥도

A. 정통 풍수학적 연구

주산의 래룡의 용맥이 가파르게 내려와 북한강 물을 만나 멈춰 뭉친 혈처를 터 잡는 곳이다.

패철 병좌(丙坐)를 배산으로 입수(入首)로 형세를 취하고 있으나 산이 나지막한 야산으로 아침 일찍 햇빛이 들어 하루종일 온기와 지기가 유지되는 명당을 품고 있다.

래룡의 맥이 흘러내려오다가 양쪽 귀산을 만들어 급맥 완충 역할과 혈처를 균형 잡히게 지가의 역할을 하고 내려와 물 앞 평평한 혈처에 자리 잡는 모습은 사람에 따라 다르지만 마치 임신한 여인이 앉아 있는 형세 또는 오뚝이 형세를 연출한다.

좌측 긴 팔 벌린 청룡을 강물을 품안 겨드랑이에 안은 듯 겹겹이 환포(環抱)하고, 우측 백호 능선은 약간 높고 튼튼하게 바깥쪽 북한강에서 불어오는 강바람을 혈처로 불어오는 것을 완전히 감싸 혈처를 보호하는 역할을 한다.

청룡 안산은 북쪽에서 불어오는 강바람을 사전에 차단해서 온화하고 아늑한 명당을 이룬다.

혈처 앞 강물은 굽이굽이 혈처 앞에 진용수(鎭龍水)는 3면이 비단을 깔아 펼쳐놓은 것처럼 잔잔한 융취명당(融聚明堂)을 이룬다.

명당 앞 북한강 물 위는 금성의 행용낙맥(行龍落脈)이 많이 모이는 혈처로 대개 봉(鳳)이 춤을 추듯 새가 날 듯한 봉무비도형(鳳舞飛島形)이다.

얼마 후 임야 주인의 의뢰를 받고 땅주인 조부모(祖父母) 유골을 경기도 양평에서 이곳 명당으로 모셔와 합장(合葬) 장법으로 안장(安葬)을 도와드렸다.

B. 현대 과학적 연구

〈그림 4〉현장 사진은 5000배 확대 이미지, 원소 구조와 함량을 보여준다. 〈그림 4-a〉는 탄탄한 형태와 연갈색 모습의 토양질이 관찰된다. 〈그림 4-b〉는 5000배 확대했을 때 판상구조의 광물들이 겹겹이 쌓여 있는 모양을 확인할 수 있다.

〈그림 4-c〉는 X-선 분석법을 통하여 토양의 결정 구조와 구성 성분을 관찰했다. 주요 성분은 몬모릴로나이트, 카올리나이트, 석영으로 구성돼 있으며, 이온교환 능력이 높은 몬모릴로나이트의 함유량이 가장 높은 것을 확인했다.

몬모릴로나이트의 특징인 높은 이온교환 능력은 수분조절에 영향을 미쳐 우수한 묏자리 성분으로 적합함을 증명할 수 있다.

원소 분석을 통해 산소 68.54%, 탄소 2.90%, 규소 15.23%, 알루미늄 8.53%, 칼륨 0.99%, 철 1.74%, 마그네슘 0.81%, 나트륨 1.26%를 확인함으로써 대표적인 점토광물 구조의 성분과 함량을 확인했다(4-d, 표 4).

주성분은 토양학적으로 알칼리계 성분으로 이루어져 있어 동물이나 곤충들이 서식하기 불편한 곳이고, 식물들이 자랄 수 없는 조건을 갖춰 토양에 영양분이 부족해 생존할 수 없는 황무지인데 풍수학적으로 최고의 명당이다. 〈4-a〉의 내용을 들여다보면 구덩이 속에 나무・풀뿌리 등이 없음을 확인할 수 있다. 풍수상의 음택지로 응용한다면 명당이 될 것이다.

재산이 점차 모여 재정과 금전에 안정을 되찾고 흩어졌던 가족의 왕래가 차츰 원활해 옛 모습을 되찾아 가족의 안녕과 화합이 기대되고 출세의 전환점을 염력으로 느낄 수 있는 명당이다.

시간이 지남에 따라 후손 중에 권력과 재력을 가진 대귀대부의 기운을 품은 터 명당의 기운이 색채조화를 이루고 있는 터다.

5. 성사

임야 주인의 승인을 얻지 못해 지맥도와 굴착을 하지 못한 점이 아쉽다.

그러나 다른 곳은 땅속 깊이 굴착해 혈판을 찾아 토질의 성분 분석 지질구조 지반 층을 연구 분석한 반면 유일하게 성사 지역은 표토층 50cm 아래 절토 부분 흙만으로 혈토와 상반된 연구를 했다.

풍수학에서는 토질층을 표토, 단토, 혈토로 분류한다.

표토는 지표면에서 상부층 약 50cm, 단토는 중간층 50cm, 혈토는 그 아래 부분을 혈토층으로 부른다.

시료를 채취한 흙은 지표면에서 약 50cm 정도 절토 부분 둔덕에 표토층 흙만 시료 채취해 연구 분석한 내용이다.

〈표 5〉 성사 지역의 원소 분석

	C (탄소)	O (산소)	Al (알루미늄)	Si (규소)	K (칼륨)	Fe (철)	Mg (마그네슘)	Na (나트륨)
성사 20	14.64	62.95	7.14	10.94	2.59	1.73	-	

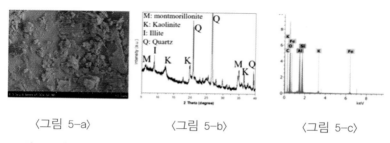

〈그림 5-a〉　　　　〈그림 5-b〉　　　　〈그림 5-c〉

〈그림 5〉 '성사 지역'의 a) 전자주사현미경(SEM), b) X-ray 회절분석법(XRD), c) 에너지 분산분석기 (EDX) 결과.

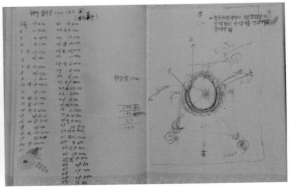

<그림 5-d>

A. 정통 풍수학적 연구

지난 수백 년 동안 대각(大覺)을 이룬 풍수사들이 이곳을 못 봤을까? 아니면 감추고 숨겨둔 천장지비(天臟地秘)인지, 산신령이 풍수사들의 눈을 가린 것인지 궁금하다.

이곳 명당 주변은 1톤 정도 크기의 예쁜 하얀 차돌이 입수에 자리 잡고, 백호 어깨 위에 3개의 인절미 모양의 바위가 놓여 있다. 백호 능선 오른팔을 안쪽으로 한 채, 청룡 능선 왼팔이 활대처럼 휘감아 품고 있다.

마치 대형 소라처럼 명당을 이루고 있다. 하남 장용덕 형기론에 의하면 이런 국세(局勢)를 이룬 곳에는 조상을 모시면 남자 후손은 권력자와 법조계의 큰 인물이, 여자 후손은 거부가 태어날 기운을 품고 있다.

이 기운이 한 송이 양귀비꽃을 보는 듯 광채가 나고 화려한 꽃수술과 같은 생기의 지맥이 한 가닥 노랗게 비녀를 꽂아 놓은 듯 눈부시고, 기류의 유속은 우직한 분위기를 연출하고 있다.

B. 현대 과학적 연구

성사 지역은 좋은 음택지와 일반적인 음택지의 토양 성분을 비교하기 위하여 다양한 분석을 통하여 조사되었다.

〈그림 5〉는 성사 지역의 5000배 확대 이미지, 원소 구조와 성분을 보여준다.

〈그림 5-a〉는 5000배 확대했을 때 대부분 단단하게 뭉쳐 있는 모양을 하고 있으며, 입자와 입자 사이에서 배수를 위한 세공이 관찰되지 않았다.

또한 X-선 분석법에서는(그림 5-b) 주로 석영과 약간의 1:1 구조인 카올린 계열의 광물구조만 존재하는 것이 관찰되었다. 이것으로 배수라는 중요한 역할을 해주는 광물은 1 : 2 비율의 점성광물임이 확인되었다.

원소분석을 통해 규산, 알루미늄, 칼륨 등을 확인함으로써 소량의 점토광물 구조의 성분과 함량을 확인하였다(5-d, 표 5).

〈표 5〉의 천체를 비교 분석할 때 성사지역은 산소 62.95%, 탄소 14.64%, 칼륨 2.59%, 알루미늄 7.4%, 규소 10.94%, 철 1.73%로 다른 지역에 비해 월등히 많은 함유량을 포함하고 있다.

칼륨 성분이 2.59로 토질이 굳어지는 한계(1.6)를 넘어 단단하게 뭉치도록 입자를 메워 배수에 방해되는 것으로 분석할 수 있다.

성분을 종합분석해 볼 때 산성계의 가까운 성분이 충만하여 식물이 자라기에 적당하다. 지렁이, 다람쥐, 귀뚜라미, 뱀 등이 서식하기 좋은 환경조건을 갖추고 있어 먹이사슬에 따라 멧돼지가 땅속을 파헤칠 가능성이 높다. 집을 축조할 경우 나무뿌리가 집이 아래로 파고들어 물길을 조성한다.

배수 작용이 어려워 웅덩이 조성이 가능한 곳으로 음택, 양택지로 피하는 게 타당하고, 농작물 재배가 가능한 땅이다.

1.5m 지하 혈토층을 굴착해서 지질구조와 토질 성분 분석을 할 예정이다.

땅 소유주는 참다운 명당을 품고 있을 뿐 숨겨놓고 있어 안타깝기 그지없다.

6. 천(天) 38

천(天) 38은 경기도에 있지만 임야 소유주의 절대 대외공지 불가 의견에 따라 소재지와 주변의 사진을 공개할 수 없어 아쉽기만 했다.

해발 약 50m 야트막한 북한강을 끼고 있는 야산이다. 산 모양은 솥을 엎어놓은 것처럼 금체(金體)로 산진처 명당은 아주 탐스럽게 아름다운 수려한 산인데, 산진처 명당은 거대한 멍석을 깔아놓은 것처럼 평평한 토체(土體)로 팔면체 명당이다.

이런 명당은 대귀대부(大貴大富)하는 길지(吉地)로 으뜸이다.

2017년 4월 7일(금) 오전 11시 20분부터 약 3시간 소요됐다. 김지관과 지맥도(그림 6-f)를 그리고, 삽과 곡괭이로 직접 가로 1m 세로 1.8m 깊이 1m를 굴착을 하던 중 〈그림 6-a〉처럼 딱딱하고 견고한 혈판이 나왔다.

혈판은 8각형 거대 함지박 모양을 이루고, 혈판 위 딱딱한 부분은 혈판을 견고하게 지탱하는 역할을 하고 딱딱한 부분 옆은 부드러운 혈토로 채워져 있었다. 혈토는 흙도 아니고 돌도 아닌 비석비토(非石非土)다. 혈토를 〈그림 6-e〉와 같이 준비한 실험용 용기(병)에 담았고, 광중(壙中) 바닥(혈판)과 내부를 사진과 동영상으로 촬영했다.

〈표 6〉 천 38 지역의 원소 분석

	C (탄소)	O (산소)	Al (알루 미늄)	Si (규소)	K (칼륨)	Fe (철)	Mg (마그네슘)	Na (나트륨)
천 38	23.33	59.98	7.20	7.57	0.65	1.28		

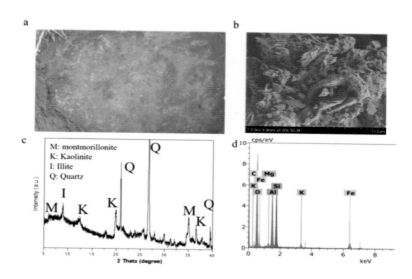

〈그림 6〉 '천 38' 지역의 a) 전자주사현미경(SEM), b) X-ray
회절분석법(XRD), c) 에너지 분산분석기(EDX) 결과.

〈그림 6-f〉 천 38의 지맥도 　　　　　〈그림 6-e〉

제4장 풍수사상에 입각한 명당의 지질구조와 토질성분 분석 **|317**

A. 정통 풍수학적 연구

산맥의 지각이 평평한 산마루 위 혈처는 정사각형(□)으로 큰 멍석을 펼쳐놓은 곳에 거대한 밥상을 놓인 것처럼 평평하고 소반의 테두리가 있는 것처럼 혈처 사각형으로 두툼하게 돌아가며 높이 약 20cm 논두렁과 같이 돌기(突起)가 있다.

청룡과 백호의 산세 모습은 거북이가 몸을 내밀어 양 날개로 얼굴을 감싸고 있는 형세이다.

거대한 소반 모양의 이곳 '천 38'과 '인 36' 지역은 약 100m 인근에 위치한다.

반대편 안산에서 살펴보면 마치 용의 두 눈동자와 흡사한 모습으로 혈처 가장자리에 자연과 조화를 이루고 명당에 터를 잡고 있다.

'천 38'과 '지 36'은 세상을 넓게 볼 수 있는 두 눈동자 위에 각각 위치하고 있다. 이런 곳을 하늘이 준 천혜(天慧)의 땅 천장지비(天臟地秘)다.

풍수 사상에서는 '하늘이 감추어 놓고 땅이 숨겨놓은 명당'(天臟地秘)을 찾기 위한 근본으로 평생을 공부한다. 천목(天目)을 품지 못한 보편적 지관은 이곳 터 위에서 헤매고 먼 곳만 바라보고 그냥 지나갈 뿐이다.

풍수 고서에는 이런 곳을 토산(土山)이라고 한다. 후손들에게 부귀영화(富貴榮華)를 가져다준다는 영화지지(榮華之地) 명당(明堂)으로, 세상에서 가장 으뜸가는 거부장상(巨富長商)이 나온다고 알려져 있다.

현대사회는 돈이 권력을 지배하는 세상으로 바뀌었고, 돈이 경제를 움직이는 주체다. 이곳은 음택(묘지), 양택(소형주택)을 지을 수 있는 곳으로 선택할 수 있다.

영화지지(榮華紙地)란 희망을 갖고 이곳에 집을 짓고 거주한다면 지하 깊은 곳에서 솟구쳐 모인 128개의 지맥, 지기의 기운과 우주공간에서 모인 천기의 기운이 융취(融聚)되는 천광(天光)의 기운이 감응(感應)된다.

새로운 융취발아(融聚發峨) 기운이 건물 내에서 거주하는 사람의 인체에 접목(接木)되어 건강을 지키고, 단합하는 분위기와 협조·협력이 이해 관계자들과 상생이란 분위기로 전환될 것이다.

또한 이 터는 가족 묘지나 합장묘지로 적합하고, 안장한다면 국내 굴지 대기업을 능가하는 부귀영화(富貴榮華)를 기반으로 거부장상(巨富長商)이 나올 것으로 기대된다.

이 은용지맥(隱龍地脈)은 풍수학에서 숨어서 들어오는 지맥이 혈처로 들어오는 속도가 빨라서 깜짝할 사이에 들어온다고 소개하고 있다.

보통 풍수사는 얕은 지맥소혈지(小穴池)를 찾을 정도일 뿐 대혈지(大穴地)와 특수지(特殊地)는 대각(大覺)을 이룬 지관(地官)들만 가능하다고 한다. 이것이 풍수학의 지론이다.

혈심의 기운을 밖으로 빠져나가지 못하도록 에워싼 용호의 기운 128가닥 한 가닥씩 교차해 손가락 깍지를 낀 모습을 하고 있는 명혈지다.

이 지맥의 한 가닥씩의 기운은 제각기 방향에서 혈심을 중심으로 모여 뭉치는데, 짝을 이뤄 모이는 것이 특징이다. 음양의 기운이 짝을 이루는 두 지맥의 감각은 약간 평평하며 둥근 모습은 음혈, 솟구치는 감각은 양혈이라고 부른다.

〈그림 6-A〉의 혈판에 나타난 무늬를 연상해 볼 때 연홍색·은색·금색·황색·검은색 등 오색이 혈판 위에 조화를 이뤄 포근하고 아늑한 밝은 기운을 냈다. 혈토는 양명하고 향긋한 특유의 향냄새로 힐링과 함께 머리를 즐겁게 했다.

혈판 나문 흔적은 전체 무늬를 종합해볼 때 양귀비꽃 수술과 흡사해서 풍수학에서는 앵속화나문혈(罌粟花羅紋穴)이라고 부른다.

이런 명당의 앞모습은 금성의 행용낙맥(行龍落脈)이 많이 모이는 혈처는 대개 봉(鳳)이 춤을 추듯이 새가 날 듯한 봉무비도형(鳳舞飛島形)국이라고 부른다.

풍수학술회를 통해 특수 감각으로 검은 빛의 모습을 볼 수 있는 분은 가끔 뵙기는 하지만, 빛의 색채 조화를 특수 감각으로 명당 터를 잡는 지관은 아직까지 만나지 못했다.

또 이 땅 위에 집을 짓고 살면 좋은 기운이 거주하는 사람에게 이로움을 주어 온 가족이 건강하고 부와 권력을 쌓아 부귀영화(富貴榮華)를 누리는 집터라고 기록되었다.

거대한 명당에 아홉 개의 용의 알을 잉태한 형국으로 일궁용금구란지(一宮龍金九卵地) 명당이다.

B. 현대 과학적 연구

주사현미경을 이용한 5000배 확대 이미지와 원소 구조와 함량을 보여준다.

〈그림 6-a〉는 5000배 확대했을 때, 판상구조를 가지는 광물들이 겹겹이 쌓여 있는 모습과 스펀지 구조임을 확인할 수 있다.

〈그림 6-b〉는 X-선 분석법을 통하여 토양의 결정구조를 관찰했다. 주요 성분은 몬모릴로나이트, 카올리나이트, 일라이트 그리고 석영으로 구성되어 있다.

기존과 다른 점은 1:2 구조를 가지는 몬모릴로나이트와 일라이트 구조가 공존한다는 것이다.

이것은 배수가 용이하고 향상된 이온교환 능력이 있을 것으로 예상된다.

원소 분석을 통해 산소 59.98%, 탄소 23.33%, 규소 7.57%, 알루미늄 7.20%, 칼륨 0.65%, 철 1.28%를 확인함으로써 대표적인 점토광물 구조의 성분과 함량을 확인했다.

〈6-d, 표 6〉은 깊이 1m 아래는 알칼리성 토질로 식물이 뿌리를 내리지 못하며, 땅속에서 솟구치는 화학적 성분이 높아 기화현상(수증기)이 진행된다.

이에 따라 인체에는 이롭고 좋은 성분이 스며들어 삶에 쾌적한 기운을 불어넣어 건강을 유지하고 행복을 영위할 수 있는 명당 터이다.

이 명당은 지인과 기도처로 가끔 들리는 천혜 명당이다. 세상에 알리고 싶지 않는 하늘 아래 산신령과 교감할 수 있는 신선이 보호해 주는 터이다.

보통 사람은 이 터를 내준다 해도 품기가 버겁고 하늘의 승낙을 얻을 수 없는 어려운 천장지비인 이유로 국무총리급 이상, 하늘이 정해준 혼백만의 뜻에 묻힐 수 있다.

이유는 이 기운을 견디고 적응할 수 없고 묘지를 잘못 선택할 경우 넘치는 기운의 화를 입을 수 있는 엄격한 존엄의 터이다.

7. 인 3

지맥도면을 기준으로 가로 1m 세로 1.8m 깊이 1.4m의 구덩이를 3시간 정도 삽과 곡괭이로 직접 필자와 일행 1명이 구덩이를 굴착했다.

이곳 국세는 잘 키운 김장배추를 연상하듯 겹겹이 산세가 명당을 감쌌고, 관세가 유정하고 물이나 바람이 쉽게 들어올 수 없는 아늑하고 온기가 솟구치는 터이다. 마치 원앙이 알을 품고 있는 듯한 형세를 하고 있어 속발의 기운이 왕성한 터이다.

이곳은 굵게 감싸 안은 오른쪽 백호 자락 능선을 깊숙이 품안으로 한 채 왼쪽 청룡 능선은 팔을 길게 뻗어 오른쪽 백호 능선 왼쪽 방향 어깨까지 환포(環抱)한 형세(形勢)로 교과서적인 명당의 조건을 갖추고 있다.

〈표7〉 인 3 지역의 원소 분석

	C (탄소)	O (산소)	Al (알루미늄)	Si (규소)	K (칼륨)	Fe (철)	Mg (마그네슘)	Na (나트륨)
인3	7.87	66.24	9.29	11.21	1.00	3.78	0.60	

〈그림 7〉 '인 3' 지역의 a) 전자주사현미경(SEM), b) X-ray 회절분석법(XRD), c) 에너지 분산분석기(EDX) 결과

〈그림 7-e〉 채취한 시료   〈그림 7-f〉 인 3의 지맥도

A. 정통 풍수학적 연구

거칠고 견고한 부분은 혈판을 지탱해 주는 기능을 하고, 음각은 표면이 살짝 가라앉은 부분으로 이곳은 혈토로서 부드럽고 양명한 혈심이다.

지맥 한 가닥 지맥이 맺힌 곳을 혈점(血點)이라고 한다. 여러 혈점이 모여 뭉친 곳을 혈심이라고 부른다.

〈그림 7-a〉 혈판을 깊이 들여다보면 마치 한 마리의 두꺼비가 엎드려 있는 등처럼 표면이 울퉁불퉁한 듯이 보이는데, 풍수학은 섬여나문혈(蟾蜍羅紋穴)이라고 한다.

양택은 이곳 명당 위에 집을 짓고 생활하면 지기의 기운과 지표면의 천기(陽氣)의 기운이 융합(融合)과 융취(融聚)되어 화순(化醇)과 화생(化生)의 동화(同化) 기운이 집안에 생활하고 있는 사람에게 좋은 기운이 전달됨으로써 좋은 건강을 얻어 행복을 유지한다.

이 명당에 잉태된 후손은 명석한 두뇌와 재복을 갖고 태어나 거부와 제왕이 난다.

이를 증명하듯이 대통령의 출생지와 주거지를 연구와 당선이란 목적으로 선거 때 풍수사들을 모셔다가 주거지를 옮겨 다니면서 선거를 치른다.

재벌들은 유명하다고 알려진 여러 지관을 고문으로 채용해 조상의 묘와 본인들과 가족이 주거할 터를 물색하고, 더 좋은 명당 위에 옮겨 집을 짓고 거주한다.

이는 길흉화복(吉凶禍福)이란 연결고리에 부와 권력의 운명을 풍수과학으로 대입 해석한 것이 아닌가 한다.

이는 지기와 천기가 교감되면서 내는 빛깔은 주홍색으로 화려하고 아름다운 빛의 조화를 이루고 있다.

손가락 모양 4개를 연결하면 십자(十字) 혈판이 되는데 풍수 사상에는 가장 좋은 최고 혈판이라고 평가한다.

이곳에 조상을 모시거나 집을 짓고 살면 권력과 거부를 품은 인재를 배출한다고 알려져 있다.

필자는 좌향을 잡을 때는 래룡의 입수맥 중 가장 건강하고 지구력 기운이 좋고 양명한 큰 지맥과 안산 방향에서 혈처로 들어오는 지맥 중 가장 크고 굵고 참스럽고 신선한 큰 기운(지맥)을 일직선상 위에 양명한 기운을 중심으로 하는데, 이 방법이 천목 풍수론이다.

B. 현대 과학적 연구

〈그림 7〉은 인 3 지역의 현장사진, 5000배 확대 이미지, 원소 구조와 함량을 보여준다.

〈그림 7-a〉 현장 사진에서는 고운 자줏빛 색상의 토양이 관찰된다. 〈그림 7-b〉는 5000배 확대했을 때 판상구조를 가지는 광물들이 겹겹이 쌓여 층과 층 사이에서 세공을 관찰할 수 있다.

층간 세공을 통해 배수의 유리함을 보여준다. 〈그림 7-c〉는 X-선 분석법을 통해 토양의 결정구조와 구성 성분이 관찰됐다. 주요 성분은 몬모릴로나이트, 카올리나이트, 일라이트 그리고 석영으로 구성됨을 보여준다.

정성적 분석으로 1:1 광물인 카올린계 광물보다 1:2 결정구조를 가지는 몬모릴로나이트와 일라이트가 비율이 높은 것으로 관찰된다. 앞에서 언급된 것처럼 1:2 결정구조를 가지는 종은 높은 이온교환 능력과 배수조절에 영향을 미쳐 적합한 명당을 증명할 수 있다.

원소분석을 통해 산소 66.24%, 탄소 7.87%, 규소 11.21%, 알루미늄 9.29%, 칼륨 1.00%, 마그네슘 0.60%, 철 3.78%를 확인함으로써 대표적인 점토광물 구조의 성분 및 함량을 확인하였다 (7-d, 표 7).

지표면에서 깊이 1m 지점은 알칼리성 성분이 충만하여 식물이 살기에 필요한 영양분을 충족하지 못한다.

지하에서 솟구쳐 올라오는 지기 기운에 특유한 상큼한 향기는 곤충이나 멧돼지, 뱀, 곤충 등이 멀리하는 기운으로 본다.

인체에는 도움을 주어 이롭게 하는 기운으로 상반되는 음택지 또는 양택지 입지선정에 조건을 갖추어 천하에 가장 좋은 명당지로 기억해도 좋다.

이런 명당에는 세상에 태어나서 죽으라고 꼬여 엎어지고 넘어져 천하의 못난 사람이 있는데, 운 좋게 그런 가족 분들에게 이 터의 기운이 안겨진다면 반전을 기할 수 있는 명당으로 보인다.

8. 인 4

혈심을 중심으로 삽과 곡괭이로 가로 1m, 세로 1.8m, 깊이 1.2m의 광중을 굴착하던 중 혈판을 확인했다.

부드럽고 양명한 혈토를 실험용 용기에 시료 채취해 풍수사사에 입각한 묘지와 집터(건물)에 토질의 성분구조 등을 현대 과학적으로 증명하고 고찰했다.

〈표 8〉 인4 지역의 원소분석

	C (탄소)	O (산소)	Al (알루미늄)	Si (규소)	K (칼륨)	Fe (철)	Mg (마그네슘)	Na (나트륨)
인4	3.82	71.95	9.26	12.10	0.95	1.92	·	

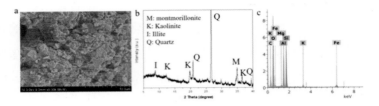

〈그림 8〉 '인 4' 지역의 a) 전자주사현미경(SEM), b) X-ray 회절분석법(XRD),
c) 에너지분산분석기(EDX) 결과.

〈그림 8-d〉 시료
채취 흙

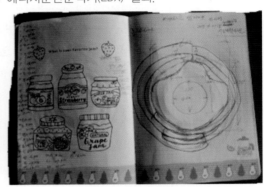

〈그림 8-e〉 혈처의 지맥도

A. 정통 풍수학적 연구

혈판 바닥 모습은 여러 곳이 부정형하
게 움푹움푹 들어간 메주 덩어리 표면에
넓은 멍석을 깔아놓은 모습이다.

흙냄새는 상큼하고 달달한 향기를 품어
머릿속이 편백나무 숲속을 걷는 기분이다.

혈판은 지표면 아래 140cm 지점에 위치
하고 토축혈(土築穴; 흙과 돌의 중간 단단한
견고체)로 진달래 꽃잎 빛깔, 광중은 양명
하고 상큼하고 향기로운 냄새를 풍기고

〈그림 8-f〉

있었다.

바닥은 양각과 음각의 모습이다. 양각 부분은 견고하고 음각 부분은 부드러운데 땅이 숨쉬는 통로와 깊은 지맥 기운이 통로를 통해 기운이 모인다. 광중에 수분이 많으면 밖으로 내보내고, 수분이 부족하면 유입하는 나들목 역할을 하는데 광중의 일정한 온도와 습도를 유지해 준다.

광중 혈판에 부속된 혈토 향기는 대나무 숲에서 느낄 수 있는 그런 느낌이 흙의 특유한 냄새를 내고 있었다. 혈판의 모습은 봄날 진달래 꽃 속 여우의 얼굴을 연상하고 있어 호상나문혈(狐象羅紋穴)이 적당한 듯하다. 내용을 종합해 볼 때 명당의 조건은 충분히 충족했다고 볼 수 있다.

가령 이 터 위에 집·건물·빌딩 등 건물을 짓고 생활한다면 좋은 기지 기운이 건물 안에 머물러 감돌고, 그 기운이 인체에 기운을 전달해 각종 질병에서 벗어나 삶의 건강과 행복을 유지한다.

재물이 쌓이고 부를 축척해 재물을 얻게 될 것이고 속발한다.

또한 조상의 묘지로 안장할 경우 좋은 기운이 유골에 감응(感應)되어 화순(化醇)과 화생(化生)의 과정을 거치면서 소응(昭應)을 이루는 고인의 DNA가 가장 가까운 후손 DNA에 동기 감응으로 전달되어 속발(速發) 또는 점차발복(漸次發福)을 이룰 것이다.

이 지역은 면적이 넉넉하지 못하고 외져 양택지보다 음택지로 더 적합하게 보인다.

B. 현대 과학적 연구

〈그림 8〉은 현장 사진과 5000배 확대 이미지, 원소 구조와 함량을 보여준다.

〈그림 8-a〉 현장사진에서는 금빛 색상의 토양 질이 관찰된다.

〈그림 8-b〉는 5000배 확대했을 때 일부지역에서는 판상구조를 가지는 광물과 뭉쳐져 있는 광물들이 관찰된다.

〈그림 8-c〉는 X-선분석법을 통하여 토양의 결정구조와 구성 성분이 관찰된다. 주요 성분은 몬모릴로나이트, 카올리나이트, 일라이트 그리고 석영으로 구성됨을 보여준다.

1:1 광물인 카올린계 광물과 1:2 결정구조를 가지는 몬모릴로나이트와 일라이트가 서로 비슷한 비율로 공존함을 보여준다.

1:2 결정구조를 가지는 종은 높은 이온교환 능력과 배수조절에 영향을 미쳐 적합한 명당자리를 증명할 수 있다.

원소분석을 통해 산소 71.95%, 탄소 3.82%, 규소 11.10%, 알루미늄 9.26%, 칼륨 0.95%, 철 1.92%로 확인함으로써 대표적인 점토광물 구조의 성분과 함량을 확인했다(8-d, 표 8).

이 명당에 자식들이 방황하고 주변 사람들과 다툼이 잦고 부모에게 불효하는 자식과 부모 간의 원인 없는 원수처럼 갈등을 심하게 겪고 있는 가족에게 적합한 터라고 본다.

이른바 국면 전환의 터이다.

9. 인 2

경기도 남양주의 나지막한 산기슭에 명당을 이루고 있는 곳으로, 산주인의 조건부 허가를 얻는 데 시간이 많이 걸렸다.

봉황의 솔개가 양쪽 날개를 접고 알을 품고 있는 형국으로 양쪽 어깨가 굵고 튼튼하며 양명한 명당은 하늘의 성은을 입지 못하면 이 터를 품을 수 없는 혈(穴)이 형성된다.

역량은 크고 오랫동안 번성하는 것이 특징이다. 머리가 뚜렷하게 돌출되지 않고, 물컵처럼 꿈틀꿈틀 진행한 것이 특징이다.

현대과학에 입각한 결과를 귀납적 연구 방법과 그동안 정통 풍수기법인 연역적 연구 방법은 다음과 같다.

	C (탄소)	O (산소)	Al (알루 미늄)	Si (규소)	K (칼륨)	Fe (철)	Mg (마그네슘)	Na (나트륨)
인2	7.89	67.75	9.77	9.73	1.54	2.81	0.51	

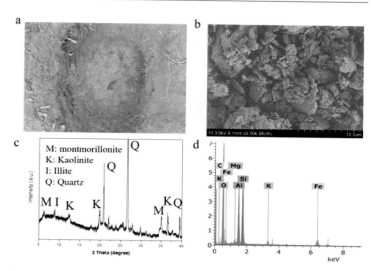

〈그림 9〉'인 2' 지역의 a) 전자주사현미경(SEM), b) X-ray 회절분석법(XRD), c) 에너지분산 분석기(EDX) 결과

〈그림 9-e〉시료   〈그림 9-f〉지맥도

제4장 풍수사상에 입각한 명당의 지질구조와 토질성분 분석 ▮329

광중의 혈판 모습은 사자의 얼굴 모습과 흡사하다. 혈판을 작은 신 주걱 등으로 걷어내 보면 딱딱한 부분과 푹신하고 부드러운 부분이 감각적으로 감지된다.

A. 정통 풍수학적 연구

풍수학에서는 방향을 패철을 기준으로 자오(子午), 즉 남북을 기준으로 측정한다.

그리고 이 지맥이 혈심에 뭉치는 광경은 32개 지맥의 빛은 붉은 고추장색과 붉게 익은 단풍색, 그리고 황색의 빛줄기가 조화를 이룬다. 고서 문헌에는 이것을 십자맥(十子脈) 또는 왕상맥(王象脈)이 재상을 낳는 터라고 기록되어 있다.

그 당시에는 인문학적 기술이 대다수를 이뤄 실무에 필요한 그림이나 지맥도(설계도) 또는 비망록은 후학을 위해 표기하지 않고 본인만 알 수 있는 노하우를 품속에 감추었다.

혹자들은 산 능선과 산 능선이 교차하는 부분을 십자(十) 모양으로 보인다며 이것을 십자맥이라고 주장하는 이도 있다.

광중의 혈판 모습을 들여다보면 울퉁불퉁한 음각과 양각의 조화가 북극곰 머리처럼 생겨 웅상나문혈(熊象羅紋穴)이 적합하다.

이 십자맥 위에 놓인 부분의 집·건물·빌딩·상가·종교시설은 원신맥(십자맥)은 솟구쳐 자리 잡고, 수많은 지맥이 여러 방향에서 구심력(求心力) 또는 양극의 이론(理論)처럼 십자맥(十字脈)을 중심으로 모이는 모습을 〈그림 9-f〉에서 볼 수 있다.

이 모습은 일정하지 않지만 대다수는 거위 깃털, 말미잘 촉수, 얼음, 여주 피부, 밤송이 가시와 비슷하게 중심축을 중심으로 수개의 지기가 나무뿌리나 문어발처럼 기운이 다양한 촉수 모습을 하고 있다.

밤 가시

말미잘

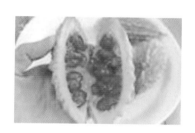

여주

거위 깃털

어름

　땅에서 솟구치는 지기의 기운과 주변 사격으로부터 모인 지맥의 기운이 융합(融合)과 융취(融聚)됨으로써 국혈(局穴)에 화순(化醇)과 화생(化生)를 이룬다.

　지표면에 머무른 양기의 기운과 천기의 기운이 감응(感應)을 이루어 화순과 화생의 과정을 거치면서 만들어진 새로운 양기(陽氣)가 건물에서 생활하는 사람의 오관을 통해 감응되어 호흡한다.

즉 건강, 사업 번창, 행운 등을 관장하는 힘으로 자연의 에너지와 사람의 기운이 소통하면서 채워진다.

과학적으로 풀지 못한 우주자연의 이치(理致)이다. 좋은 기운이더라도 자연의 기운과 사람의 기운이 맞지 않는 경우도 있다.

동기감응론(同氣感應論)은 풍수에서 부모나 조상의 유해가 받는 생기는 후손에게 전달된다는 친자감응(親子感應) 또는 동기감응(同氣感應)이라고 부른다.

신비주의적인 동기감응 DNA가 유전적인 정보의 매개체로 작용하고, 원리규명에서 유골에도 방사성 탄소가 오랫동안 소멸되지 않고 조상과 후손이 동종의 유전인자를 내포하고 있다.

인체의 여러 가지 원소에서 발산되는 방사성 파장도 같은 파장으로 거리와 관계없이 감응을 일으키는 가능성이 높다는 방사성 파장과 동기 감응이 현대 과학적으로 증명된다.

B. 현대 과학적 연구

〈9-a〉 그림은 5000배 확대 이미지로 점토광물의 전형적인 판상구조를 겹겹이 쌓여 있는 모습을 볼 수 있다.

〈9-b〉는 X-선 분석법을 통해 토양의 결정 구조를 관찰했다.

주요 성분은 몬모릴로나이트, 카올리나이트, 일라이트 그리고 석영으로 구성되어 있다.

1:2 구조를 가지는 석영, 몬모릴로나이트와 일라이트가 주성분으로 이루어져 있다.

이 광물은 배수가 용이하고 이온교환 능력이 발달되어 있으므로 음택지로 적합한 토양질이다.

원소 분석을 통해 규소, 알루미늄, 칼륨, 마그네슘을 확인함으로써 대표적인 점토광물 구조의 성분과 함량을 확인했다(9-d, 표 9).

통찰력·예지력·염력·감지력의 기운으로 접목해 보면 질병이 잦은 가족, 가난에서 벗어나지 못하고 정신이상자, 성질이 아주 급한 집안, 의지가 약해 하는 일마다 실패하는 사람, 사업이 번창해 돈이 넘치게 많이 갖고 있으나 사회·지역적으로 2등의 지위에 머물고 자식들은 게을러 부모 등에 업혀 놈팡이 행실을 한다.

사장은 남의 정치자금이나 대주는 그런 인물들이 이곳 명당에 조상을 모시면 본인이나 자손이 발복의 바닥을 칠 수 있는 그런 명당 터이다.

10. 인 1

풍수사상에 입각한 광중의 지질 구조층과 혈토 성분분석 등은 현대과학(지질학+화학)에 접목하여 귀납법적으로 접근하여 핵심적인 자료를 창출했다.

기초자료 선정은 그동안 고문서와 수많은 서적을 고찰한 기본을 바탕으로 현장 답사한 경험과 필자의 특수 빛 파장 감지력(특수 잠재력, 특수 빛의 파장 감지력)을 활용하여 명당 터를 직접 굴착했다.

그동안 연구하고 공부한 연역법적 자료를 토대로 귀납법(과학적 근거) 연구 방법으로 새로운 풍수 학문에 접근했다.

〈표 10〉 인 1 지역의 원소분석

	C (탄소)	O (산소)	Al (알루미늄)	Si (규소)	K (칼륨)	Fe (철)	Mg (마그네슘)	Na (나트륨)
인1	6.25	67.28	8.97	12.81	0.78	3.24	0.68	

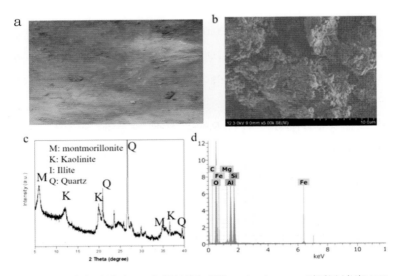

〈그림 10〉 '인 1' 지역의 a) 전자주사현미경(SEM), b) X-ray 회절분석법(XRD), c) 에너지분산분석기(EDX) 결과

〈그림 10-e〉 시료 채취

〈그림 10-f〉 지맥도

A. 정통 풍수학적 연구

이 혈토의 향은 특유의 흙냄새로 일반 흙냄새와 다른 상큼한 향을 내고 있었다. 참나무 장작 냄새와 비슷한 향이었다. 광중 모습을 살펴보면 노란색 단단한 혈판 위에 빗살무늬가 놓인 모습으로 풍수학에서는 이런 모습을 빗살 나문토축혈(羅紋土築穴)이라고 한다.

B. 현대 과학적 연구

〈그림 10〉은 현장사진과 5000배 확대 이미지, 원소 구조와 함량을 보여준다. 〈그림 10-a〉 현장사진에서는 황토빛 색상의 토양 질이 관찰된다. 〈그림 10-b〉는 5000배 확대된 이미지로 전형적인 점토광물 모습인 판상 형태가 관찰된다.

〈10-c〉는 X-선분석법을 통하여 토양의 결정구조와 구성성분이 관찰됐다. 주요 성분은 몬모릴로나이트, 카올리나이트, 일라이트, 석영으로 구성됨을 보여준다.

석영이 제외된 점토 광물의 비율을 비교했을 때 1:1 광물인 카올린계 광물과 1:2 결정구조를 가지는 몬모릴로나이트와 일라이트가 서로 비슷한 비율로 공존함을 보여준다.

1:2 결정구조를 가지는 종은 높은 이온교환 능력과 세공구조를 가짐으로써 적합한 음택 자리를 증명할 수 있다.

원소 분석을 통해 규소, 알루미늄 칼륨, 마그네슘을 확인함으로써 대표적인 점토광물 구조의 성분과 함량을 확인했다(10-d, 표 10).

이곳 명당은 처복이 없는 사람, 즉 결혼을 수회 했는데 병들어 죽거나 이런저런 이유와 사유로 결혼생활을 못하는 남자가 조상을 이곳에 모시면 좋은 여자 기운을 품을 수 있는 터로 보인다.

11. 거북 1

2017년 3월 28일 오후 5시경 경기도 남양주 모처에 사전현장 답사와 지맥도를 그렸다.

2017년 4월 29일 토지 주인을 수소문해 지맥도를 근거로 가로 1m, 세로 2m, 깊이 1.2m를 굴착하고 실험에 필요한 혈토 시료를 채취해 혈판을 관찰했다.

그 동안 풍수사상이 연역법 차원을 넘지 못하고 있어 현대과학적 근거를 돌출하기 위해 명당 터의 기운이 모인 장소라고 확정되는 곳을 찾아 삽과 괭이로 땅을 굴착해서 시료를 채취하고, 전문연구원에 성분 분석을 의뢰했다.

성분분석은 풍수사상에 입각한 지질구조와 화학적 성분 그리고 1만배 확대한 전자주사현미경(sem), X-ray 회절분석법(xrd), 에너지 분산분석기(EDX) 등의 방법을 이용했다.

누구나 언제든지 같은 방법으로 수회를 실험하더라도 항상 똑같은 객관적인 자료를 만들 수 있는 귀납법에 근거하고 있다.

〈표 11〉 거북 1 지역의 원소분석

	C (탄소)	O (산소)	Al (알루미늄)	Si (규소)	K (칼륨)	Fe (철)	Mg (마그네슘)	Na (나트륨)
거북1	5.97	70.97	9.86	10.96		1.55	0.68	

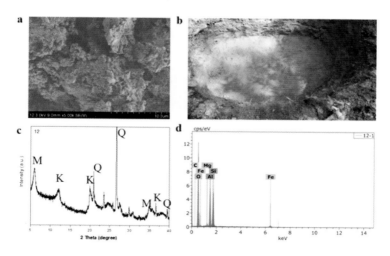

〈그림 11〉 '거북 1' 지역의 a) 전자주사현미경(SEM), b) X-ray
회절분석법(XRD), c) 에너지분산분석기(EDX) 결과

〈그림 11-e〉 시료

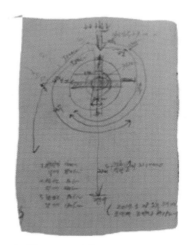

〈그림 11-f〉 지맥도

A. 정통 풍수학적 연구

혈처 바로 앞은 남한강 물줄기가 흐르고 강 건너는 양평이다. 즉 주밀 직결로 이루어진 융취 명당이다. 다시 말해 거북의 날개 청룡과 백호는 기둥처럼 같은 크기로 강물까지 잠기고 강물은 잘 짠 베를 펼쳐놓은 것처럼 물은 잔잔한 호수 같다.

세 방향이 물로 감싸 안아 기운이 밖으로 빠져나가지 못하도록 에워싼 기운이 모여 뭉친 명당 터다.

큰 거북이 엎드리고 머리를 물에 담근 채 양쪽 날개를 넓게 펴 엎드린 채 물로 들어가려는 모습과 흡사한 산의 형세이다.

남한강 큰 물줄기가 거북의 머리에 역수하고, 목과 같은 한 줄기로 모인 간결하고 양명한 결인속기(結姻速氣) 처는 거북의 목이 길게 밀고 있는 것과 흡사하다.

이 결인속기 기운을 잔뜩 품은 기운은 혈처의 심장에서 멈춘다. 물론 주변에는 천(天)·인(人)·지(地)의 결혈지(結穴地) 외의 규모가 약간 작은 혈지(穴地) 두 개를 보태면 5개 명당이 특급 명당의 혈지를 보호하고 있다.

혈판 사진을 꼼꼼히 살펴보면 황금떡과 개나리꽃 군락지와 같이 노랑색이 눈부시게 빛나는 거대 금고를 연상케 하고 있다.

먼저 조상을 이곳에 안장하면 속발의 기운이 유골의 에너지와 땅속 깊은 곳에서 솟구치는 기운이 융합되며, 화순(化醇)과 화생(化生)의 과정을 거치면서 새로운 융취 발아(融聚發峨)되는 가장 가까운 후손에게 영향력을 미쳐 최우선 발복된다.

그 다음 순차에 후손들이 발복의 은득(恩得)을 입을 것이다.

이 터 위에 지형 입지여건상 소형 주택을 짓고 사람이 주거할 경우 땅속에서 솟구치는 지기의 기운과 지표면의 천기의 기운이 교감되면서 새로운 양기(陽氣)의 기운이 융취발아(融聚發峨)한다.

B. 현대 과학적 연구

〈그림 11〉은 '거북 1' 지역의 현장사진, 5000배 확대 이미지, 원소구조 및 함량을 보여준다. 〈그림 11-a〉 현장 사진에서는 금빛 색상의 토양 질이 관찰된다. 〈그림 11-b〉는 5000배 확대 이미지로 세공이 고르게 분포된 스펀지 형태의 구조를 가진다.

〈그림 11-c〉는 X-선분석법을 통하여 토양의 결정구조와 구성 성분이 관찰되었다. 주요 점토광물 성분은 몬모릴로나이트, 카올리나이트로 구성되어 있다.

1:2 결정구조를 가지는 몬모릴로나이트가 상대적으로 높은 비율로 존재한다. 1:2 결정구조를 가지는 종은 높은 이온교환능력과 세공구조를 가짐으로써 적합한 묏자리를 증명할 수 있다.

〈그림 11-a〉는 겹겹이 쌓여진 판상구조 광물이 불규칙적으로 흩어져 있는 모습을 보인다. 〈그림 11-b〉는 X-선분석법을 통하여 토양의 결정구조를 관찰했다. 주요 점토 토양 성분은 카올리나이트, 와일라이트로 구성되어 있다.

이 점토광물은 배수가 용이하고 이온교환 능력이 발달되어 있으므로 묏자리에 적합한 토양이다. 원소 분석을 통해 규소, 알루미늄, 칼륨, 마그네슘을 확인함으로써 대표적인 점토광물 구조의 성분 함량을 확인했다(11-d, 표 11).

두뇌는 명석하고 똑똑해 주변으로부터 천재·수재란 소리를 듣고 고시시험에 합격했으나 대대로 뚜렷하게 벼슬의 꿈을 이루지 못한 채 운이 따르지 못해 사회로부터 등외에 있는 가족의 묘지를 쓴다면 원래의 기운을 타고 순항의 길을 갈 수 있는 운이 트이는 명당이다. 이에 따른 가족들은 고속열차를 타고 행복한 그 세상에서 꿈을 이룰 수 있는 참다운 명당 터이다.

12. 조안 지 36

명당의 구조 요건과 명당의 조건을 판가름하기 어려운 곳이었다. 하지만 하늘이 감춰놓고 땅이 숨겨놓은 천장지비(天藏地秘)였다. 과분한 터를 나에게 하늘이 안겨준 터였다.

사실은 이렇다. 산 공부를 하려 동행한 지관 분과 모 지역을 내비게이션으로 목적지 안내를 따라 운전하던 중 어느 순간 혼쭐이 빠진 듯 방향 감각을 잃은 채 자동차가 멈추었다.

그때 나도 모르게 차를 세우고, 발길이 가는 대로 가다가 멈춘 곳이다. 혼에 끌려 이곳에 온 것인가?

그 후 일주일에 한두 번 정도 이곳에 들려 기도하고 간 기도처이다. 정통풍수기법에 지질학과 화학을 접목하여 귀납법적으로 연구를 시작했다.

먼저 임야 주인의 허락을 받고 먼저 지맥도(支脈圖)를 그리고 그를 근거로 인근 비닐하우스 주인에게 곡괭이와 삽을 빌렸다.

〈그림 12〉는 '조안 지 36' 지역의 주사현미경을 이용한 5000배 확대 이미지와 광물구조 및 원소 함량을 보여준다.

자손에게 동기 감응을 일으켜 방송국 주파수처럼 전달될 것이다.

또한 이 터 위에 집을 짓고 거주하는 사람에게는 땅속 깊은 곳에서 솟구치는 지기 기운과 우주공간에서 자연의 이치(理致)에 의해 하림(下臨)하는 천기(天氣)의 기운이 지표면에서 융취(融聚)되어 융합(融合)한다.

그와 함께 교감의 기운으로 건물 안에 새로운 기운이 사람의 인체에 레이저처럼 전달돼 건강을 유지한다.

재물의 기운이 행운을 낳게 해 화합하는 분위기가 조성됨으로써 종업원과 직장이 하나가 되어 글로벌 재벌장상(財閥長商)이 탄생할 것이다.

터의 길흉(吉凶) 판단은 산세의 수려함과 터 기운의 유속, 양명하고 수려하며, 탱글탱글하고 단단한 느낌이 든다.

　기운 회전시 빛의 조화 현상을 일으키는 순간 자연 천연색의
빛을 낸다.

　이때 그 빛의 배합과 조화, 어울리는 색채와 장관을 이해하고
꾼·잡티 등을 종합해서 길흉(吉凶)을 판단하고 우선순위와 등
급을 갈음한다. 그런데 자연의 이치는 늘 똑같은 명당을 찾는다
는 것이 어렵다.

〈표 12〉 조안 지 36 지역의 원소 분석

	C (탄소)	O (산소)	Al (알루 미늄)	Si (규소)	K (칼륨)	Fe (철)	Mg (마그네슘)	Na (나트륨)
지 36 조안	1.37	74.51	10.18	11.53	0.29	1.68	0.42	-

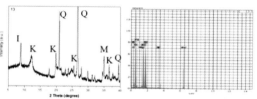

〈그림 12〉 '지 36' 조안지역의 a) 전자주사현미경(SEM), b) X-ray
회절분석법(XRD), c) 에너지분산분석기(EDX) 결과.

A. 정통 풍수학적 연구

　산은 각이 지고 주변은 탑을 쌓아놓은 듯 머치가 평평한 야산
능선의 혈처는 거대한 멍석을 펼쳐놓은 것처럼 평평한 토체(土
體) 명당이다.

　토체의 산은 생기가 지속적으로 공급하면 혈판의 역량이 강하
다. 혈이 맺는 곳은 상단부 가장자리에 6개의 혈이 맺고 토형산
이 가장 격을 높게 여기며 거부장상과 귀한 인물을 배출하는 산

으로 알려지고 있는 사람을 중시하는 관념이다.

혈처를 중심으로 외각 끝부분은 채반이나 소쿠리처럼 약 20cm 높이로 두툼하게 끝부분이 테두리를 이루고 있다.

주변의 산 능선의 청룡·백호는 혈처를 중심으로 끊어질 듯 이어질 듯 채반처럼 둘러싸여 있다.

혈처는 마치 한 송이 연꽃이 물위에 떠 있듯이 물 가운데 연화부수형(蓮華部水形) 모습이고, 삼면이 물로 둘러싸인 융취명당(融聚明堂)이다.

반대편 안산 방향에서 관찰해 보면 용이 물속에서 용틀임하면서 머리를 쳐들어내는 모습을 연상할 수 있다. 환상적인 명당임은 틀림없다.

혈토색은 비트색 혈판과 광중(구덩이) 층의 구조는 비트를 단면으로 잘라놓은 것처럼 장엄하고 은은한 모습을 연출한다.

편백나무 숲 또는 대나무 숲속을 연상하듯 혈토에서는 향기를 내는 특유의 비석비토(非石非土)로 혈판 위의 부드러운 혈토가 나온 흙 사이로 수분이 많으면 밖으로 내보낸다.

수분이 모자라면 보충하는 통로 역할로 깊은 지중에서 솟구친 기운이 밖으로 빠져나가지 못하도록 코르크 마개 역할을 한다.

혈처 자체만을 놓고 분석할 때 매화 꽃잎이 떨어져 혈처를 덮고 있는 듯한 매화낙지(梅花落地) 명당 터이다. 혈판 이름은 매화낙지나문혈(梅花落地羅紋穴)이 적합하다.

가령 이곳에 조상의 묘지로 소점한다면 융취 발아의 기운을 받아 당대발복과 후손발복이 동시에 이루어질 가능성이 높다.

제왕지지(帝王之地)와 재벌장상(財閥長商)을 기대할 만큼 하늘이 감춰놓고 땅이 숨겨놓은 천하제일의 천장지비(天臟地秘)이다.

이곳 명당의 음택은 조그만 가족 묘지로 가능하고, 양택은 조그만 소형주택을 지을 수 있는 명당 터이다.

양택과 음택을 선택할 여지는 가능하다.

B. 현대 과학적 연구

〈그림 12〉는 거북 1 지역의 현장사진, 5000배 확대 이미지, 원소구조 및 함량을 보여준다. 〈그림 12-a〉 현장사진에서는 금빛 색상의 토양이 관찰된다. 〈그림 12-b〉는 5000배 확대 이미지로 세공이 고르게 분포된 스펀지 형태의 구조를 가진다.

〈그림 12-c〉는 X-선 분석법을 통하여 토양의 결정구조와 구성성분이 관찰됐다.

주요 점토광물 성분은 몬모릴로나이트, 카올리나이트로 구성되어 있으며 1:2 결정구조를 가지는 몬모릴로나이트가 상대적으로 높은 비율로 존재한다.

1:2 결정구조를 가지는 종은 높은 이온교환 능력과 세공구조를 가짐으로써 적합한 묏자리를 증명할 수 있다.

〈그림 12-a〉는 겹겹이 쌓여진 판상구조 광물이 불규칙적으로 흩어져 있는 모습을 보인다. 〈그림 12-b〉는 X-선분석법을 통하여 토양의 결정구조를 관찰했다. 주요 점토 토양성분은 카올리나이트, 일라이트로 구성되어 있다.

이 점토 광물은 배수가 용이하고 이온교환 능력이 발달되어 있으므로 묏자리에 적합한 토양이다.

원소분석으로 규소, 알루미늄, 칼륨, 마그네슘을 확인해 대표적인 점토광물 구조의 성분과 함량을 확인했다(12-d, 표 12).

저자가 종종 이곳에 들려 기도처로 사용하는 곳이기도 하다. 이 명당은 천장지비 명당 중에 최상급 중 하나로 대권의 꿈, 야망의 그 길을 희망하는 하늘이 점지한 분의 조상의 묘를 쓴다면 용상의 자리에 앉는 꿈을 이룰 수 있을 것으로 보이는 터이다.

13. 포항 죽장

산의 모양이 솥이나 종을 엎어놓은 모습으로 몸통은 살이 찌고 머리는 둥근 형태로 응기력이 중심부에 있어 대협지는 중심부 가운데 품는다.

풍수학에서는 이런 산을 금형산이라고 불리는데 복축과 재복을 발복한다.

묘지 기운이 허(虛)해서 이장을 권유했다. 봉분을 파헤친 과정에서 목렴(木廉)이 유골을 침입한 현장을 볼 수 있었다.

목렴(木廉)은 무덤 속의 유골과 시체(屍體)에 나무뿌리가 감기는 재해(災害)로 풍수학상 큰 금기(禁忌) 사안이다.

가가운 인근에 대혈지 명당을 찾아 좌표(座標)와 소점(小點)을 했다.

가로 1.2m 세로 2.2m 깊이 1.2m의 구덩이를 인부 7명이 교대로 삽과 곡괭이 지렛대 등을 이용해서 굴착했다.

〈표 13〉 포항 죽창 지역의 원소 분석

	C (탄소)	O (산소)	Al (알루미늄)	Si (규소)	K (칼륨)	Fe (철)	Mg (마그네슘)	Na (나트륨)
포항 죽장	3.72	68.50	7.67	17.10	0.95	1.00	0.54	0.53

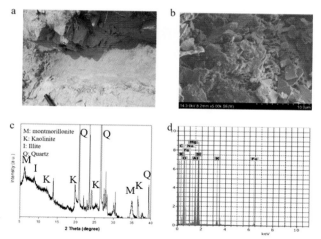

〈그림 13〉 포항 죽장 지역의 a) 전자주사현미경(SEM), b) X-ray 회절분석법(XRD), c) 에너지 분산 분석기(EDX) 결과.

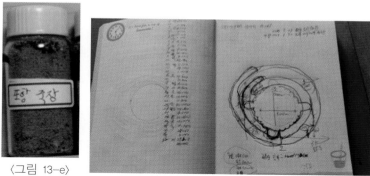

〈그림 13-e〉 시료   〈그림 13-f〉 지맥도

A. 정통 풍수학적 연구

산세가 수려하고 혈처는 양명(陽明)하며 양팔로 감싼 청룡과 백호는 혈처를 보호하듯이 하트 모양 형세를 하고, 명당 아래 소하천은 지현(之玄)을 만들어 바람을 막아주고 기운이 밖으로 빠

지지 않도록 물이 감싸고 있는 명당 터다.

〈그림 13-a〉에서 살펴보면 광중은 찐한 황색으로 특유의 혈토 향기를 느낄 수 있다. 광중 사방의 벽은 풍화가 덜된 암벽으로 둘러싸여 있다.

혈판의 음각 부분은 부드러운 혈토, 양각 부분은 혈판을 지탱해주는 대들보와 같은 역할을 하고 있는 형국이다.

수많은 음택과 양택의 터를 잡아 주었지만 이렇게 마치 두부를 조각내어 사방을 짜맞춰놓은 듯한 광중은 처음 접했다.

신비한 일이 아닌가. 관이 하나 딱 들어갈 정도의 묘지 터 명당은 하늘이 점지해놓은 듯이 보기 드문 암반 속 명당 석중혈(石中穴)이다.

정통풍수학으로 판단할 때 혈판이 있는 명당은 사방 벽과 바닥 부분인 혈판이 곡괭이가 쉽게 파헤치기 어려운 단단하고 견고한 터는 당대 발복이 가능하다.

이 명당 터는 나무뿌리, 풀뿌리, 다람쥐, 쥐, 뱀, 바람, 물 등이 쉽게 침입하지 못하고, 지지의 기운과 지질 구조와 성분이 조건을 갖추고 있다.

탈이 난 묘지는 혈판이 없거나 얕아 균열·진동·지진·풍화작용·지각변동 등에 의해 광중에 물이 스며들면 지렁이나 곤충들이 서식함에 따른 멧돼지가 먹이를 얻기 위해 봉분을 파헤친다.

주택에 목근(木根), 목렴(木廉)이 집안을 침범하면 건강을 해치는 우환의 기운이 감돈다.

그 이유는 나무뿌리가 혈판을 헤쳐 혈판에 균열(금)을 발생시키므로 혈판이 깨져서 냉기와 물이 금의 틈새로 밀고 들어와 수맥을 형성하고 수맥 위에 놓인 주택이나 건물은 수맥 피해를 입는다.

지맥(혈점)은 32개, 혈심의 크기는 가로 5.2m와 세로 7.2m, 혈판의 크기는 가로 8.1m와 세로 9.3m, 혈판 모양은 원형 혈판에 동서남북 각각 + 290cm 엄지와 비슷한 뿔이 난 기운이다.

　동서남북으로 선을 그어 이으면 '+' 모습을 이룬다고 가정할 때 풍수 고서에서 기술된 십자맥(十字脈)과 상통한다.

　선익의 기운은 지맥도를 들여다보면 입수를 기준으로 청룡의 기운 2개와 백호의 기운 2개가 손가락 끝부분에서 청룡의 2개 사이로 백호 기운 1개가 박혀 기운이 밖으로 빠져 나가지 못하도록 손깍지를 낀 모습을 볼 수 있다.

B. 현대 과학적 연구

　〈그림 13〉은 포항 죽창지역의 현장사진, 전자주사현미경 이미지, 점토광물의 구조와 원소의 함량을 보여준다.

　〈그림 13-a〉는 윤기가 흐르고 입자가 고운 황색상의 토양질이 관찰된다.

　〈그림 13-b〉는 전자주사현미경 이미지로 카놀린 광물에서 관찰되는 육각형 판상 모양을 띠고 미세 세공이 고르게 분포된 것을 확인됐다. 〈그림 13-c〉는 X-선분석법을 통하여 토양의 결정구조와 구성성분이 관찰됐다.

　주요 점토광물 성분은 몬모릴로나이트, 일라이트, 카올리나이트로 구성되어 있다.

　1:2 결정구조를 가지는 몬모릴로나이트가 상대적으로 높은 비율로 존재한다.

　1:2 결정구조를 가지는 종은 높은 이온교환 능력과 세공구조를 가짐으로써 적합한 음택지를 증명할 수 있다.

　원소 분석을 통해 규소, 알루미늄, 마그네슘, 확인함으로써 대표적인 점토광물 구조의 성분과 함량을 확인하였다(13-d, 표 13).

대표적인 석중혈로 지인의 소유지에 조상의 산소를 이장한 묘지로 그동안 후손이 건강상의 고통을 갖고 있던 아픔을 씻을 수 있는 기운을 품고 있다.

이 분의 4대손은 거부장상이 나올 가능성이 높고, 후손들의 짝들은 옥좌대·어좌대·거부 등의 기운을 담은 인물이 가족을 이룰 것으로 보이는 터이다.

14. 마재 1

산세가 수려하고 야트막한 야산 능선 둔치에 망개 덤불 속 아래 혈을 맺는 명당 터이다. 덤불 속에 혈판 포인트(혈점)에 엉덩이를 대고 앉으면 등골에서 열이 후끈 나고 땀이 송송 맺는다. 기기 기운이 솟구쳐 올라오고 하늘에서 천기가 하림하여 융기(融氣)를 이루는 하늘이 내려준 신비의 명당이다.

이곳은 평소 산 공부를 가는 길이면 자주 들려 땅의 기운을 공부하고 연구해 온 곳으로 의문점에 대해 고민해 왔던 명당 터다.

그동안 임야 주인을 만나기 어렵고, 수소문해서 만나면 고민만 하시고 후손 분에게 위치를 알려주는 조건으로 어렵게 굴착 허락을 받은 터다.

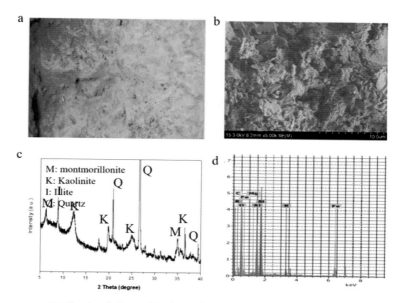

〈그림 14〉 마재 1 지역의 a) 전자주사현미경(SEM), b) X-ray
회절분석법(XRD), c) 에너지 분산 분석기(EDX) 결과.

〈표 14〉 마재 1 지역의 원소 분석

	C (탄소)	O (산소)	Al (알루미늄)	Si (규소)	K (칼륨)	Fe (철)	Mg (마그네슘)	Na (나트륨)
마재 1	4.79	64.27	8.93	17.23	0.80	3.41	0.57	

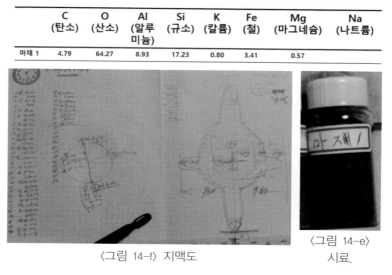

〈그림 14-f〉 지맥도

〈그림 14-e〉
시료.

A. 정통 풍수학적 연구

〈그림 14-a〉를 들여다보면 옅은 황색토로 광중은 한라봉과 노란 늙은 호박 표면처럼 이리저리 구불거리며 자연스럽게 조화를 이룬다.

또 다른 시각으로 살펴보면 암컷 자궁 구조와 조화를 같이하며 잘 어울리고 있다.

지맥도를 살펴보면 양쪽 날개는 적은 물개 날개와 비슷하고, 머리가 길쭉하고 꼬리가 긴 가오리처럼 종이 위에 그려진다.

형기론으로 혈처 명당을 기준으로 남쪽 방향은 남한강 강줄기가 굽이굽이 둘러싸 안고, 안산 뒤쪽 조안산은 멀리 북한강 줄기가 팔당댐 수문에서 만난다.

크게 보면 삼면이 북한강과 남한강으로 둘러싸여 융취명당(融聚明堂)을 형성하고, 이보다 좀 더 높은 곳 낙산(落山)에서 살펴보면 혈처는 여러 산으로 에워싸여 있는 알을 품은 닭 같은 형국으로 금계포란형(金鷄抱卵形)이다.

지맥수(혈점)는 38가닥의 지맥 중 가장 깊은 지맥은 진(辰) 방향 39,600m 지점에서 기운이 솟구쳐 이곳에 뭉치는 은용(隱龍)이다.

B. 현대 과학적 연구

〈그림 14〉는 마재 1 지역의 현장사진, 전자주사현미경 이미지, 점토광물의 구조와 원소의 함량을 보여준다.

〈그림 14-a〉는 철의 함량이 높을 때 나타나는 진한 황토색이 관찰된다. 〈그림 14-b〉는 전자주사현미경 이미지로 광물이 불규칙적으로 배열되어 있으며 다량의 세공이 관찰된다.

〈그림 14-c〉는 X-선 분석법을 통해 토양의 결정구조와 구성성

분이 관찰됐다. 특이한 점은 1:2 결정구조를 가지는 일라이트의 피크가 강하게 나타내는 것이 관찰된다.

1:2 광물은 우수한 이온교환 능력과 세공구조를 가짐으로써 적합한 묏자리를 증명할 수 있다.

원소분석을 통해 규소, 알루미늄, 칼륨, 마그네슘을 확인함으로써 대표적인 점토광물 구조의 성분과 함량을 확인했다(14-d, 표 14).

저자가 눈높이에 존경하고 아끼는 터이다. 이 터에 묘지로 터를 잡는다면 전문직종에서 탁월한 인재를 배출할 것으로 예상된다. 특히 검사, 판사, 의사, 교수(박사)를 배출할 기운을 품고 있는 명당이다.

15. 팔당 3

오래 전부터 수회에 걸쳐 이곳으로 산 공부하려 왔던 곳으로 낯익고 설레는 천장지비(天臟地秘)의 땅이다.

반경 2km 정도 내에 팔당 1·2·3 명당이 소재하고 있다.

팔당 1 소유주는 다른 분이다. 팔당 2·3번은 임야주인의 협의에 의해 조상의 유골을 이곳 명당으로 부모 2구의 유골을 합장 안장했고, 회곽묘(灰槨墓)로 평장(平葬)했다.

명당 터를 가로 1.2m, 세로 2.2m, 깊이 1.4m를 삽과 곡괭이로 인부 6명이 교대로 굴착했다.

혈토를 채취한 시료 혈토는 전문기관에 성분을 의뢰해 현대 과학적으로 증명하기 위해 지질학과 화학을 접목해서 객관적인 자료를 확보하는 성과를 얻었다.

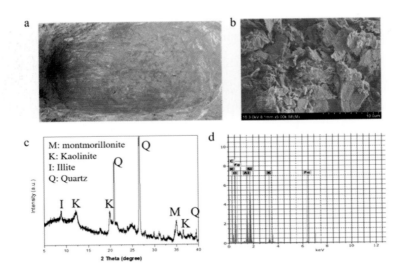

〈그림 15〉 팔당 3 지역의 a) 전자주사현미경(SEM), b)
X-ray회절분석법(XRD), c) 에너지분산 분석기(EDX) 결과.

〈표 15〉 팔당 3 지역의 원소 분석

	C (탄소)	O (산소)	Al (알루미늄)	Si (규소)	K (칼륨)	Fe (철)	Mg (마그네슘)	Na (나트륨)
팔당3	4.51	63.32	9.81	19.85	1.37	1.13		

〈그림 15-e〉 시료

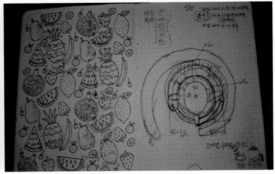

〈그림 15-f〉 지맥도

A. 정통 풍수학적 연구

형기론으로 산세를 들여다보면 튼튼한 낙산(落山)에서 지룡(支龍)이 내려오다가 두 갈래 길에서 백호는 '팔당 3'의 지역으로 굽이쳐 흐른다.

또 한쪽 래용(來龍)이 용(龍)dml 앞 뒷다리를 크게 힘차게 내밀고 머리를 앞으로 쭉 뻗어 좌우지현(左右之玄) 상하고저(上下高低) 비룡입수형(飛龍入首形)으로 용틀임하고 산진처(山盡處)에 용진(龍盡)은 강물 앞에서 부풀어 명당에 터를 잡았다.

청룡과 백호 역할을 하는 좌우 네 다리 중 뒷다리 2개는 몸체에 물에 담그고 앞다리 2개는 강물 깊은 곳까지 용진처(머리)를 두 팔 벌려 감싼다. 안산은 물 가운데 길쭉한 토끼 섬이 혈처 명당의 바람을 막아 아늑하게 보호하고 있다.

물은 용진처와 양팔 겨드랑이 깊은 곳까지 안정을 도모하고 있는 모습을 연상해 보면 용양봉저형(龍驤鳳翥形) 융취명당(融聚明堂)이다.

황천(黃泉)은 평평한 대지와 산진처(山盡處; 산의 끝부분이 똘똘 뭉쳐 솟구친 부분)가 서로 맞닿아 있는 경계 부분을 황천길이라고 한다. 이런 곳에 묘지로 이용하거나 집을 지어 살면 황천길에 간다고 한다. 즉 개미와 벌의 허리처럼 잘록한 곳이다.

풍수학에서는 죽어서 강을 건너가는 경계 부분인 이곳의 황천선을 넘어서야 비로소 영면(永眠)의 공간으로 진입한다는 것이다. 그렇다면 풍수에서 산진처라고 표현하면 산과 밭이 만나는 지점인가?

잘못 알고 있다. 용이 흐르다가 마지막에 부풀어 오르고 땅에 머리를 누이는 듯 산맥이 사라지기 전에 솟구쳐 부풀어 오른 곳이 산진처(山盡處) 또는 용진처(龍盡處)라고 한다. 즉 기운이 뭉친 곳을 풍수학에서 이렇게 부른다.

〈그림 15-a〉의 모습을 들여다보면 붉은 자색토(紫色土) 바탕에 백토가 시루떡 층을 이루고 있고, 양각(陽刻)과 음각(陰刻)으로 조화를 이루고 있다.

딱딱하고 견고한 양각 부분은 광중을 지탱해주고 혈판이 지각변동, 지진, 풍화작용, 균열, 금 등의 발생을 막아주는 버팀목 역할을 해준다.

음각 부분은 부드러운 혈토로 배수 작용과 충만한 기운이 들어오는 통로 역할과 들어온 생기 기운이 밖으로 빠져 나가지 못하도록 감추는 기능을 한다.

우측 가장자리에 살짝 도자기 같은 음각의 그림을 살펴보면 생식기를 연상할 수 있어 자궁나문혈(子宮羅紋穴)이 적당한 듯하다. 또 풍수학에서는 양각 부분을 돌기(突起)라고 부른다.

지맥은 44개로 손(巽) 방향에서 들어와 솟구치는 은맥(隱脈)은 36,100m 지점에서 솟구쳐 올라온 지맥이 가장 크고 웅장하다.

일궁용금오란지(一宮龍金卵五地), 비룡승천지(飛龍乘天地) 명당의 대표지로 3방향은 강물로 둘러싸여 있다. 길게 뻗어 용진처 용안을 감싼 청룡 안산은 일자문성의 성지를 이루고, 용의 배 속에 5개의 알(龍盡處)을 품고 있는 융취명당(融聚明堂)이다.

삼면이 물로 둘러싸인 명당의 지맥은 108가닥이 융취되어 있다. 혈판의 크기는 가로 40m 세로 50m로 산진처를 맺고, 야트막한 야산의 정상은 길이가 약간 긴 멍석을 펼쳐놓은 것처럼 양명하다.

천기가 있어 하림은 거부장상(巨富長上)이 배출되는 명당이다.

B. 현대 과학적 연구

〈그림 15〉는 '팔당 3' 지역의 현장 사진, 전자주사현미경 이미지, 점토광물의 구조와 원소의 함량을 보여준다.

〈그림 15-a〉는 '마재 1' 지역과 비교했을 때 토양의 색상은 옅은 황색을 보인다.

이러한 색상은 철의 함량에 기인한다(철의 함량 / 팔당 3-1 : 13%, 마재 1-3 : 41%).

〈그림 15-b〉는 전자주사현미경 이미지로 막대 형태의 광물과 스펀지 형태의 광물들이 불규칙적으로 혼합돼 관찰된다.

〈그림 15-c〉는 X-선 분석법을 통해 토양의 결정구조와 구성성분이 관찰됐다.

다양한 점토광물이 혼합되었음을 확인하였으며 주로 카올린계의 광물과 일라이트 광물을 확인했다.

원소 분석을 통해 규소, 알루미늄, 칼륨, 마그네슘을 확인함으로써 대표적인 점토광물 구조의 성분과 함량을 확인했다(15-d, 표 15).

이 명당은 지인 소유의 땅에 조상을 이장해 모신 곳이다. 3대손에서 그 분야에 1인자 옥좌에 앉을 수 있는 기운이 소재한다.

주위에서 존경하고 밀어주고 있어 재물이 모이는 기운을 순풍에 돛 달 듯 순항이 이롭고, 잡티와 훼방꾼이 생기 기운으로 바뀌고 융합되는 기운이 돈이 쌓이는 기운이 되는데 거부장상으로 배출하는 기운을 품고 있다.

특히 남자 후손에게 발복이 큰 기운을 담고 있다.

16. 남종면 귀여리

산주인의 의뢰를 받고 여러 번 현지답사와 간산한 명당 여러 곳 중 가장 으뜸의 명당이다.

이곳을 가로 1m, 세로 2.2m, 깊이 1.3m 정도를 인부 2명이 삽과 곡괭이 등으로 굴착했다.

정통풍수학에서 좀 더 깊이 접근하여 현대 과학적으로 혈판 존재를 확인하고 혈판 사이에 불규칙적으로 크고 작은 음각 부분의 부드러운 흙[혈토]을 현대과학적인 방법으로 증명하기 위해 시료를 채취했다.

지질학과 화학학적 원인을 확인하기 위해 성분분석을 전문연구원에 의뢰함으로써 결과를 증명할 수 있었다.

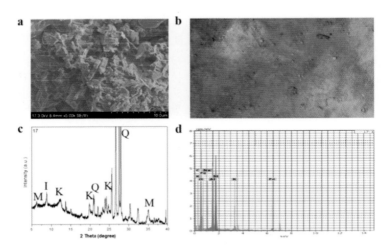

〈그림 16〉 남종면 귀여리 지역의 a) 전자주사현미경(SEM), b) X-ray 회절분석법(XRD), c) 에너지분산분석기(EDX) 결과.

〈표 16〉 남종면 귀여리 지역의 원소 분석

	C (탄소)	O (산소)	Al (알루미늄)	Si (규소)	K (칼륨)	Fe (철)	Mg (마그네슘)	Na (나트륨)
남종면 귀여	3.58	67.65	11.69	14.33	1.02	1.04	0.69	

〈그림 16-e〉
시료

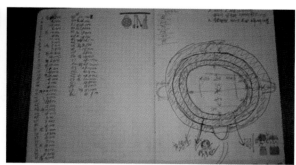

〈그림 16-f〉 지맥도

A. 정통 풍수학적 연구

이곳은 남한강 물줄기와 북한강 물줄기의 만남이 내려다보이는 명당이다. 풍수학에서 물은 재물을 상징하고 있어 물은 제일 중요하다.

물의 기운, 물의 규모, 바닷가 명당, 강가와 개천가 명당, 물의 형태, 물의 흐르는 방향과 모양, 물의 청탁(淸濁), 물맛, 수구와 파구, 그리고 역수는 살펴야 할 필수 사안이다.

이곳 명당은 강폭이 넓고 북한강과 남한강은 팔당댐 건설로 인해 직물을 짜듯이 명당 앞은 잔잔한 물로 넓고 평평한 수평을 이루고 있는 근대적 명당지로 알려지고 있다.

큰 기운이 밀리거나 빠져나가지 못하도록 버팀목을 하는 낙산(落山)을 디딤돌을 발판으로 지각(枝脚)을 용맥으로 타고 내려오는 큰 학 한마리가 날개를 활짝 펴고, 목을 길게 내밀며 물 위를 날아 비행하는 형국이다.

낙산에서 래용으로 들어오는 용맥은 기운을 한곳으로 모인 과협속기(過峽束氣)를 취해 용맥은 용이 풀 속을 다니듯 몸을 흔들어 이리저리 기어가듯 좌우지현(左右之玄)한다.

높은 곳과 낮은 곳을 오르내리는 상하고저(上下高低)를 취하다 귀산(鬼山)에 잠시 자리 잡고, 다시 혈처 승금(뇌두)에서 잠시 쉬었다가 명당 혈판에 터를 잡는다.

이런 명당은 영화지지(榮華之地)로 재물의 기운이 왕성한 재벌장상(財閥長商)이 탄생해 권력을 한손에 쥘 수 있는 제왕지지(帝王之地)의 최고 특수명당으로 부귀영화(富貴榮華)를 누릴 수 있는 당대 최고 명당이다. 영화지지란 후손이 발복하는 터이다.

B. 현대 과학적 연구

〈그림 16〉은 남종면 귀여 지역의 현장사진, 전자주사현미경 이미지, 점토광물의 구조와 원소의 함량을 보여준다.

〈그림 16-a〉는 토양의 색상은 옅은 갈색이 관찰된다.

〈그림 16-b〉는 전자주사현미경 이미지로 다양한 크기의 세공이 복잡하게 배열된 점토광물이 관찰된다. 점토광물의 평균 입자 크기는 2~5μm로 관찰됐다. 〈그림 16-c〉는 X-선분석법을 통해 토양의 결정구조와 구성 성분이 관찰됐다.

전형적인 점토광물의 X-선 피크를 확인하였으며 구성 성분은 카올린계의 광물과 일라이트, 몬모릴로나이트 광물이 확인됐다.

원소 분석을 통해 규소, 알루미늄, 칼륨, 마그네슘 등을 확인함으로써 대표적인 점토광물 구조의 성분과 함량을 확인했다 (16-d, 표 16).

17. 팔당 2

　이곳은 '팔당 3'과 인접한 명당 터로 임야 주인의 의뢰를 받고 사전에 수회에 걸쳐 이곳으로 산 공부하려 왔던 곳으로 낯익고 설레는 천장지비(天臟地秘)의 땅이다.

　선대 조부모 2구의 유골을 합장 안장했고, 회곽묘(灰槨墓)를 평장(平葬)했다. 명당 터를 가로 1.2m, 세로 2.2m, 깊이 1.3m를 삽과 곡괭이로 인부 6명이 교대로 굴착했다.

　시료 채취한 혈토는 전문연구원에 성분을 의뢰해 풍수학을 현대 과학적으로 증명하기 위해 지질학과 화학을 접목해서 객관적인 자료를 확보하는 성과를 얻었다.

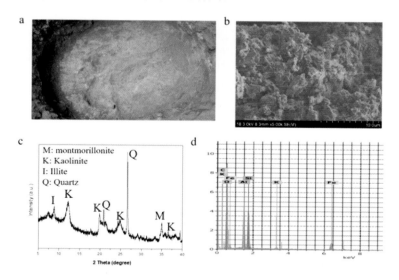

〈그림 17〉 팔당 2 지역의 a) 전자주사현미경(SEM), b) X-ray 회절분석법(XRD), c) 에너지분산분석기(EDX) 결과.

	C (탄소)	O (산소)	Al (알루미늄)	Si (규소)	K (칼륨)	Fe (철)	Mg (마그네슘)	Na (나트륨)
팔당 2	3.63	69.06	10.20	10.23	0.53	6.34		

〈그림 17-e〉 시료

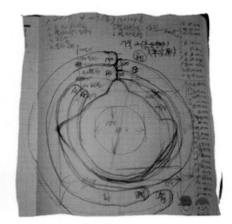

〈그림 17-f〉 지맥도

A. 정통 풍수학적 연구

 형기론으로 산세를 들여다보면 튼튼한 낙산(落山)에서 지룡(支龍)이 내려오다가 두 갈래 길에서 청룡자락 줄기는 '팔당 2'의 지역으로 굽이쳐 흐르고 래용(來龍)이 용(龍) 앞뒤다리를 크게 힘차게 내민다.

 머리를 앞으로 쭉 뻗어 좌우지현(左右之玄) 상하고저(上下高低) 비룡입수형(飛龍入首形)으로 용틀임하고 산진처(山盡處)에 용진(龍盡)은 강물 앞에서 부풀어 명당에 터를 잡는다. 청룡과 백호 역할을 하는 좌우 4다리는 힘차게 돌진하고, 뒷다리는 마치 용이 승천하기 위해 힘차게 용틀임하며 미는 형세이다.

탄력받은 용이 머리를 치켜든 채 하늘을 바라보고, 청룡과 백호는 두 팔 벌려 용진처를 감싸고, 안산은 물 가운데 길쭉한 토끼 섬이 혈처 명당의 바람을 막아 아늑하게 보호하고 있다.

물은 용진처와 양팔 겨드랑이 깊은 곳까지 안정을 도모하고 있는 모습을 연상해 보면 거대한 용이 래용을 따라 용틀임하면서 용이 하늘로 승천하는 형세로 비룡승천형(飛龍昇天形) 융취명당(融聚明堂)이다.

〈그림 17-a〉는 푸른 자색토(紫色土) 바탕에 백토가 시루떡 층을 이루고 있고, 양각(陽刻)이 두드러지게 노출되어 곰의 얼굴·눈·코가 뚜렷하다.

음각(陰刻)은 곰의 얼굴과 피부를 현실감 있게 조화를 이루고 있다. 이런 혈판은 곰의 얼굴을 닮았다고 해서 풍수학에서는 웅상나문혈(熊象羅紋穴)이라고 부른다. 표면에 울퉁불퉁한 돌기(突起)는 명당임을 증명하고 있다.

주변 산들과 능 주변의 소나무들은 공손히 조아리며 예를 갖추고 있어 등 돌리거나 달아나는 배신하는 산이 보이지 않는다.

따라서 왕이 조정에서 신하들과 회의를 하는 형세인 군신조회형(君臣朝會形)으로 보기도 한다.

전체적으로는 북쪽에서 남한강이 등지고 동남에서 서북으로 흐르고 있으며, 명당수는 평전수(平田水; 논밭처럼 평탄한 땅에 물이 퍼져서 흐름)로 남쪽으로 흐르기 시작한다.

따라서 산맥과 물길이 산태극수태극(山太極水太極)으로 음양이 조화를 이루고 좋은 기운이 모이는 곳으로 풍수지리적으로 천하명당이다.

또한 규모가 큰 송룡수(送龍水)로서 용의 역량이 대단히 크다는 것을 알 수 있다. 송룡수란 부모(혈성) 산 좌우에서 시작한 물이 좌우로 흐르다가 용맥이 멈춘 곳에서 합수하는 것을 말한다.

특히 명당수와 합류한 물이 남한강과 북한강이 만나면서 반원형의 퇴적사를 쌓았는데, 이를 풍수용어로는 나성(羅星)이라고 한다.

나성이란 수구를 막아주는 사(砂)의 하나로 『의룡경』에서는 "이러한 곳에서 혈을 찾고 용을 찾으면 헛되지 않고 또한 용과 혈의 자취를 잃지 않는다."고 했다.

나성은 큰비에 침수될 수 있으므로 흙으로 된 경우보다 바위로 된 경우가 더 길하다.

그러나 자리가 혈이 아닌 경우나 성이 혈장에서 보이면 눈병이 나 낙태를 일으키는 흉함으로 작용한다.

결과적으로 나성은 물을 쉽게 흘려보내지 않아 좋은 기가 쌓이게 하는 역할을 한다.

간산하며 내내 생각한 바는 이 일대가 가히 우리나라 제일의 명당이라는 점이다. 치밀한 설계에 의한 인작(人作)으로는 감히 흉내 낼 수 없는 천작(天作)으로서의 뛰어난 자연 예술품임을 새삼 부정할 수 없었다.

B. 현대 과학적 연구

〈그림 17〉은 '팔당 2' 지역의 현장사진, 전자주사현미경 이미지, 점토광물의 구조와 원소의 함량을 보여준다.

〈그림 17-a〉는 토양의 색상은 붉은 갈색이 관찰된다. 붉은 색상을 띠는 이유는 철분의 함량이 타지역과 비교하였을 때 월등히 높다(6.34%).

〈그림 17-b〉는 전자주사현미경 이미지로 긴 막대 모양을 하는 결정들이 불규칙적으로 배열됨을 확인했다.

긴 막대들이 층과 층을 이루면서 접촉되는 부분에서 세공이 생성되고 이러한 세공은 물 배수에 큰 역할을 한다. 긴 막대 모양의 입자평균 크기는 길이 1~2μm, 폭 0.1μm로 관찰됐다.

〈그림 17-c〉는 X-선분석법을 통하여 토양의 결정구조와 구성 성분이 관찰됐다.

전형적인 점토광물의 X-선 피크를 확인하였으며 구성 성분은 카올린계의 광물과 일라이트, 몬모릴로나이트 광물이 확인되었다.

원소 분석을 통해 규소, 알루미늄, 칼륨, 마그네슘 등을 확인함으로써 대표적인 점토광물 구조의 성분과 함량을 확인하였다 (17-d, 표 17).

이 터는 예술가, 종교 지도자, 중앙단체장을 배출할 기이한 기운이 풍만한 터로서 야심이 많은 여자 후손들이 유리한 명당이다.

18. 검천

검천 지역은 모회사 연수원 인근에 있다. 이곳은 산과 산은 봉황이 양다리를 쭉 펴다가 양쪽 발목을 호수에 담그고 있는데 산진처 명당은 사타구니 둔덕의 중요한 부분과 같은 곳에 터 잡고 있는 명당이다.

여러 번 현장을 답사하고 신중한 결정을 내려 인부 2명이 굴착하고, 의뢰인의 조부모를 합장했다.

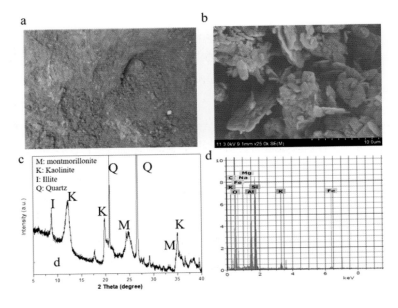

〈그림 18〉 검천 지역의 a) 전자주사현미경(SEM), b) X-ray 회절분석법(XRD), c) 에너지분산분석기(EDX) 결과.

〈표 18〉 검천 지역의 원소 분석

	C (탄소)	O (산소)	Al (알루미늄)	Si (규소)	K (칼륨)	Fe (철)	Mg (마그네슘)	Na (나트륨)
검천	1.31	71.18	12.48	10.59	0.79	2.45	0.10	1.20

〈그림 18-e〉 시료

〈그림 18-f〉 지맥도

A. 정통 풍수학적 연구

이곳의 산세는 사람의 오른손처럼 나란히 산줄기가 5개 존재한다. 그 중 둘째손가락 두 번째 마디쯤에 혈처가 자리 잡고 있는 명당 터다.

산줄기 사이에는 강물로 가득 차 충만하고, 첫 번째 산 능선은 청룡 자락으로 엄지손가락처럼 굵고 길게 뻗어 산진처 끝부분과 나란히 한다.

세 번째 산줄기는 백호자락 능선으로 약간 가늘고 산진처보다 약간 짧다. 안산은 강 건너 두물머리 산진처가 보인다.

혈판의 모양과 생김새 광중 혈판은 황색과 백색이 조화를 이루고, 혈판 가장자리에는 배꼽과 같은 형세로 아주 특별한 무늬를 수놓고 있어 제나문혈(臍羅紋穴) 혈판이라고 부른다.

B. 현대 과학적 연구

〈그림 18〉은 검천 지역의 현장사진, 전자주사현미경 이미지, 점토광물의 구조와 원소의 함량을 보여준다.

〈그림 18-a〉는 토양의 색상은 전형적인 황토색이 관찰된다.

〈그림 18-b〉는 전자주사 현미경 이미지로 다양한 크기의 광물이 둥글고 얇은 판상의 구조로 확인된다. 둥근 판상의 광물의 지름은 약 2~5㎛로 관찰된다. 〈그림 18-c〉는 X-선 분석법을 통하여 토양의 결정구조와 구성성분이 관찰되었다.

전형적인 점토광물의 X-선 점토광물의 피크를 확인함으로써 토양의 많은 부분을 점토광물로 구성됨을 확인했다. 특히 일라이트와 몬모릴로나이트 구조가 과량 함유됨을 관찰되었다.

원소 분석을 통해 규소, 알루미늄, 칼륨, 마그네슘 등을 확인

함으로써 대표적인 점토광물 구조의 성분과 함량을 인하였다
(18-d, 표 8).

이 터의 기운은 큰 인물의 정치인을 배출할 터의 기운을 찾을
수 있는 영화지지 명당이다. 3부 요인 광역시장급 이상, 장차관
급과 청와대 수석급 이상, 특히 다선 국회의원이 탄생하고 정치
에 꿈을 이룰 터이다.

19. 오리

이곳에 소점할 정지좌표(座標)를 찍어놓고 수개월 동안 수회
에 걸쳐 현장을 답사하고, 지맥도를 먼저 그렸다.

이 과정에서 의뢰인과 논의를 많이 했다.

그 이유는 과연 필자의 주장대로 땅을 파면 혈판이란 것이 존
재할까? 명당이란 과연 남아 있을까?

의뢰인이 의심 아닌 미련, 즉 속을 수 있다는 고민을 머릿속에
담아 두었기 때문이다.

인부들이 가로 2m, 세로 2m, 깊이 1.4m의 구덩이를 굴착했다.

장마철 관계로 구덩이를 파는 도중 3번의 소나기를 만났는데,
소나기가 중단되면 구덩이 속의 고인 빗물은 금방 사라졌다. 빗
물이 사라지는 모습을 본 의뢰인은 고개를 갸우뚱거렸다.

이상한 일이라고 조금 긍정적인 웃는 모습이었다.

즉 "명당이 맞다, 진짜 풍수 같다"라고….

산세는 7개의 발가락을 가진 용의 발처럼 용맥이 흐르는데,
혈처의 산진처는 그 중 크고 튼튼한 3번째 산줄기 끝부분 가장
자리에 명당이 있다.

	C (탄소)	O (산소)	Al (알루 미늄)	Si (규소)	K (칼륨)	Fe (철)	Mg (마그네슘)	Na (나트륨)
오리	1.22	71.26	13.58	11.55	0.86	1.24	-	0.92

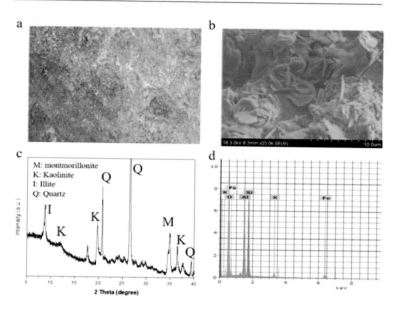

〈그림 19〉 오리 지역의 a) 전자주사현미경(SEM), b) X-ray 회절분석법(XRD),
c) 에너지분산분석기(EDX) 결과.

〈그림 19-e〉
시료

〈그림 19-f〉 지맥도

제4장 풍수사상에 입각한 명당의 지질구조와 토질성분 분석 | 367

A. 정통 풍수학적 연구

혈판의 모습은 오색(汚色) 혈판 바탕 위로 〈그림 19-a〉의 우측 상단을 관찰해보면 호랑이 얼굴과 흡사한 모습을 하고 있다. 이를 정통 풍수학에서 호상나문혈(虎象羅紋穴)이라고 부른다.

혈처 앞에서 바라보면 거대한 용이 승천하려는 듯한, 즉 거룡 앙천형(巨龍仰天形)이다.

바람을 잘 막아줄 주변 사(砂)의 역할이 중요하다. 좌측으로 뻗은 청룡과 우측으로 뻗은 백호 능선이 각각 청룡 하수사(下水砂)와 백호하수사가 되어, 두 팔로 껴안듯 하여 앞의 수구(水口)를 잘 관쇄(關鎖)하고 있다.

명당 밖에서는 서출동류(西出東流)인 물을 청룡 하수사가 역(逆)으로 맞이하고 있으니 이 또한 길조이다.

또한 본신 안산인 용호가 여러 겹 혈 앞을 막아주고 있으며, 주산(조산)인 혈을 다정하게 내려다봄과 동시에 자신이 출발한 조산을 우러러보는 모습으로 천하의 대명당이다.

B. 현대 과학적 연구

〈그림 19〉는 오리지역의 현장사진, 전자주사현미경 이미지, 점토광물의 구조와 원소의 함량을 보여준다.

〈그림 19-a〉는 토양의 색상은 황토색과 회색이 교묘하게 섞인 색상이 관찰된다.

〈그림 19-b〉는 전자주사현미경 이미지로 판상의 구조를 가지며 다층으로 겹겹이 층을 이루는 구조 긴 막대 형태의 구조를 가지는 광물이 관찰된다.

〈그림 19-c〉는 X-선분석법을 통하여 토양의 결정구조와 구성

성분이 관찰되었다.

전형적인 점토광물의 X-선 피크를 확인함으로써 토양의 많은 부분이 점토광물로 구성됨을 확인했다.

특히 일라이트 구조의 광물이 피크가 카론린 계열의 광물보다 강하게 나타난다.

이는 2:1 광물이 1:1 결합을 하는 광물보다 많이 분포한다는 것을 확인했다.

원소 분석을 통해 규소, 알루미늄, 칼륨, 마그네슘 등을 확인함으로써 대표적인 점토광물 구조의 성분과 함량을 확인하였다 (19-d, 표 19).

이 천장지비 명당은 거부장상과 대통령의 꿈으로 재목이 되는 분의 조상을 모시면 뜻을 이룰 수 있는 기운이 축재되어 있는 명당으로 3대손과 가까운 영험한 뜻을 품고 있다.

맺는 말

풍수학은 현대과학적으로 증명하기 어려운 연역법이 준용되고, 제3의 세계를 서로가 서로를 이해하지 못하고, 학술적으로 전수하려 해도 그 '술(術)'이 전수되지 못해 미신으로 취급되고 있다.

필자는 이것을 현대과학적 자료와 근거로 과학풍수로 재적립한 학술로 변환시켰다.

1. 명당의 조건은 지반구조층이 거대한 3단 역삼각형의 조형물 위에 올려놓은 것처럼 지반구조층을 이루고, 아래층이 가장 크고, 그 다음은 좀 작고, 그 다음은 더 작은 지반구조 위에 명당을 품고 있는 모습을 현지 출장하여 사진으로 담았다.

이 역삼각형 테두리 틈새를 따라 생기 기운이 모이는 통로, 수분이 많으면 밖으로 내보내고 수분이 모자라면 외부에서 안쪽으로 들여와 보충하는 소통통로다. 이 통로는 땅이 숨 쉬고 호흡하는 곳으로 명당이 갖추어야 할 필요충족요건이다.

2. 명당을 지질학적으로 연구 분석해 보면 일라이트, 몬로릴로나이트, 카올릴라이트, 킵사이드, 석영 구조가 과량 함유됨을 실험으로 얻었다. 이것은 배수 작용을 용이하게 하는 역할이 실험으로 증명된 것이다.

이 점토광물 여백의 틈새로 솟구쳐 올라오는 지기 기운이 밖으로 빠져나가지 못하도록 온기를 일정하게 유지하는 것도 연구했다. 즉 땅이 숨 쉬고 호흡하는 곳에 명당이 형성된다는 것을 확인했다.

3. 화학적 원소 분석을 통해 명당의 토질 성분과 함량 기준표를 고증하게 되었다.

(단위 :%)

화학 성분	%(이상)				%(이하)			
	C(탄소)	O(산소)	Al(알루 미늄)	Si(규소)	K(칼륨)	Fe(철)	Mg(마그 네슘)	Na (나트륨)
기준(%)	1.3이상	62	7.1	7.5	1.6	6.5	0.9	1.3

명당은 알칼리성 성분이 많이 함유되어 식물이 자랄 수 없는 조건에 충족하고 있어 나무뿌리, 풀뿌리, 뱀, 다람쥐, 쥐, 개미, 벌 등이 접근하기 어려운 환경을 갖추었음을 확인할 수 있었다. 즉 황무지 토질이다.

4. 한번 명당은 영원한 명당이라는 '설'은 근거가 없음을 재확인했다.

명당의 지반구조가 지진, 지각변동, 풍화작용으로 지반구조가 무너짐·쪼개짐·뒤틀림 등에 의해 지기 기운이 이탈하여 명당의 기운이 쇠해지는 사실을 확인했다.

혈판(지반구조층)이 변이를 일으켜 균열과 뒤틀림·쪼개짐·무너짐 등의 원인으로 허방과 물길이 자연적으로 형성되어 지렁이·벌·다람쥐·쥐·뱀·개미 등이 서식하고 먹이사슬의 법칙에 따라 마지막에는 봉분을 파헤친다는 연구결과를 얻었다.

5. 풍수사상을 매뉴얼화하기까지 더 많은 연구가 필요하다.

풍수사상의 특수기법인 예지력(叡智力)·통찰력(通察力)·염력(念力;초능력)·감지력(感知力) 등은 지관들의 역량의 그 그릇이 천태만상으로 차이가 크다(작은 그릇은 큰 그릇에 들어갈 수 있으

나, 큰 그릇은 작은 그릇에 못 들어간다는 속담). 호환이 어렵다는
뜻이다. 즉 명풍수와 반풍수의 지재 역량이 차이가 너무 크다.

　6. 음택·양택 모두 솟구치는 지기·생기 기운과 우주에서 하
림하는 양기 기운이 융기(融氣)되는 선상에 놓여야 발복(發福:
운이 틔어 복이 닥침)된다. 특히 타워빌딩·고층빌딩·상가·주
택·아파트 등의 건물이나 묘지는 지기와 천기가 상통하는 위에
놓여야 사람에게 좋은 기운이 스며들어 발복됨으로써 행운을 누
린다는 통계를 얻었다.

[인용 및 참고문헌]

1. 서울정도 600년(1~4권) / 서울신문사 발행 / 이경재 / 1993. 3
2. 풍수교재(음택·양택) / 동국대학교 행정대학원 / 심재열 / 2014. 3
3. 풍수음택 기행 / 영남대학교 출판부 / 이석정 / 2006. 2
4. 명당 / 엔자임하우스 / 이문호 / 2014. 2
5. 혈 / 도서출판 연봉 / 이한익·김경보 / 1995. 9
6. 한국의 풍수지리와 건축 / 일빛 / 박시익 / 2012. 9
7. 새로운 풍수 이론 / 민음사 / 최창조 / 2010. 2
8. 명당에서 부자 난다 / 신아출판사 / 김성수 / 2009. 10
9. 풍수지리 / 고려문화사 / 권오석 / 2012. 5
10. 터(상하) / 도서출판 답게 / 손석우 / 1994. 5
11. 명당론 / 남영문화사 / 장용덕 / 1980. 1
12. 퇴적지질학 / 시그마프레스 / 이용일 / 2015/
13. 구조지질학 / 시그마프레스 / 김영석 / 2016. 7
14. 풍수지리설 발생 배경에 관한 분석연구 / 고려대학교 박사학위 논문 / 박시익 / 1987. 8
15. 풍수사상의 입지선정 영향에 관한 연구 / 인천대학교 박사학위 논문 / 심재열 / 2010. 8
16. 반 평의 진리 / 해인출판사 / 윤갑원 / 2011. 8

풍수비기(風水秘記)

재 판 인 쇄   2019년 2월 1일
재 판 발 행   2019년 2월 8일

지 은 이   양상현
펴 낸 곳   도서출판 말벗
펴 낸 이   박관홍

등 록 번 호   제 2011-16호
주   소   서울 영등포구 문래로4길 4 (204호)
전   화   02) 774-5600
팩   스   02) 720-7500
메   일   mal-but@naver.com
           ⓒ 양상현
I S B N   979-11-88286-05-8(93180)

정가 20,000원